Martin Sabrow

Herr und Hanswurst

*Das tragische Schicksal des Hofgelehrten
Jacob Paul von Gundling*

Deutsche Verlags-Anstalt
Stuttgart München

Den Freunden und Kollegen in London

Die Deutsche Bibliothek – CIP-Einheitsaufnahme
Ein Titeldatensatz für diese Publikation ist bei
Der Deutschen Bibliothek erhältlich.

© 2001 Deutsche Verlags-Anstalt GmbH, Stuttgart/München
Alle Rechte vorbehalten
Bildnachweis:
AKG, Berlin: Abbildung 1, 2, 6, 7;
Stiftung Preußische Schlösser und Gärten, Berlin-Brandenburg:
Abbildung 3, 4, 5, 8 und Umschlagabbildung.
Satz: EDV-Fotosatz Huber/Verlagsservice G. Pfeifer, Germering
Druck und Bindearbeiten: Friedrich Pustet, Regensburg
Printed in Germany
ISBN 3-421-05512-2

Inhalt

Vorbemerkung 7

Die enteignete Biographie 9

Homo academicus 25

Königlicher Landesvisitator 39

Kleine Fluchten 58

Der Vorleser 77

Narrenwürde und Amtsrespekt 93

Die Würmer und die Wissenschaften 111

Im Weinfaß nach Walhalla 136

Preußischer Hofhistoriker 164

Der Fall Gundling 184

Zitatnachweise 204

Literatur 210

Anmerkungen 215

Vorbemerkung

Sein Schicksal schlägt ein großes Thema an. Als Historiker und Hofnarr ist er im Buch der Erinnerung verzeichnet: Jacob Paul von Gundling, der Hofgelehrte des Soldatenkönigs Friedrich Wilhelm I. In ihm vermengt sich die Doppelvita eines Mannes, der Wissenschaftler war und Possenreißer sein mußte: Zeuge einer aus den Fugen geratenen Welt des frühen 18. Jahrhunderts, Opfer entweder eigener Trunksucht oder preußischer Fürstenbarbarei; je nach Standort des Betrachters Gegenstand des beschämten Mitleids oder der kopfschüttelnden Empörung. Gundling der Gelehrte, der sich zum Possenreißer im Tabakskollegium des Königs von Preußen machen ließ; Gundling der Geck, der Präsident der Berliner Akademie der Wissenschaften wurde und sich als Nachfolger von Leibniz fühlte – wann hatte es je einen Menschen gegeben, der in so grotesker Weise im Schmutz wühlte und zugleich nach den Sternen griff, der mit der Würde eines preußischen Ministers bekleidet wurde und als Affe gekleidet ging, der in seinem seltsamen Leben als Forscher, Staatsrat und Hanswurst über Jahrzehnte bizarr vereinte, was sich nach allen historischen Maßstäben kategorisch ausschließt? Schließlich Gundling der Anstößige, das ungern erinnerte Ärgernis. Fast peinlich berührt glitt die Geschichtsschreibung jahrhundertelang über das seltsame Leben ihres aus der Art geschlagenen Zunftgenossen hinweg. Die Beschäftigung mit einem Schicksal, dem das zeitlose Spiel von Geist und Macht so fratzenhafte Züge aufprägte, verschafft kein Vergnügen. Es gibt einen Blick auf das Behagen der Herrscher an der Demütigung ihrer bezahlten Geistesarbeiter frei, den man sich lieber ersparen möchte, und es führt die kriechende Erbärmlichkeit eines getretenen Intellektuellen vor, die man nur ungern näher kennenlernen mag.

Gundling wurde 1673 in Franken geboren und starb 1731 in Potsdam als »ein Mann, der wunderliche Fata in der Welt gehabt«, wie nach seinem Tode ein Pfarrer im Kirchenbuch festhielt.[1] Die Fata seines wunderlichen Lebens sind das Thema dieses biographischen Porträts und damit auch die Fata seines wunderlichen Nachlebens, die dafür sorgten, daß die monströse Doppelexistenz des gelehrten Hofrates mit der Narrenschelle auf ein faßbares Format heruntergebrochen wurde. Der Furcht vor dem Fremden und vor dem Befremdlichen verdanken sich die Retuschen einer anekdotischen Stilisierung, die die denkwürdige Hofkarriere des königlichen Historiographen Gundling in die altbekannte Tradition fürstlicher Lustigmacher zu stellen versuchte, um so zugleich der farblos-nüchternen Geschichte Preußens ein paar bunte Tupfer einzusprengen. Dahinter aber liegt eine Lebensgeschichte verborgen, wie sie beunruhigender kaum zu denken ist – und dies nicht, weil sie ein so unerhört entsetzliches Schicksal in sich schlösse, sondern weil sich in ihr ein Konflikt der Kulturen spiegelt, in dem selbstverständliche Zuschreibungen unsicher, feste Überzeugungen unglaubwürdig und tradierte Werthierarchien umgekehrt werden. Die Geschichte dieser Kollision ist der Fall Gundling.

Die enteignete Biographie

Der preußische Geschichtsschreiber und Kommerzienrat Jacob Paul von Gundling, der fast zwanzig Jahre lang am Hofe Friedrich Wilhelms I. lebte, war kein Held. Nichts an ihm glich dem stolzen Generationsgenossen aus der Hofkapelle Augusts des Starken, der 1728 nach einem beifallumrauschten Konzert in Potsdam für sein virtuoses Violinspiel 20 Goldtaler vom preußischen König erhielt – und das Geschenk dem überbringenden Boten als Trinkgeld weiterreichte, um dem geizigen Barbaren aus Potsdam so elegant wie unangreifbar zu zeigen, wer von ihnen beiden in Wahrheit groß und wer in Wirklichkeit klein war. Das rätselhafte Leben Gundlings erschließt sich nur mit Hilfe einer gleichsam archäologischen Anstrengung, um die verschiedenen Schichten der kulturellen Erinnerung zu lokalisieren und zu durchdringen, die sich in dreihundert Jahren auf sein Wirken in der Welt gelegt und es nur in charakteristisch gefilterter und umgefärbter Weise auf uns haben kommen lassen.

Die bedeutsamste Selektionsleistung der Nachwelt ist unschwer zu erkennen. Sie läßt sich zu der einfachen Feststellung zusammenfassen, daß Gundlings fachlicher Beitrag zur Historie in der Zeit der Voraufklärung seit langem vergessen ist. Der bescheidene Winkel im geschichtlichen Gedächtnis, der ihm zugemessen wurde, zeigt ihn allein in seiner eigenen historischen Rolle als mit satirischen Würden überhäufter Spaßmacher, der zum Gegenstand zahlloser Schwänke im biergeschwängerten Dunstkreis des königlichen Tabakskollegiums avancierte. Ernsthaft gestöbert wurde freilich auch in diesem Winkel kaum einmal. Unzählige Geschichten sind über Gundling in Umlauf gebracht worden, aber nie wurde in der Moderne seine Geschichte geschrieben. Die Vita eines Unsteten, der zugleich Wissenschaftler und Possenreißer war, scheint sich dem biographischen Zugriff zu entziehen, und sie findet sich offenkundig am besten in dem üppigen Kranz von Anekdoten aufgehoben, der ihm bis heute immer wieder neu gewunden wird.

Hier liegt wohl der Grund dafür, daß das Bild des fränkischen Pfarrerssohns Jacob Paul Gundling, der nach seinem Studium in königliche Dienste am preußischen Hof trat und dort als Gelehrter, Günstling und Gespött in einem wirkte, seit jeher verschwommen und uneinheitlich geblieben ist. Die erste Grundierung lieferte ausgerechnet ein erbitterter Kontrahent bei Hofe, David Faßmann, der 1726 vom König nach Potsdam berufen worden war und über Jahre hinweg in der als Tabakskollegium bekannt gewordenen Abendrunde des Soldatenkönigs Gundlings Stellung zu untergraben suchte. In seiner 1735 gedruckten Biographie Friedrich Wilhelms I. betonte Faßmann – in bemühter Abgrenzung von seiner eigenen Stellung am Hof –, daß der vier Jahre zuvor Verstorbene »mehr unter die ausserordentlichen und poßirlichen Hof-Leute, als unter andere, in einem guten Ansehen stehende Königliche Räthe« zu rechnen sei und von solchen »gewaltigen Einbildungen beherrscht gewesen [...], daß er mehr zum Schertz und Zeit-Vertreib, als zu seriesen Affairen gebrauchet worden« sei.[2] Weniger parteiisch dachten in derselben Zeit andere von dem in ihren Augen vielleicht in mancher Hinsicht lächerlichen, aber jedenfalls nicht närrischen Hofgelehrten Jacob Paul von Gundling, der nur das Unglück hatte, daß selbst sein als Universitätsprofessor in Preußen zu Ruhm gekommener Bruder ihn nicht vor der abfälligen Behandlung durch den Monarchen zu schützen vermochte. Goethes Großonkel Johann Michael von Loen etwa bekannte: »Ich habe selbst noch einige Briefe von ihm, die ein ganz ordentliches und gesetztes Wesen anzeigen, und nicht das mindeste ausschweiffendes haben. Seine Bücher, die er heraus gegeben, sind alle gründlich geschrieben, doch ohne vielen Geist. Es scheinet demnach, als wollte der König hier einen Gelehrten den Soldaten zum Schauspiel machen.«[3]

Auch über die Qualität des Gundlingschen Schrifttums bestand in der Mitte des 18. Jahrhunderts durchaus noch keine

Einigkeit. Als 1740 die Neuausgabe einer zuerst 1719 publizierten Arbeit Jacob Paul Gundlings über das Deutsche Staatsrecht im Mittelalter erschien, reihte die Vorrede den Autor unter die ersten Fachleute seiner Zeit ein: »Daß die beyden Gebrüder, die verstorbene Gundlinge, eine gründliche und ausnehmende Kenntnis in den historischen Wissenschaften, absonderlich in den teutschen Sachen besessen; daran zweifelt niemand. Darüber aber wird von einigen Zweifel erreget: welcher von diesen beyden Gebrüdern der stärckste in der Teutschen Historie und dem Staats-Recht gewesen? Und da siehet man bey einigen den Ausschlag auf den so genannten Berliner, oder Jacob Paul von Gundling fallen.«[4]

Noch stärker stellten enzyklopädische Artikel in den ersten Jahrzehnten nach Gundlings Tod die gegenläufigen Züge seines Doppelcharakters gänzlich unverbunden nebeneinander. Gundling habe »mit seinen Schriften zur Aufnahme der Literatur viel beigetragen«, urteilte Jöchers »Allgemeines Gelehrten-Lexicon« 1750 und charakterisierte Gundling als »Freyherr, [...] war 1705 Professor bey der Fürsten- und Ritter-Akademie zu Berlin, nachher königlicher Historiographus, Assessor des Ober-Herolds-Amtes, endlich 1717 Ober-Ceremonien-Meister, geheimdter Kriegs-Ober-Appellations und Cammer-Gerichts-Rath, auch Präsident der preußischen Societät der Wissenschafften«.[5] Gundlings erbärmliches Hofschicksal streifte der Autor dabei nur knapp: »Er mußte viel um den König seyn, und selbigen mit historischen Discoursen unterhalten, wobey ihm aber manche Fatalität und Verdruß wiederfahren.«[6] Fünf Jahre später führte in gleichem Stil Georg Andreas Will in seinem »Nürnbergischen Gelehrten-Lexicon« zunächst aus, daß der König Gundling »zu seinem Hofrath, Zeitungs-Referenten und Historiographus (machte); kurz hernach erhielte er den Titel eines geheimen Kriegsrathes«. Vor die Würdigung seiner wissenschaftlichen Leistung tritt nun aber bereits das Narrenschicksal, wenn Will fortfährt: »So gelehrt er war, so schien er sich nicht nach Hofe zu schicken; und ohngeachtet er öfters ganze Stunden lang mit dem König alleine im Kabinet verschlossen war, bey ihm schrieb und arbeitete, vielen Leuten nützlich und andern schädlich war, so wurde er doch dem ganzen Hofe zum Gespötte.« Erst ganz am Ende kehrt der Lexikoneintrag, der den Lesern im folgenden Gundlings trübselige Stellung bei Hof näher charakterisiert, übergangslos zu Gundlings fachlicher Bedeutung zurück: »Seine Verdienste bleiben inzwischen um die Gelehrsamkeit sehr groß, und seine Schrifften [...] werden ohne Ausnahme für gründlich gehalten.«[7]

Bei dieser sich nach beiden Seiten offenhaltenden Ambiguität sollte es allerdings nicht lange bleiben, und mit der Aufklärung wurde der sich als Clown und Denker wechselseitig dementierende Gundling zu dem, was er bis heute ist: eine monströse Figur. Den Gegensatz zwischen dem »roi philosophe« und seinem unaufgeklärten Vorgänger in starken Farben malend, sah die Akademie bereits um 1750 mit Schaudern auf ihre eigene Geschichte unter Friedrich Wilhelm I. zurück und fand die ganze Trostlosigkeit der Verhältnisse in der Schimpflichkeit der Person Gundlings verkörpert.[8] Am Ende des 18. Jahrhunderts war der bisher in all seinen persönlichen Schwächen als Gelehrter Anerkannte ungeachtet seines mehr als dreißig selbständige Schriften umfassenden Œuvres und seiner Leistung als brandenburgischer Kartograph aus der Fachwelt umstandslos ausgestoßen. »Leben und Thaten Jakob Paul Freiherrn von Gundling [...] eines höchst seltsamen und abentheuerlichen Mannes«, nannte sich eine 1795 anonym erschienene Lebensbeschreibung aus der Feder Anton Balthasar Königs, die damit schon in ihrem Titel andeutete, daß es ihr auf den Hofnarren und nicht mehr auf den Hofgelehrten ankam.[9] Sie, die bis heute die einzige umfassende biographische Würdigung Gundlings geblieben ist, prägte in der epischen Breite ihrer Darstellung das fortan gültige und immer wieder neu gefirnißte Bild eines pedantischen Stubengelehrten, der sich aufgrund seiner aufgeblasenen Geistlosigkeit und unbeherrschten Trunksucht bei Hofe rasch um jeden Kredit brachte. Stufe um Stufe in die Rolle eines ehrlosen Hanswurstes hinabgesunken, habe er jeden Schimpf erdulden müssen, den der König und sein Gefolge ersinnen mochten, um sich Kurzweil zu verschaffen: »Diese Blätter enthalten die Lebensbeschreibung eines sonderbaren Mannes, der eigentlich weder zum Narren bestimmt war, noch es anfänglich sein wollte, der aber mit der Quantität von Klugheit, die er besaß, gegen zu mächtige Anfälle auf dieselbe, unterliegen und am Ende ein wirklicher Narr werden mußte«, so erläuterte der Biograph seine Absicht. Wer der Urheber dieser »Anfälle« war, konnte dem Autor dieser Lebensbeschreibung Gundlings im Zeichen der Aufklärung nicht zweifelhaft sein. Seinen Worten zufolge war es der preußische König Friedrich Wilhelm I. selbst, der glaubte, »daß die Wissenschaften seine Unterthanen [...] zu sehr verfeinerten und weichlich machten«, und nicht grundlos fürchtete, daß die öffentliche Kritik an seiner Regierung vernehmlicher werden müßte, »wenn die Köpfe aufgehellter würden«. So habe er beschlossen, die Wissenschaften »nicht allein in ihrer Ausbreitung zu hindern, sondern auch lächerlich zu machen« und seine Untertanen in dem Glauben zu bestärken, »die Wissenschaften führten zu Charlatanerien und Albernheiten die der Mensch entbehren könne und Allenfalls müßte«. In diesem Spiel aber habe sich der preußische Hofgelehrte von seinem König zum willigen Instrument machen lassen: »Gundling ward vorzüglich mit dazu gebraucht, um der Gelehrsamkeit, noch mehr aber ihren Verehrern einen Stoß beizubringen, der sie verächtlich machen und andere abschrecken sollte, in ihre Fußstapfen zu treten.«[10]

Auf der Grundlage eines aufgeklärten Denkens, das gesellschaftliche Ohnmacht aus politischer Unwissenheit erklärte, kam dem Schicksal des zum Narren Gehaltenen damit eine Bedeutung zu, die weit über seine Person hinausging und in die Tiefen der Beziehung von Volk und Herrscher hineinleuchtete. Nicht *obwohl*, sondern *weil* er vom Gelehrten zum Possenreißer degradiert worden war, zog Gundling um die Wende vom 18. zum 19. Jahrhundert die Aufmerksamkeit des

Publikums auf sich. Je zahlreicher seine überlieferten Schwänke zusammengetragen und je schimpflicher die ihm gespielten Streiche erzählt werden konnten, desto deutlicher stellte sich der Abstand dar, der die sich aufgeklärt glaubende Gegenwart von ihrer im Dunklen befangenen Vorzeit trennte. Politisch-historische Wirkungsabsicht und nicht billige Sensationslust führten dem Biographen von 1795 also die Feder, der in der Vorrede seinen Lesern versprach, daß der Leser »hier das Meiste beysammen findet, was von Gundling aufgezeichnet worden ist; und diesem habe ich besonders dasjenige beigefügt, was bisher unbekannt und ungedruckt war«.[11] Daß er sich dem fast vergessenen Hofgelehrten so hingabevoll widmete, führte er selbst auf den Umstand zurück, daß »mir durch verschiedene Zufälle einige Data in die Hände fielen, die Gefahr liefen, verloren zu gehen, wenn sie nicht auf eine zweckmäßige Art dem Publikum mitgetheilt werden sollten«.[12] Diese Data aber entstammten den satirischen Aufzeichnungen des seinerzeit vielgelesenen Tagesschriftstellers David Faßmann, der mit Gundlings Tod kurz nach Ostern 1731 sein Ziel erreicht hatte und in alle Titel und Rechte des Verstorbenen eingetreten war, aber schon zu Pfingsten sein Heil in der Flucht nach Sachsen gesucht hatte. Seine vier Jahre später erschienene Schrift »Die neu-entdeckten Elisäischen Felder« schütteten in Form der damals beliebten Totengespräche – hier zwischen Gundling und einem sächsischen General – mit Behagen das ganze Füllhorn derber Schwänke aus, die der Verfasser in seiner sechsjährigen Zeit am preußischen Hof mit Gundling erlebt und zu einem nicht unerheblichen Teil selbst in Szene gesetzt haben mochte. In einer nach Belieben ausgeschmückten und entstellten Gestalt präsentierte Faßmann seinen alten Widersacher Gundling als einen im Totenreich räsonierenden Possenreißer, der in seiner gespreizten Ridikülität den Geistesmenschen in nichts mehr ahnen ließ und aufgrund seines närrischen und beschämenden Wesens den Spott wohl verdiente, der sich über ihn ergoß.

Auf eine unkritische Nutzung dieser trüben Quelle gehen bis heute die meisten Bemühungen um Gundling in der einen oder anderen Weise und namentlich in der ersten Hälfte des 19. Jahrhunderts zurück. Durchgängig widmeten sie sich seinem Werdegang nur knapp und ließen ihre Leser dafür um so ausführlicher an den »lustigen Begebenheiten« teilnehmen, die ihm am preußischen Hof widerfuhren. Bis ins kleinste Detail malten sie aus, wie Gundling zur Belustigung des Hofes zum Zeremonienmeister gemacht und in den Freiherrnstand erhoben, wie er zum Zeichen seiner Narrenwürde erst mit einem kleinen goldenen und dann mit einem großen hölzernen Kammerherrnschlüssel belehnt und gar zum Präsidenten der Akademie der Wissenschaften in Berlin gekürt wurde. Breites Licht fiel so auf die Abenteuer, die Gundling im Tabakskollegium, auf der Jagd oder selbst noch auf seiner Stube zu bestehen hatte, in der fallweise zwei junge Bären auf den Nichtsahnenden warteten, nächtens heimlich die Eingangstür zugemauert wurde oder hineingeschossene Feuerwerkskörper explodierten, die die Bettstatt des Verfolgten in Brand setzten. Daß ihm im Tabakskollegium ein gleich gekleideter Affe als leiblicher Sohn vorgestellt wurde, zählt seither ebenso zum Bestand verbürgter Moritaten um Gundling wie der Streich, den ihm die königliche Wache in Wusterhausen spielte, indem sie den betrunken nach Hause Stolpernden kurzerhand an ein Seil band und in den gefrorenen Schloßgraben hinabließ. Aus halber Höhe auf das Eis hinabgestürzt und eingebrochen, mußte der sich in Todesnot an eine Eisscholle Klammernde hinnehmen, daß die rasch Herbeigeeilten seinem Überlebenskampf von oben feixend zusahen und für eine allgemeine Gaudi nahmen, die Friedrich Wilhelm I. gleich mehrfach im Bild festhalten ließ und andere beredt in Worten ausmalten: »Die Beine streckte ich gen Himmel. Mit denen Ellbogen stemmete ich mich starck auf das Eiß, damit ich nicht vollends hinein in das Wasser schlupffen möchte. Die Peruque, und der Huth, hatten sich von meinem Kopff verlohren und lagen, ein Stücke da, das andere dorten, auf dem Eisse herum. Den blossen Kopf reckte ich in die Höhe damit er nicht völlig auf dem Eiß zu liegen kam, und schrie in dieser Positur gewaltig um Rettung und Hülffe«, beschrieb Faßmanns Gundling die Szene seiner tiefsten Demütigung, die ihn zudem auch körperlich so schädigte, daß er eine Zeitlang »auf Steltzen einher spatzieren (mußte), ehe ich recht wieder gehen lernete«.[13] Mit ähnlichem Behagen wurden weitere Höhepunkte höfischen Vergnügens nacherzählt, zu denen der gelehrte Zeremonienmeister Anlaß bot, der das eine Mal in einen Tragsessel gesetzt wurde, aus dem unterwegs Sitz und Boden herausbrachen, oder das andere Mal ein Abführmittel ins Essen gemischt bekam, um seine bevorstehende Hochzeitsnacht zu einem Hauptspaß für die versammelte Hofgesellschaft zu machen. Eine ganz besondere Rolle spielten hier natürlich die Auseinandersetzungen, die Gundling im Tabakskollegium vor allem mit auf seinen Rang erpichten Nebenbuhlern zu bestehen hatte. Daß diese Konflikte zur Freude der Umstehenden nicht selten in derbe Schlägereien ausarteten, bei denen die feindlichen Hofbrüder sich auf dem Boden rauften oder zuweilen auch wechselseitig mit der glühenden Kohlenpfanne traktierten, ging ebenso in den Bestand der verbürgten Nachrichten von Gundlings Leben und Taten ein wie ein famoses Pistolenduell, in das der Streit der Narren bei Hofe schließlich einmal gemündet und das sein Ende erst gefunden haben soll, als Gundlings Perücke in Brand geriet und mitsamt ihrem Träger in einen Wassereimer getaucht werden mußte, um Schlimmeres zu verhüten.

Soviel Mitleid für den Gedemütigten diese Mißhandlung auch erwecken mochte, verfuhr doch auch die aufgeklärte Geschichtsschreibung durchaus nicht unkritisch mit ihrem zum Hanswurst gemachten Helden. Schon Gundlings früher Biograph Anton Balthasar König mochte weder den Hofleuten noch gar dem Monarchen, der »ächten Verdiensten um die Wissenschaften« vielmehr mit »sonderbarer Gnade und Achtung«[14] begegnet sei, die letzte Verantwortung für Gundlings Abstieg vom Forscher zum Verrufenen zumuten. Diese trüge in Wahrheit der Gedemütigte selbst, der sich schon in seiner äußeren Gestalt selbst zum Gespött gemacht habe: »Uebrigens war Gundling ein wahrer Zyniker, indem er auf seinem Körper nicht die geringste Sorgfalt verwendete, und äußerst schmutzig war. Der häufige Gebrauch des Tabaks, Biers und Branntweins setzte ihn stets in unreinliche Ausdünstung, weshalb ihn besonders das schöne Geschlecht floh [...]. Die Bettfedern waren gar reichlich auf seinen Kleidungen zu finden, und mehrentheils erblickte man an ihn die größte Nachlässigkeit im Anzuge, welche die Verachtung womit man ihn behandelte, nur noch vermehren mußte. So trug er nicht selten schwarze Strümpfe mit weißen Zwirn gestopft; Knöpfe auf den Kleidern, die nicht dazu passend waren; und die Nägel an seinen Fingern beschnitt er so sparsam, daß sie gemeinhin den chinesischen sehr ähnlich waren.«[15] Stärker noch rechnete die Gundling-Literatur der Aufklärung dem gefallenen Gelehrten seine unselige Neigung zum Trunke vor, »welche ihn zu allerlei Ausschweifungen verleitete und vielmahls dem öffentlichen Spotte Preiß gab«.[16] Sie wurde schulbildend für eine Sichtweise, die Gundlings Schicksal auf seine eigene Verwahrlosung und Unfähigkeit zurückführte, anders als Tag um Tag bis zur Besinnungslosigkeit bezecht aus dem Tabakskollegium zu taumeln, und so den Niedergang vom geistigen Schaffen zu den geistigen Getränken als Mahnung für den ganzen Gelehrtenstand interpretierte: »Sein Aeußeres vernachläßigte der Herr Professor ganz und gar (ein Fehler, von welchem leider oft auch die Herren Gelehrten unserer Zeit nicht ganz frei sind,) sein Anzug war schon an und für sich selbst sonderbar, und dabei beständig zerrissen und beschmutzt. Seine Hauptleidenschaft war der Trunk, und diesem schmutzigen Hange huldigend konnte er alles, selbst die Achtung, die er sich und andern schuldig war, vergessen. Dabei war Gundling auffahrend, heftig, aufgeblasen und bis zur Lächerlichkeit feig.«[17]

Nicht einmal Gundlings Tod im April 1731 war dazu angetan, dieses Urteil zu mildern. Im Gegenteil: Während die Mitwelt der Überzeugung huldigte, daß sich Gundling schlicht zu Tode gesoffen habe, nutzten der preußische Monarch und seine Hofgesellschaft diese letzte Gelegenheit, um ihren Spaß mit dem verblichenen Zeremonienmeister zu treiben. Ohne Rücksicht auf die Würde des Verstorbenen sorgten sie einer später allerdings umstrittenen Überlieferung zufolge dafür, daß der Verstorbene nicht in einem Sarg, sondern in einem Weinfaß beigesetzt wurde, und ausgerechnet Gundlings ärgster Konkurrent und Nachfolger wurde auserkoren, die mit dem Monarchen abgestimmte Leichenpredigt zu halten und so seinem Narrenkollegen noch im Tod den letzten Tort anzutun.

Gerade hier setzte im Zeitalter des preußischen Historismus allerdings eine quellenkritische Neubesinnung ein, die die Biographie Gundlings abermals neu zu konturieren versuchte. Auf der einen Seite fanden sich liberale Historiker, die an die voraufklärerische Geschichtsschreibung anknüpften und die fachliche Profundität Gundlings unterstrichen, um so die »Herabsetzung und Verhöhnung der auf geistigem Gebiet selbst Thätigen« anprangern zu können, die zu Lebzeiten des Soldatenkönigs geherrscht und dafür gesorgt habe, daß »hier ein Geist in böser Absicht, mit unwürdigen Mitteln zu Grunde gerichtet wurde«.[18] Auf der anderen Seite stand die borussische Geschichtsschreibung im letzten Drittel des 19. Jahrhunderts, die das eigentliche Ärgernis weniger in der demütigenden Mißhandlung Gundlings selbst sah als in dem düsteren Schatten, die seine Verächtlichmachung auf den blanken Schild der Hohenzollerndynastie werfen könne. »Darf man überhaupt von der Behandlung der Hofgelehrten auf die angebliche Verfolgungssucht Friedrich Wilhelms gegen jede gelehrte Bildung schließen?« fragte Otto Krauske im Hohenzollernjahrbuch auf das Jahr 1901, der im weiteren vor allem »die Eitelkeit und die Haltlosigkeit des Unglücklichen große Schuld an seinem Schicksale« tragen ließ und im übrigen ganz grundsätzlich fand, daß manche Äußerungen und Maßnahmen des Monarchen gegen Gundling und andere Gelehrten seiner Zeit »bei gründlicher Forschung ein etwas harmloses Gesicht erhalten«.[19]

Mit dieser vagen Erklärung beruhigte sich eine Geschichtswissenschaft, die seither das in Gundling personifizierte

Skandalon eher auszugrenzen als auszudeuten tendierte. Im weiteren fand Gundling in der Forschung denn auch kaum noch nähere Würdigung, und dort, wo die lexikalische Vollständigkeit von Nachschlagewerken seine Erwähnung zwingend gebot, traten jetzt offene Fragen an die Stelle alter Gewißheiten. Anders im Ausland. Mit Verve focht schon 1857 die französische »Biographie Universelle Ancienne et Moderne« für ein Bild des »Staatsmannes, geschätzten Historikers und Lustigen Rates«, das hinter dem lächerlichen Schein das seriöse Wesen nicht verschwinden ließ. Sie immerhin beharrte darauf, daß Gundling ausweislich seiner Werke und seiner Korrespondenz Verstand und Bildung besessen und vielleicht kein überlegener, aber doch ein klarer Geist gewesen sei, vielleicht kein »esprit supérieur«, aber doch ein »homme doué d'un très-bon jugement«. Auf die Frage, wie dann seine alle Vorstellungskraft übersteigende Erniedrigung durch den preußischen König zu erklären sei, wußte allerdings auch die »Biographie Universelle« keine Antwort: »Waren es die Schwäche seines Charakters oder vielleicht irgendwelche geheimen Projekte an seinem Hof, die ihn eine so erniedrigende Rolle zu spielen zwangen? Wir wagen nicht, diese Frage zu entscheiden.«[20]

Das mit dem Namen Gundlings verbundene Gelehrtenschicksal wurde durch solche Undurchsichtigkeit freilich nur noch unerträglicher. So verschwand, was nicht zu klären war, aus der historischen Reflexion oder wurde doch an ihren Rand gedrängt. Bis heute beschwört der Fall Gundling in der akademischen Erinnerungsliteratur an Preußen »ein trauriges Kapitel im Leben des Soldatenkönigs, vielleicht seine abstoßendste Seite überhaupt«[21], bei der sich aufzuhalten wenig lohne. Aber auch eine von diesen Bindungen freie Geschichtsschreibung, die Empathie nicht mit Sympathie verwechselt, hat sich des Falles Gundling nicht mehr recht annehmen mögen. Sie hat sich statt dessen damit begnügt, den in der anekdotischen Tradition verwischten Widerspruch zwischen dem grotesken Narren und dem ernsthaften Wissenschaftler aufzufrischen oder die »wissenschaftsfeindliche Kampagne« des »gekrönte[n] Banause[n]« Friedrich Wilhelm I. anzuprangern, der »ja nicht nur Gundling, sondern in dessen Person alle Gelehrten demütigen (wollte)«.[22] So ist der ungewöhnliche Fall eingetreten, daß das Charakterbild dieser Gestalt aus der Zeit des preußischen Aufstiegs zur europäischen Großmacht mit wachsendem Abstand nicht klarere Konturen gewonnen hat, sondern im Gegenteil immer stärker schwankt, je weiter es in die Geschichte zurücktritt. Unverbunden laufen fortgeschriebene Anekdotentradition und quellenkritische Skepsis heute nebeneinander her. In denkbarer Gegensätzlichkeit tritt in der Literatur einmal der entwürdigte Possenreißer hervor und zum anderen, ›der vielseitig gebildete geistreiche Weltmann‹[23], wird das Schicksal des Hofnarren immer wieder neu erzählt – und kategorisch bestritten: »Die immer wieder kolportierte Behauptung, er habe die Rolle eines Hofnarren spielen müssen, ist wahrscheinlich auf persönliche Widersacher zurückzuführen«, vermutete die »Deutsche Biographische Enzyklopädie« 1996.[24]

Während Gundling der professionellen Geschichtsschreibung im Laufe der letzten 150 Jahre mehr und mehr zu einem in seiner Sperrigkeit ungeliebten Gegenstand geworden war, nahm sich im 20. Jahrhundert die historische Belletristik seiner an. Drängende Nähe gewann das Verhältnis des königlichen Despoten Friedrich Wilhelm I. zu seinen Untertanen besonders in der Zeit der beiden deutschen Diktaturen. Den Versuch, Gundlings Ehre zu retten, ohne die des soldatischen Preußenherrschers anzutasten, unternahm beispielsweise 1941 Paul Schulze-Berghof in einer biographischen Romanskizze, die auf die Wirklichkeit des Weltkrieges mit dem Trost einer historischen Versöhnung zwischen dem König und seinem gedemütigten Ratgeber antwortete. Im Deckmantel eines historischen Romans verfaßte auch Jochen Klepper 1937 sein monumentales Porträt »Der Vater«, das im Gewand des Konflikts zwischen König und Kronprinz vom Wesen der zerstörerischen Macht handelt. Deren Geheimnis kann bei Klepper nur einer aussprechen, in dem die Klugheit wohnt, die von sich nichts weiß – eben der Narrenprofessor Gundling: »Es hatte, so kündete der Professor von dem neuesten Ergebnis seiner Forschungen, vor langer Zeit ein Herrscher gelebt, so gewaltig, so groß und zornig wie der Zar. Der trug schwer an seinem entsetzlichen Geschick, daß alle, die er je mit seinen furchtbaren Händen angerührt hatte, dem Tode verfielen. Er hatte Mörderhände. Professor Gundling stellte es sehr dramatisch dar. [...] König Friedrich Wilhelm hörte zu [...]. Er selbst trank viel. Dem Professor wurde am reichlichsten und häufigsten eingeschenkt. [...] Er betrank sich bis zum Tierischen. Er redete wirr. [...] Und das wollte der König. Alles sollte ein lächerlicher Unfug sein, was der hemmungslose Säufer und Schwätzer je geplappert hatte. Alles, alles sollte nur ein schlechter und gemeiner Witz, eine Zote für Trinker gewesen sein. Auch das sollte nichts gewesen sein als Wahnwitz, Torheit, Lüge; daß es einen Herrscher gegeben habe, der sich so vor seinen Händen fürchtete, daß er sie sich binden ließ [...]. Die Schatten unter den Augen des zechenden Königs waren faltige, schwere Säcke geworden. Seine Blicke gingen unstet hin und her. Und immer wieder, unbewußt, hafteten sie lange auf Gundling. Von den Gedanken zu Tode verwundet, begehrte der König nach dem Trost, daß die Weisheit dieser Welt gar nichts anderes sei als Zote und Narrheit; so munterte er die Offiziere auf, es mit dem trunkenen Professor schlimm zu treiben. Aber er selbst tat nicht mehr mit. Er sah auf das Bild: die Weisheit tropfte als Speichel der Betrunkenheit von den Lippen des Klügsten.«[25]

Auch Martin Stades Roman »Der König und sein Narr« thematisierte 1975 in verschlüsselter Form die Rolle des Intellektuellen in der modernen Diktatur und schilderte Gundling als eine tragische Gestalt, die aus Geldgier und Ruhmsucht die Würde des Professors mit der Häßlichkeit des feigen Kriechers und Intriganten eingetauscht hatte, aber noch in der Selbstaufgabe den elementaren Gegensatz von Macht und Moral demonstrierte: »Habe ich verschwiegen, daß ich zu allen Zeiten, in jeder Minute dieses Lebens am Hofe, die Begierde in mir trug, an ihm zu bleiben, aufzusteigen, Einfluß zu haben, Macht auszuüben, daß ich ebenso wie die anderen Hofinsekten Kabalen spann, daß ich mich bückte und bog und den großen Herrn zuweilen nach dem Munde redete wider mein besseres Wissen? Daß ich, allein in meiner Kammer, zwischen vier stummen Wänden, Tränen vergoß, daß ich voller Wut war auf mich selbst, auf diesen Mann mit den vielen Titeln, der so kleinmütig sein konnte um seines Salärs willen?«[26] Krasser noch dramatisierte 1976 Heiner Müller in seinem Theaterstück »Leben Gundlings Friedrich von Preußen Lessings Traum Schlaf Schrei« das Leiden der geschundenen Kreatur, die vernichtet werden muß, weil sie die Wahrheit kennt. Er, der sein eigenes Stück über Gundling nicht lesen konnte, ohne »Mitleid [zu haben] mit allem, was da beschrieben wird«[27], spitzte die historische Figur Gundlings zu dem Paradigma des Intellektuellen in der Moderne zu, das der Auseinandersetzung mit seinem Schicksal die für die Gegenwart gültige Norm vorzugeben scheint und damit zugleich eine moralische Parteinahme erzwingt: »Erst die Wiederaufnahme des Falls könnte die Frage beantworten, ob G[undling] für die Rolle des ›Intellektuellen als Märtyrer‹ (Ivan Nagel) taugt oder für die des wissenden Gelehrten, den die Machthaber neutralisieren, indem sie ihn zum Narren machen (Heiner Müller).«[28] Doch läßt sich Gundling wirklich so umstandslos »zu einem tragischen Zeugen des zynischen Umgangs der Staatsgewalt mit ihren Bürgern« erklären und zur »Tragödie eines Mannes, der sich dem Alkohol ergab, weil sein König [...] nicht dessen Wahrheit über seinen Staat ertrug und ihn deshalb zum Hofnarren seines Tabakskollegiums erniedrigte?«[29] Fügt sich das anstößige Ärgernis eines Narren-Gelehrten aus dem 18. Jahrhundert, der die sozialen und kulturellen Eliten des preußischen Staates als ungeschlachte Kulturverächter und dessen Monarchen als gläubigen Religionsverächter ins Licht hob, überhaupt in die uns gewohnten Ordnungsgefüge? Oder steht es quer zu den Bahnen eines Denkens, das unter dem Eindruck zweier deutscher Gewaltherrschaften in den Kategorien von Tätern und Opfern, von Macht und Gewissen, von Verblendung und Widerstand zu denken gelernt hat und den Fall Gundling nur allzu bereitwillig in »das ewig gespannte Verhältnis zwischen Geist und Macht«[30] einordnet? Die so offen gegen Herkommen, Sitte und fürstliche Conduite verstoßende Behandlung, die der zum clownesken Zeremonienmeister erniedrigte Gelehrte in seinem Leben am preußischen Hof und noch in seiner zu einer grotesken Parodie verunstalteten Beerdigung erfuhr, harrt bis heute der Klärung. War der zum Hofgespött gesunkene Verfasser gelehrter Geschichtsabhandlungen tatsächlich infolge seines unseligen Hanges zum Alkohol und seiner wichtigtuerischen Aufgeblasenheit selbst für das bedauernswerte Schicksal verantwortlich, das ihm in Preußen widerfuhr? Oder verbarg sich in dem vermeintlichen Hofnarren vielmehr ein Weltweiser, der gezielt die Freiheit des Schelmen nutzte, um seinem Landesherrn immer dort den politischen Weg zu weisen, wo dessen eigene Chargen ein wahres Wort zum Schaden des Landes scheuten? Und wie ist schließlich die schwankende Haltung des gottesfürchtigen Preußenkönigs in diesem Stück zu deuten, das ihn als rachsüchtigen Blasphemiker und kulturfeindlichen Barbaren auftreten läßt, der Hof und Klerus zur Huldigung seines Hausnarren treibt? Das sind die Fragen, die Gundlings seltsames Schicksal stellt, und mit ihrer Beantwortung ist zugleich eine Antwort verlangt, wofür das verstörende Hofschicksal Gundlings überhaupt steht und wie die in ihm zutage tretende Grenzüberschreitung vom Alltäglichen zum Undenkbaren sich in den Sinnhorizont unserer Gegenwart fügen läßt.

Es lohnt sich also, die vielen späteren Zeichnungen und Verzeichnungen einmal beiseite zu tun und die verstreuten Spuren zu sichten und zusammenzuführen, die sich von Gundlings Leben in amtlichen Quellen, in Korrespondentenberichten vom preußischen Hof und anderen zeitgenössischen Mitteilungen erhalten haben. Zu ihnen zählt auch die herabsetzende Spottschrift des Gundling-Nachfolgers Faßmann, die gerade in ihrem bewußt verzerrenden Charakter als fiktives Totengespräch und gerade dort, wo sie inhaltlich ganz unglaubwürdig ist, ungewollt Zeugnis über den eigentümlichen Umgang der Hofwelt mit Gundling ablegt und den Vorteil der größten Zeitnähe aller biographischen Bemühungen um Gundling für sich in Anspruch nehmen kann.[31] Eine kritische Zusammenschau dieser verschiedenen Zeugnisse und Überlieferungssplitter vermag vielleicht Auskunft auf die Frage zu geben, ob der Hofhistoriograph und Zeitungsreferent Jacob Paul von Gundling ein gelehrter Scharlatan war oder ein Intellektueller avant la lettre, ein ruhmbegieriger Pedant oder ein gebrochenes Opfer im Kampf zwischen Geist und Macht – oder ob sich womöglich hinter seinem Schicksal eine unserem Denken ganz fremde Beziehung zwischen Wertschätzung und Verachtung, zwischen hônnèteté und Zügellosigkeit in der preußischen Hofkultur des frühen 18. Jahrhunderts verbirgt.

Homo academicus

Den ersten Hinweis auf Jacob Paul Gundlings Leben gibt ein Eintrag im Taufbuch der Pfarrkirche von Kirchensittenbach, einem kleinen Ort in einem Seitental der Fränkischen Schweiz, nicht weit von Hersbruck. Die Kirchensittenbacher blickten von alters her zur Reichsstadt Nürnberg hin, der sie anfangs des 16. Jahrhunderts zugeschlagen worden waren. Nürnbergisch war die Kirchenordnung, die die Kirchensittenbacher Sebastianskirche 1533 im Zuge der Reformation übernahm, nürnbergisch war die Patrizierfamilie Tetzel, die die Grundherrschaft seit 1569 innehatte und ein Renaissanceschloß errichtete. Aus Nürnberg kam schließlich der Pfarrer, den die Kirchensittenbacher seit 1668 hatten, und nach Nürnberg sollte er zehn Jahre später auch wieder zurückgehen. Er hieß Wolfgang Gundling, und die Geburt, die er im Kirchenbuch für den 19. August des Jahres 1673 »intra horam 9 et 10 ante meridionem« vermerkte, war die seines eigenen Sohns.

Die Geburt des neuen Erdenbürgers stand unter keinem günstigen Stern. Die Geburt sei »wegen der Ankunfft der Keyßerl. Kriegsvölker umb diese gegend« auf der Flucht erfolgt, meldet der Geburtseintrag.[32] Tatsächlich findet sich der Täufling nicht in Kirchensittenbach, sondern im Taufbuch der evangelischen Marienkirche von Hersbruck verzeichnet. Dort fand Gundling bei einem Amtsbruder Aufnahme für seine Familie, und in dessen Hause kam seine Frau nieder.[33] Es waren unruhige und bedrohliche Zeiten. Immer wieder waren die Kirchensittenbacher gezwungen gewesen, in der befestigten und nachmals abgebrannten Wehrkirche ihres Ortes Zuflucht zu suchen, so im Städtekrieg von 1391 und im Markgrafenkrieg von 1450. Die Schrecken des Dreißigjährigen Krieges schließlich lagen kaum eine Generation zurück, und er hatte allein im schrecklichen Jahr 1632 in der Gemeinde 180 Tote gekostet.

Nach dem Friedensschluß von 1648 wiederum war dem Heiligen Römischen Reich kaum noch ein Schatten seines früheren Glanzes geblieben, und in das von Partikulargewalten zerrissene Land drangen auswärtige Mächte vor. Die stärkste unter ihnen war Frankreich, das unter Ludwig XIV. zielstrebig auf die Hegemonie in Europa zuarbeitete. 1667 hatten Ludwigs Truppen die spanischen Niederlande und 1670 handstreichartig das Herzogtum Lothringen besetzt. In beiden Fällen war das Reich untätig geblieben, und bot Truppen erst auf, als Ludwig 1672 zu einem neuen Schlag ausholte und in die Vereinigten Niederlande einfiel. Der brandenburgische Herrscher Friedrich Wilhelm, der nachmals »der Große Kurfürst« genannt werden sollte, ging ein Verteidigungsbündnis mit den Niederlanden ein und mobilisierte 20 000 Mann. Ihnen sollten sich nun auch kaiserliche Truppen anschließen, nachdem Ludwigs Soldaten bei Mainz und Heidelberg auf Reichsgebiet vorgestoßen waren. Doch zu koordinierten Aktionen der beiden Heere kam es nicht, und statt gegen den Feind zu ziehen, marodierten die kaiserlichen Truppen während des Sommers und Herbstes 1673 ziellos durch das Reichsland.

Doch gab es noch einen besonderen Grund, daß schon allein das Gerücht in der Nähe umherziehender Soldatenhaufen die Pastorenfamilie in Kirchensittenbach in Unruhe versetzen mußte. Gundling stand das warnende Schicksal seines eigenen Amtsvorgängers Johann Georg Treu vor Augen, der selbst in den dreißiger Jahren mehrfach von brandschatzender Soldateska aus seinem Pastorat vertrieben und grausam mißhandelt worden war. 1631 hatte auch Treu vor derselben Entscheidung gestanden wie jetzt sein Amtsnachfolger Gundling – und mit Rücksicht auf seine schwangere Ehefrau die Flucht vor einer plündernden Horde kaiserlicher Reiter zu spät angetreten. Niemand in Kirchensittenbach hatte das schreckliche Ende vergessen, als der mit der Familie in den Wald flüchtende Pfarrer damals von seiner Frau getrennt worden war, »weil sie als eine Hochschwangere nicht mit fortkommen kunte«[34], und sie zehn Tage später tot wiedergefunden hatte. Allein dies mochte im Pfarrhaus den Ausschlag gegeben haben, diesmal vorsichtiger zu sein und beizeiten von Kirchensittenbach nach dem Schutz bietenden Hersbruck zu gehen.

Die Erinnerung an diese Schrecknisse sollten Jacob Paul Gundling sein Leben lang schon in seinem Taufnamen begleiten. Denn als Pate war der »ehrenfeste und hochgelehrte« Jacobus Bärlein vorgesehen, Doktor der Medizin und »Physicus ordinarius der Stadt Nürnberg«. Doch »weil er aber wegen solcher furcht dem actui nicht selbsten habe beiwohnen können«, vermerkte der Vater in seinem Kirchenbucheintrag, wurde statt seiner eben der Hersbrucker Diakon Paulus Barth bestimmt, »in deßen Haus meine junge Frau danieder kommen ist«.[35] So erhielt das neue Erdenkind den Namen seiner beiden Paten: Jacobus und Paulus. »Gott gebe«, schloß der Vater erleichtert und zugleich ahnungsvoll, »daß wie es in der kriegsunruhe und in Fuga ist gebohren worden, solches unglück in seiner unwissenden iugend über ihn möge ergangen seinem alter also er desto mehr frieden und ruhe erfahren möge.«

Vorderhand wies noch nichts im behüteten Leben des jungen Jacob Paul darauf hin, daß der Sohn dereinst ein uberaus unfriedliches und ruheloses Leben würde führen müssen. Die Pfarrersfamilie Gundling strahlte bürgerliche Solidität und protestantisches Bildungsbewußtsein aus. Der Vater, Sohn eines Nürnberger Sattlermeisters, hatte erst in seiner Vaterstadt die St. Sebaldusschule besucht und dann in Altdorf Theologie studiert, bevor er 1664 seine erste Pfarrei übernahm und sich 1668 mit der Tochter seines früheren Nürnberger Schulrektors verehelichte. Erfolgreich nicht nur in seinem äußeren beruflichen Aufstieg, den er 1677 mit der Berufung zum Kapiteldekan an der Laurentiuskirche in Nürnberg krönte, stand Wolfgang Gundling auch öffentlich in den geistigen Debatten seiner Zeit und hatte sich schon durch theologische Disputationen als gelehrter Prediger einen Namen gemacht, bevor er noch als Kirchenschriftsteller zu wirken begann und bis zu seinem Tod 1689 lateinische und deutsche Betrachtungen zu religionsgeschichtlichen Fragen publizierte, die Titel wie »Francisci Morgenröte« oder »Historie des erleuchteten Kämmerers« trugen.[36]

Die intellektuellen Ambitionen des Vaters gingen auf seine Kinder über. Von den beiden erstgeborenen Söhnen und den beiden jüngsten Töchtern Wolfgang und Helene Gundlings ist wenig bekannt.[37] Um so markantere Lebensspuren aber zogen die beiden mittleren Kinder, der am 15. Januar 1671 geborene Nicolaus Hieronymus und der zwei Jahre jüngere Jacob Paul, die in ihrer beruflichen Entwicklung zunächst dem Vater folgten, um ihn dann zu überholen und am Ende ihres Daseins beide zu Ruhm, wenn auch nicht gleichermaßen zu Ansehen gekommen zu sein. Beide Brüder wurden zunächst zu Hause unterrichtet und wechselten dann in Nürnberg auf das Aegidius-Gymnasium, um dort die humanistische und religiöse Unterweisung zu erhalten, die sie befähigen sollte, dereinst in die Fußstapfen ihres Vaters zu treten und als Theologen zu wirken.[38] Es war ganz in diesem Sinne, daß beide Brüder im Juli 1687 an der Universität von Altdorf immatrikuliert wurden, an der mehr als dreißig Jahre zuvor auch ihr Vater Theologie studiert hatte.[39] Die Meldung zum Studium in einem Alter, als der ältere Bruder gerade sechzehn und der jüngere noch nicht einmal fünfzehn Jahre zählte, war weniger ungewöhnlich, als sie scheinen mag. Um sich zu immatrikulieren, reichte in dieser Zeit das Zeugnis der heimischen Lateinschule aus. Auch war es war nicht nur in Altdorf, sondern an allen deutschen Universitäten die Regel, künftigen Studiosi schon im späteren Kindesalter die Zulassung zu der Universität zu sichern, an der sie einmal studieren sollten, und sie so auf das akademische Bürgerrecht vorzubereiten, das sie mit dem Eid vor dem Universitätsrektor erlangen würden.[40]

Wolfgang Gundlings früher Tod am 31. Juli 1689 aber unterbrach den vorgezeichneten Werdegang der beiden Brüder, denn er hinterließ kein Vermögen, das seinen Söhnen ohne Unterstützung von anderer Seite den Übergang zur Universität hätte ermöglichen können. »Einige Verwandte« nahmen sich der beiden Brüder an, wie »Zedlers Großes Universal-Lexicon« 1735 schrieb[41], und ermöglichten ihnen, ihre begonnene Ausbildung fortzusetzen. Dennoch wurde der Tod des Vaters zur Zäsur, in deren Folge die Wege der Brüder auseinandergingen, um sich fortan nur noch gelegentlich, dann aber auf eigentümliche Weise zu berühren. Das unstete Studentenleben führte dabei der Ältere, Nicolaus Hieronymus. Gleich nach dem Tod seines Vaters verließ er Nürnberg und schrieb sich am 6. November 1689 in Altdorf ein.[42] Drei Jahre später, im August 1692, wechselte Nicolaus Hieronymus an die Alma mater in Jena[43] und ging von dort weiter nach Leipzig, wo er 1695 das theologische Examen ablegte. Im selben Jahr nahm er seine Tätigkeit als Predigeramtskandidat in Nürnberg auf, verließ dann aber plötzlich die väterliche Bahn und vertauschte sein kirchliches Amt mit einer Anstellung als »Hofmeister einiger Nürnbergischer Patritiorum«, die er fortan mit seiner universitären Erfahrung in ihrer Ausbildung begleitete. Offenbar betätigte sich Gundling über mehrere Jahre hinweg in dieser unsicheren Stellung eines akademischen Erziehers, und in ihr kam er schließlich im Mai 1699 an die Universität Halle.[44]

An dieser preußischen Reformuniversität aber sollte er, der sein eigenes Anschlußstudium der Jurisprudenz ursprünglich nur pro forma in seiner Eigenschaft als Hofmeister aufgenommen haben mochte, unter dem Einfluß des Rechtsphilosophen Christian Thomas seine eigentliche Berufung finden. Er widmete sich seinen Studien nun energisch und wurde an der Universität Halle zunächst 1703 zum Doktor der Rechte promoviert, dann 1705 als außerordentlicher Professor für Philosophie berufen, um zwei Jahre später wiederum in Halle darauf den Lehrstuhl für Natur- und Völkerrecht zu übernehmen, den er fast ein volles Vierteljahrhundert lang bis zu seinem Tod innehaben sollte. Auf diesem Katheder, von dem aus er nach gesichertem Urteil mit fesselnder Beredsamkeit und – ein Vorkämpfer der Moderne – fast nur in deutscher

Sprache lehrte, begründete Nicolaus Hieronymus Gundling als Vertreter des rationalistischen Naturrechts seinen Ruhm in philosophischer Hinsicht und als Verfassungsgeschichtler seine Bedeutung bei der Begründung der historischen Staatsrechtsschule. Eine imposante Zahl von Publikationen trug sein Ansehen weit über Halle hinaus. In ihnen erwies sich Gundling als Meister eines noch von Gottsched gelobten flüssigen Stils, mit dem er gegen die lutherische Orthodoxie focht und den Vorwurf nicht scheute, in seiner »Lästersucht« gottgewollte Autoritäten zu untergraben. Mehrfache Angebote Friedrichs I. von Preußen und seines Nachfolgers Friedrich Wilhelms I., nach Berlin zu wechseln und seine wissenschaftliche Karriere durch »sehr wichtige Bedienungen, sowohl bey Hofe, als in Gerichten, unter ansehnlichen Conditiones« zu krönen[45], schlug er hingegen standhaft aus. Für seine theologischen Verdienste zum Konsistorialrat des Herzogtums Magdeburg und wegen seiner akademischen Leistung zum preußischen Geheimen Rat ernannt, starb Nicolaus Hieronymus Gundling im Dezember 1729 hochgeehrt als Prorektor der Universität Halle.

Auf nahezu der gleichen Bahn wie sein älterer Bruder suchte nach dem Ende der Schulzeit auch Jacob Paul sein Fortkommen – bis er dann, vor dieselbe Frage wie sein Bruder gestellt, die entgegengesetzte Entscheidung treffen sollte. Bald nach dem Tod des Vaters verließ auch er Nürnberg und wurde Ende 1690 für drei Jahre an die Fürstenschule in Schulpforta bei Naumburg an der Saale geschickt.[46] Anschließend wechselte er wie sein Bruder an die Universität, bei der er sich sechs Jahre vorher hatte einschreiben lassen, und wurde am 1. Juni 1693 in Altdorf immatrikuliert.[47] Ob er sich zunächst ebenfalls der Theologie und den Rechtswissenschaften zuwandte oder gleich zur philosophischen Fakultät wechselte, um sich der Geschichte zu widmen, ist nicht bekannt. Im raschen Wechsel der Universitäten hingegen folgte er wieder dem Beispiel des älteren Bruders und ließ sich im Juli 1694 in Halle einschreiben, kehrte der Stadt aber noch vor Semesterbeginn den Rücken und ging an die Universität Helmstedt, von der er am 13. Oktober 1694 aufgenommen wurde.[48] Was ihn zu diesem überraschenden Ortswechsel veranlaßte, geht aus der Überlieferung nicht hervor. Aufschlußreich ist aber, daß sich Gundling weder in Halle noch in Helmstedt allein immatrikulieren ließ; beide Male erscheint neben seinem Namen ein Kommilitone, Felix Jacobus von Tetzell, der als seinen Heimatort Kirchensittenbach angab.[49] Er läßt sich damit als ein Sproß der einflußreichen Nürnberger Patrizierfamilie Tetzel identifizieren, die die Grundherrschaft in Kirchensittenbach innehatte. Nach dem Willen seines Vaters, des Kaiserlichen Rates und Nürnberger Ratsherrn Gustav Georg Tetzel von Kirchensittenbach auf Vorra und Artelshofen, sollte sich der junge Patriziersohn den Studien fernab der Heimat nicht ohne Betreuung durch einen fast gleichaltrigen Gefährten widmen. An seiner Seite fungierte Jacob Paul Gundling in derselben Hofmeisterrolle des älteren Kommilitonen, wie sie kurze Zeit darauf auch sein älterer Bruder gegenüber anderen Sprößlingen aus vermögendem Nürnberger Geschlecht einnehmen sollte.

Als Tetzel nach seinem Studium auf die für Söhne des vermögenden Adels auch in Deutschland Mode werdende Bildungsreise ging, lag es nahe, daß Gundling das Angebot erhielt, ihn auch auf dieser Grand tour als Hofmeister zu begleiten. Vor eine Wahl gestellt, die keine war, nämlich mittellos sein Studium fortzusetzen oder aber es gegen eine bezahlte Kavaliersreise ins Ausland einzutauschen, willigte Gundling ein und erhielt so die Gelegenheit, neben Deutschland auch Holland und England zu bereisen und sich dort nicht nur mit beiden Ländern und ihrer Kultur vertraut zu machen, sondern auch Kontakte zu knüpfen, die ihm später einmal nützlich sein könnten.[50] In welchem Jahr Gundling sein Studium aufgab, um sich Tetzel auf dessen Studienreise nach Westeuropa anzuschließen, ist unbekannt; wahrscheinlich war es 1698 oder 1699. Faßmann zufolge rühmte Gundling sich später gern, daß er in England »die Ehre gehabt [habe], öffters mit dem damaligen Bischoff von Canterbury zu sprechen«. Gundlings mißgünstiger Konkurrent Faßmann mochte seinem Antipoden freilich nicht einmal dieses kleine Ruhmesblatt gönnen – vielleicht, weil er selbst früher als Hofmeister mit weniger Glück einen jungen Engländer bei seinen Studien in Utrecht und Oxford begleitet hatte.[51] Allein aus Gundlings Behauptung, sich mit dem englischen Würdenträger mangels Kenntnis der Landessprache lateinisch unterredet zu haben, schloß er jedenfalls, daß das Zusammentreffen frei erfunden sein müsse, weil bei einer solchen Begegnung eines Deutschen mit einem Engländer »ein jedweder das Latein nach seiner Mund-Art prononciret« und man sich daher gar nicht hätte verständigen können.[52]

So absonderlich dieses Argument ist, das in die spätere biographische Literatur Eingang fand[53], erzwingt es natürlich noch nicht automatisch den Umkehrschluß, daß Gundlings Auskunft auch tatsächlich wahr sein mußte. Dennoch hat sie manches für sich, und es ist darüber hinaus sogar sehr wahrscheinlich, daß Gundling schon während seines England-Aufenthaltes in Kontakt mit dem kurbrandenburgischen und dann preußischen Hofprediger David Ernst Jablonski kam, der in derselben Zeit mit tatkräftiger Unterstützung Thomas Tenisons, des Erzbischofs von Canterbury, eine Union aller evangelischen Kirchen in Deutschland unter der Führung Preußens als Voraussetzung einer zukünftigen Verschmelzung mit der anglikanischen Kirche zu stiften suchte.[54]

Falls diese Vermutung zutrifft, macht sie Gundlings weiteren Lebensweg an einer wichtigen Gabelung transparent. Denn es lag durchaus nicht fern, daß er, der Tenison möglicherweise bei der Ausarbeitung einer Deklaration der essentiellen Glaubensartikel einer vereinigten protestantischen Kirche beriet, auf diese Weise über Jablonski oder andere Befürworter einer englisch-deutschen Kirchenunion der Protestanten auch bereits eine erste Verbindung zum brandenburgisch-preußischen Hof anbahnen konnte, die ihm schon bald bei der Suche nach einer eigenen Anstellung gute Dienste leisten sollte.

Wann und unter welchen Umständen Gundling mit Tetzel von seiner Kavaliersreise nach Deutschland zurückkehrte, ist nicht bekannt. Jedenfalls aber stand er nach seiner Entlassung aus den Diensten des Nürnberger Patriziers vor einer einigermaßen ungesicherten Zukunft. Anders als sein Bruder Nicolaus Hieronymus hatte er sein eigenes Studium weder mit dem Erwerb des Doktorgrades in der philosophischen oder juristischen Fakultät noch wenigstens mit der Promotion zum Magister oder zum theologischen Lizentiaten abgeschlossen. Aufgrund seines Auslandsaufenthalts war es ihm auch nicht möglich gewesen, sich eine andere berufliche Auffangposition zu schaffen, die diesen Nachteil auszugleichen vermocht hätte. Unter diesen Umständen hätte es daher auch ohne die möglicherweise schon geknüpfte Verbindung zum preußischen Hof nahegelegen, daß Gundling, dem die akademische Karriere wohl zunächst verschlossen bleiben würde, sich weniger nach dem überwiegend katholischen Süden Deutschlands als eher nach dem protestantischen Norden hin orientieren würde, zu dem er nach Herkommen und Werdegang ohnedies gewiesen war. Spätestens seit 1704 jedenfalls hielt er sich in Berlin und zeitweilig wohl auch im Kurfürstentum Hannover auf, um in den dortigen Bibliotheken zu arbeiten.[55] Mit gutem Grund läßt sich daher annehmen, daß Gundling im Anschluß an seine Rückkehr aus dem Ausland eine vielleicht über Kurfürstin Sophia von Hannover geknüpfte Beziehung zu den Höfen in Berlin und Hannover nutzte, um sich einer Profession zu widmen, zu der er sich nach Studium und Weltkenntnis am stärksten berufen fühlte: der Historie.

Wovon er in den ersten Berliner Monaten lebte und womit er seine Reisen im norddeutschen Raum bestritt, wissen wir nicht. Natürlich mangelte es außerdem zu dieser Zeit weder in Berlin noch andernorts an stellungslosen Magistern und hungrigen Studenten, die es nach der Zahl ihrer Semester und der Güte ihrer Referenzen mit Gundling aufnehmen konnten und die wie er darauf hofften, als Sekretär bei einem Minister oder Militär unterzukommen, wenn sie nicht als Hauslehrer oder Archivschreiber ihre Existenz fristen wollten. In dieser unentschiedenen Lage half vielleicht ein glücklicher Zufall, nämlich der Kontakt zu einem Mann, der gerade im Auftrag des Königs ein akademisches Projekt betrieb, wie es sich für Gundling nicht besser denken ließ. Dieser Mann war der Geheime Staatsrat und General-Kriegs-Kommissar Daniel Ludolf von Danckelman, ein Bruder des einstmals mächtigen brandenburgischen Oberpräsidenten Eberhard von Danckelman. Seine Aufgabe bestand darin, den Mangel auszugleichen, daß die brandenburgische und seit 1701 preußische Residenzstadt Berlin ungeachtet ihrer wirtschaftlichen und politischen Bedeutung keine akademische Bildungseinrichtung besaß, an der die Kinder des Landesadels ausgebildet und für eine militärische Laufbahn vorbereitet werden konnten. Um diesen Zustand zu ändern, verfügte der König 1704 die Gründung einer Berliner Fürsten- oder Ritterakademie zur standesgemäßen Erziehung der heimischen Noblesse. Danckelman kam es zu, den Willen des Königs ungeachtet der chronischen Finanzschwäche der Hofschatulle in die Tat umzusetzen, und allen späteren Anekdoten zum Trotz war es durchaus kein bloßer Zufall, daß er bei der Ausschau nach geeigneten Lehrkräften auf den stellungslosen Historiker Jacob Paul Gundling stieß. Es mag gut sein, daß eine Referenz von dritter Seite, die auf Gundlings kurzzeitige Involvierung in die kirchlichen Beziehungen zwischen Berlin und London während seiner England-Reise zurückging, den ersten Kontakt zu Danckelman anbahnte. Nicht weniger entscheidend aber war wohl, daß der stellungslose Gelehrte in derselben Zeit bereits als Landeshistoriker auf sich aufmerksam gemacht und 1704 eine Schrift mit dem knappen Titel »Der Staat von Preußen« publiziert hatte, die ihn als umsichtigen Kenner der genealogischen, geographischen und geschichtlichen Verhältnisse im neuen Königreich auswies.[56] Vor diesem Hintergrund erklärt sich zwanglos, daß Gundling mit königlichem Dekret im März 1705 rückwirkend zum 1. Januar zum Professor für Staatsrecht, Geschichte und später auch Literatur an der neu errichteten Fürsten- und Adelsschule berufen wurde.[57] Sein Gehalt war auf 200 Taler festgesetzt und bewegte sich damit im üblichen Durchschnitt, ohne allerdings für sich allein auskömmlich zu sein. Gundlings für den französischen Sprachunterricht zuständiger Kollege Briand wurde mit 300 Talern vergütet, während dem das Italienische lehrenden Michaeli lediglich 150 dem »Maistre du Dessin« und dem »Pagen-Fechtmeister« gar nur jeweils 100 Taler zustanden[58], und alle Lehrkräfte sollten schon bald bewegte Klage darüber führen, daß sie ihr Einkommen durch Nebeneinkünfte aufbessern müßten, um sich ernähren zu können.

Ein solches Nebenamt winkte auch Gundling, als der neue preußische Hof im Bestreben, auch auf dem Feld von Bildung und Wissenschaften mit dem großen Vorbild Versailles zu wetteifern, neben der Ritter-Akademie und der drei Jahre zuvor gegründeten Societät der Wissenschaften noch eine weitere repräsentative Institution für historische Fragen ins Leben rief, das Oberheroldsamt. Mit diesem 1706 in Berlin gegründeten Institut verband sich der Zweck, bei anstehenden Berufungen in Hof- und Staatsdienste die adelige Geburt und Abstammung vorgesehener Anwärter zu beurkunden und genealogisch in die Vergangenheit zurückzuverfolgen. Als geeigneter Historiograph in diesem Amt, das einem »Oberheroldsmeister« und vier »Oberheroldsräten« unterstand, wurde Gundling auserkoren. Vielleicht hatte auch hier ein zufälliger Umstand nachgeholfen: Ausweislich des Berliner Adreßkalenders von 1706 wohnte der frischgebackene Professor zur Untermiete im Hause von Christian Maximilian Spener, einem Sohn des berühmten Pietisten Philipp Jakob Spener und Mitglied der Societät der Wissenschaften, der selbst an der Fürstenakademie unterrichtete und sich besonders mit Heraldik und Genealogie befaßte. Spener, zugleich »Königlicher Hof- und Academie-Medicus«, war ein einflußreicher Mann, der in seinem Hause neben Gundling noch einen zweiten Kollegen von der Fürstenakademie beherbergte, den Naturrechtslehrer Johann Heinrich Hertenstein.[59] Interessanterweise fand wie Gundling auch Hertenstein eine Anstellung beim Oberheroldsamt, dem er seit 1706 als »Archivarius« diente, und dies macht es nicht unwahrscheinlich, daß Spener seine beiden Untermieter mit Erfolg an die neue Einrichtung empfohlen hatte. Die Gundling zugewiesene Aufgabe lautete, sich »die Historie des Königl. und Churfürstlichen Hauses, dessen Ursprung, Geschichten, Wappen, Rechten und Gerechtigkeiten, wie nicht weniger derer adelichen Familien und Geschlechter in dem Königreich Preußen, Churmark Brandenburg und alen übrigen Königl. Landen, bekannt zu machen, davon genaue Nachricht und Wissenschaft zu haben, nach alten Documenten, Schrifften und Urkunden sich zu befleißigen, und dem Ober-Herolds-Amte, wenn es von Ihm verlangt wird, davon gehörige Information zu erteilen«.[60]

Anders als die Professur an der Ritter-Akademie war das neue Amt nicht mit einer festen Besoldung verbunden, sondern trug seinem Inhaber vielmehr nur fallweise eine Entlohnung nach einem festgelegten Gebührenschlüssel für seine genealogischen und urkundlichen Forschungen ein. Und dennoch konnte Gundling sich nun in der Gewißheit fühlen, es am Ende seines 33. Lebensjahrs seinem älteren Bruder gleichgetan und in der Gelehrtenwelt seiner Zeit erfolgreich Fuß gefaßt zu haben. Wenngleich Nicolaus Hieronymus Gundling seinem Bruder den Status des außerordentlichen und in absehbarer Zukunft ordentlichen Professors an einer vollgültigen Universität voraushaben mochte, so konnte der Jüngere dieser Nachteil doch durch die größere Nähe zum Zentrum der politischen Macht in Berlin und durch die beste Aussichten versprechende Stellung eines Hofhistorikers sans titre mindestens wettmachen. Vor allem aber war es Jacob Paul Gundling dank einer glücklichen Fügung gelungen, auch ohne volle akademische Weihen eine Professur zu erhalten, und so konnte er gelassen darüber hinwegsehen, wenn sich andere Lehrkräfte der Akademie gelegentlich darüber mokierten, daß man »Ihnen allen und durchgehends den Nahmen der Professoren beygeleget« hätte.[61]

Es ist unwahrscheinlich, daß Gundling in den nächsten Jahren mit genealogischen Forschungsaufträgen überhäuft wurde; der heimische Adel pflegte seine Familientradition selbst hinreichend zu überblicken und dürfte wenig Wert darauf gelegt haben, seine familiengeschichtlichen Ursprünge und Verzweigungen ohne Not einer königlichen Behörde zur näheren Untersuchung vorzulegen. Freilich gab es auch hier Ausnahmen. Als der preußische Hofmann Adolf Friedrich von Buch ein Menschenalter später eine »Geschichte des adlichen Geschlechts der von Buch« publizierte, erinnerte er sich dankbar der Unterstützung, die ihm Gundling als königlicher Genealoge gewährt hatte: »Die Geschlechtsfolge darin gründet sich hauptsächlich auf einen Auszug, den Jacob Paul von Gundling aus der Berlinschen Lehns Registratur gemacht, und wobey er durch Lehnbriefe Nahmen und Verwandtschaft der Personen zu bestimmen gesucht hat. Diese Nachricht wird in Handschrift bey dem Geschlechte aufbewahret.«[62] In jedem Fall aber erschloß sich dem dank seiner Studien und Auslandserfahrungen historisch und landeskundlich schon vielseitig bewanderten Gundling hier ein einzigartiges Arbeitsfeld für alle landesgeschichtlichen Fragen.

Gundling, der sich fortan »Historiographus Regio und Prof. Juris Civilis et Publici, Historiarum et Literaturae« nannte[63], wußte seine Chance zu nutzen. Die folgenden sieben Jahre bis zum Tod des ersten Preußenkönigs sollten die intellektuell vielleicht fruchtbarste Arbeitsphase im Leben Gundlings werden, obwohl er in ihr nach seiner Erstlingsveröffentlichung nur wenige und weitgehend unselbständige Publikationen verfaßte wie eine Skizze seiner geplanten Vorlesungstätigkeit[64] sowie ein aus dem Nachlaß Pufendorfs herausgegebenes Werk mit dem Titel »De statu Imperii Germanici liber unus« und einen Abriß der Geschichte des Großen Kurfürsten, der ebenfalls ganz auf Pufendorf fußte.[65] Aber dennoch legte er in dieser Latenzzeit den Grund für den stupenden Ausstoß an Arbeiten zur deutschen Geschichte, mit dem er später eine Mit- und Nachwelt verblüffte, der immer rätselhaft bleiben sollte, wie der angeblich notorisch bezechte Trunkenbold des Tabakskollegiums noch die Kraft zum exakten Quellenstudium und zur disziplinierten Geschichtsschreibung gefunden haben mochte.[66]

Zu Beginn des Jahres 1713, in dem er seinen vierzigsten Geburtstag beging, unterschied sich der Akademieprofessor Gundling in nichts von vielen anderen Gelehrten seiner Zeit. Nach Anstellung, Titel und Einkommen als Angehöriger der bürgerlichen Funktionselite in einem frühmodernen Fürstenstaat ausgewiesen, hatte er sich zu einem mit verwickeltsten genealogischen Fragen befaßten Geschichtsforscher und umfassend interessierten Polyhistor emporgearbeitet und war damit gleichzeitig zu einem Mitglied der sich allmählich in Europa formenden Gelehrtenrepublik aufgestiegen. Seine Stube bei Spener in der Berliner Probstgasse hatte er längst aufgegeben und war erst 1706 zu dem Hofprediger Carl Conrad Achenbach in ein als »Grüne Apotheke« bezeichnetes Haus in der Breiten Straße gezogen, um dann drei Jahre später eine eigene Wohnung weiter westlich »bey der Schleuse« auf dem Friedrichswerder zu nehmen.[67] Nichts deutete darauf hin, daß aus dem anerkannten Hofhistoriograph, der im Auftrag des Königs an einer »Historie derer drey Ersten Churfürsten aus dem Hause Brandenburg« arbeitete[68], binnen kurzem eine verlachte Narrenexzellenz am Biertisch werden sollte.

Am 25. Februar 1713 aber starb König Friedrich, der den brandenburgischen Kurfürstenhut mit der preußischen Krone vertauscht hatte, und mit seinem Tod schien sich alles zu ändern.

Königlicher Landesvisitator

Der neue König Friedrich Wilhelm I. machte vom ersten Tag an klar, daß der barocken Hofrepräsentation seine ganze Abneigung gehöre und dem absolutistischen Militärstaat die Zukunft: »Mein Vater fand Freude an prächtigen Gebäuden, großen Mengen Juwelen, Silber, Gold und Möbeln und äußerlicher Magnifizenz – erlauben Sie, daß ich auch mein Vergnügen habe, das hauptsächlich in einer Menge guter Truppen besteht«, faßte der Thronfolger nach einem Bericht des holländischen Gesandten Lintelo seine Herrschermaxime zusammen, als er das erstemal seinen Ministern gegenüberstand.[69] Was der Wechsel vom verschwenderischen und verschuldeten »roi mercenaire« zum hausväterischen und armeeversessenen »roi sergeant« bedeuten sollte, zeigte sich, nachdem Friedrich Wilhelm I. von einer einsamen Klausur in Wusterhausen zurückkehrte, in der er den gesamten Staatsetat einer kritischen Revision unterzogen hatte. Das Ergebnis übertraf die schlimmsten Befürchtungen des Hofstaats: Nahezu alle nichtmilitärischen Ausgaben fanden sich auf die Hälfte oder weniger reduziert; die spendiden Feste und Lustbarkeiten waren abgeschafft, und für die Hofhaltung galt nunmehr äußerste Einschränkung. Von 600 Pferden im Marstall blieben 130, die königlichen Löwen im Lustgarten gingen als Geschenk an den polnischen König und ebenso ihre Wärter, während der Lustgarten selbst in einen Exerzierplatz umgewandelt wurde.[70] Wer Page war, wurde zum Kadetten, und wer Lakai war, zum Soldaten gemacht. Ihren Abschied erhielten Baumeister und Architekten wie der Oberbaudirektor Eosander von Göthe und sein Vorgänger, der unglückliche Andreas Schlüter, der sich nach Moskau wandte, aber auch der bisherige Oberzeremonienmeister Johann von Besser, der später in Dresden bei August dem Starken Aufnahme fand. Das neue Rangreglement kannte keinen Oberzeremonienmeister und auch keinen Oberheroldsmeister oder Hofmarschall mehr; an der Spitze stand nun der Generalfeldmarschall, und noch vor den Ministern des Königs rangierten die Generalleutnants.

Mit Einrichtungen, die unter Friedrich I. politische Macht lediglich repräsentieren sollten, ohne sie materiell zu verkörpern, machte der neue König wenig Federlesens. Auf der Streichliste stand auch die Ritterakademie, die der König in eine Kadettenanstalt umwandelte, während in ihr bisheriges Gebäude die neugegründete Berliner Tuchmanufaktur einziehen sollte. Kurzerhand geschlossen wurde weiterhin das Oberheroldsamt, und ein Zirkular-Erlaß des Königs gab bekannt, daß »Wir dieses Heroldswesen ein für allemal gänzlich aufgehoben hätten und auch nicht geschehen laßen wollten, daß jemand [...] wegen seiner Wappen, Genealogien und Adels an Taxen, Sportulen und anderen Gebühren [...] das geringste weiter [...] zu zahlen angehalten werden solle«.[71] Zu den Opfern des neuen Kurses zählte auch Jacob Paul Gundling; als der letzte Februartag des Jahres 1713 verstrichen war, war der bisherige Professor und Hofhistorikus seiner Ämter verlustig gegangen und stand plötzlich vor einer ungesicherten Zukunft. Er war beileibe nicht der einzige Vertreter seines Faches, der seine Stellung verlor. Aus Berlin abgehende Korrespondentenberichte machten bekannt, wie rigoros der neue Monarch in gewachsene Rechte eingriff: In Halle wurde dem bekannten Geschichts- und Juraprofessor Johann Peter von Ludewig, der in späteren Jahren als Verfasser eines Rechtfertigungsgutachtens zur Untermauerung der preußischen Ansprüche auf Schlesien zu zweifelhafter Berühmtheit gelangen sollte[72], »sein Salarium als Archivarius und Historiographus ad 400 thlr. [...] ausgestrichen«, in Berlin verloren fünf von sieben Bibliothekaren der Königlichen Bibliothek ihr Amt, und selbst der Societät der Wissenschaften sollte nach einer Meldung vom Mai 1713 die Aufhebung bereits angekündigt worden sein[73].

Üblicherweise wird dieser abrupte Verlust von Amt und Würden als das Schlüsselereignis angesehen, das Gundling aus seiner Bahn als Gelehrter geworfen und in einen dem Trunk ergebenen Possenreißer verwandelt habe: »Gundling privatisierte seitdem in den Wein- und Bierkellern, wo er sich durch Erklären der Zeitungen und als politischer Raisonneur einigen Ruf erwarb, so daß der Kellerwirth Bleuset [...] ihm gern freie Zeche gewährte, um dadurch Gäste anzulocken«, heißt es etwa bei Friedrich Försters Biographie des Soldatenkönigs von 1835.[74] Doch gerade die scheinbare Rationalität dieser Erklärung, die mit ihrer psychologisch eingängigen Deutung des unvermittelten Amtsverlustes als seelischem Trauma so selbstverständlich in unser Gegenwartsdenken paßt, sollte stutzig machen. Tatsächlich verdient sie erhebliche Zweifel. Schon Faßmann, auf dessen Anekdotensammlung der Hinweis auf den geschäftstüchtigen Kellerwirt zurückgeht, motivierte Gundlings Hang zum Wirtshaus in der Poststraße keineswegs mit dessen Entlassung 1713. Statt dessen läßt er sich viel allgemeiner über Gundlings Hang zu den »nassen Brüdern« aus und erwähnt einen in Berlin als Original geltenden und als »Leipziger Polterhans« apostrophierten Wirt Bleuset zeitlich nur unbestimmt als den »Wein- und Bier-Schenck«, bei dem Gundling »zu Berlin [...] am meisten aus- und eingegangen« sei.[75] Seinen vermeintlichen Absturz aus Amt und Würden hingegen kommentiert der Faßmannsche Gundling noch in einer ganz entgegengesetzten Lesart, die um so überraschender anmutet, als Faßmann ansonsten keine Gelegenheit ausließ, sich am Unglück seines Helden zu weiden: »Wie der Glorwürdigste König Fridericus starb, gieng mit der Ritter-Academie eine Veränderung vor, und sie ist größten Theils eingegangen [...]. Vor mich hingegen ereignete sich bey der Veränderung ein Glücke.«[76]

Andere Indizien verstärken die Vermutung, daß der Herrscherwechsel in Gundlings beruflicher Entwicklung durchaus nicht den lebensgeschichtlichen Einstieg in den Abstieg bedeutete, als der er später immer wieder gelesen wurde, um die Metamorphose vom Gelehrten zum Hofnarren plausibel zu machen. Der Bestand der Ritterakademie geriet keineswegs erst mit dem Tod Friedrichs I. in Bedrängnis. Ihre jährlichen Kosten waren vielmehr schon gleich nach ihrer Errichtung als so drückend empfunden worden, daß 1711 eine Kommission zur Evaluierung des Instituts tätig geworden war, die zunächst begonnen hatte, schriftliche Stellungnahmen seiner Professoren einzuholen, um sich ein Bild von der Lage zu verschaffen.[77] Wie andere Mitglieder des Lehrkörpers entwickelte auch Gundling in einer Denkschrift gleich eine ganze Serie von Vorschlägen, wie die Akademie durch eine gründliche Reform am Leben erhalten und aus ihrer finanziellen Bedrückung hinausgeführt werden könne. Er vergaß dabei nicht, darauf hinzuweisen, daß er und seine Kollegen bis dato »elendig besoldet sein« und »daß ihnen ihre Besoldung verbeßert werden« müsse, da »sie anderst nicht leben können«.[78] Alle Klage vermochte indes nicht darüber hinwegzutäuschen, daß die Akademie bereits unter Friedrich I. allein aus Gründen der höfischen Repräsentation am Leben gehalten wurde und sich nie eine sachliche Existenzberechtigung zu schaffen gewußt hatte: Nachdem die Akademie schon bei Gründung gerade einmal 40 »Academisten« zählte, waren es 1711 lediglich noch sieben Schüler, die dem Unterricht einer gleich großen Zahl an Ausbildern folgen mochten, und sie erwiesen sich dazu auch noch als so lernunwillig, »daß daher die Professores genöthiget worden, von rechtschaffenen lectionibus zu abstrahieren, um auf einen methodum puerilum zu verfallen«, und mittlerweile »die Academie mehr als eine Auberge, [denn] als eine Königliche Schule der Tugend angesehen« werde.[79]

Zum anderen stellt sich der kulturelle und politische Gegensatz zwischen der barocken Pracht des ersten Preußenkönigs und der militärischen Nüchternheit seines Sohnes bei näherem Zusehen durchaus nicht für den kompromißlose Bruch mit dem Herkommen dar, für den ihn der Thronfolger in seinen ersten Regierungswochen hinzustellen versuchte und für den er seither in der Geschichtsschreibung vielfach gehalten wurde.[80] Auf Kontinuität zielte die überraschende

Entscheidung Friedrich Wilhelms I., die Minister seines Vaters ausnahmslos zu übernehmen, und Kontinuität suggerierte die noch weit überraschendere Erkenntnis des Sohnes, daß sein Vater im geheimen einen beachtlichen Gold- und Silberschatz gehortet hatte, der nicht zum Bild des verschwenderischen Potentaten paßte, als der er angesehen worden war. Auch vermochte der Nachfolger seine rabiate Anfangsentscheidung über die künftig fortfallenden Etatposten keineswegs so umstandlos in die Tat umzusetzen, wie er im ersten Überschwang geglaubt haben mochte, sondern sah sich veranlaßt, seine Streichliste wieder und wieder umzuarbeiten und in ihren Auswirkungen zu mildern. Allen voreiligen Nachrichten zum Trotz behielt in Halle Johann Peter Ludewig seine Professur, und in Berlin blieb mit der Akademie der Künste auch die Societät der Wissenschaften bestehen, wenn sie auch fortan zu Mietzahlungen herangezogen und das Gehalt ihres Präsidenten und Gründungsvaters Leibniz auf die Hälfte herabgesetzt wurde. Nicht einmal das Verdikt über die Ritterakademie, deren repräsentationsbezogener Entstehungsgrund offensichtlich war, blieb in seiner kategorischen Schärfe bestehen. Schon Anfang August 1713 meldeten Korrespondenten: »Die hiesige Ritter-Akademie soll nun auch wieder retabliret, und beßer denn vorhin, reguliret werden.«[81] Das Vorhaben scheiterte allerdings an der Konkurrenz zu einer privaten adeligen Militärschule, die sich mittlerweile etabliert hatte und deren Direktor sich zunächst nicht dazu überreden ließ, zugleich auch die Leitung der erneuerten staatlichen Akademie zu übernehmen. Erst als dieses private Institut trotz eines anfänglich starken Zugangs im Jahr darauf pleite machte und sich sein Direktor seinen Gläubigern durch die Flucht entzog, gab der König offenbar seinen Plan auf, die Fürstenakademie zu revitalisieren. Nun beließ er es bei dem Bedauern, daß der geflohene Schuldirektor die Akademie nicht der königlichen Suprematie habe ausliefern wollen.[82] Wie sich hieran zeigt, mußte Gundling den Thronwechsel von 1713 also zunächst durchaus nicht nur als beruflichen

Sturz in den Abgrund und als soziale Degradierung betrachtet haben. Auch unter dem neuen König konnte er sich als ein Gelehrter und Bildungspolitiker betrachten, der zwar im Zuge des staatlichen Revirements seine Professur zunächst eingebüßt, aber doch gute Hoffnungen bewahrt hatte, sie demnächst wiederzuerlangen, und darüber hinaus im Gegensatz zu vielen seiner Kollegen auch weiterhin einen nicht ganz unwichtigen Einfluß bei Hof besaß.

Freilich verträgt sich diese Vermutung nur schwer mit der gängigen Darstellung, wonach der aus dem Amt geworfene Gundling seinen Kummer im Wirtshaus in der Poststraße ersäuft habe, und sie will auch nicht recht zu der Überlieferung passen, er sei in dieser Schenke von einem einflußreichen preußischen Minister gleichsam entdeckt worden. Wie sich etwa im 19. Jahrhundert Friedrich Förster ausgestaltete: »Hier sah ihn der General von Grumbkow und da er in ihm sogleich den Mann erkannte, welchen der König für sein Tabakskollegium suchte, empfahl er ihn und stellte ihn Sr. Majestät in einer der nächsten Abendgesellschaften vor. Der König fand an Gundling großes Behagen, da er ihm nicht nur über alles, was Politik, Geschichte, Geographie und Welthändel betraf, genügende Auskunft zu ertheilen wußte, sondern auch eine so komische Figur spielte, daß ein jeder an ihn seinen Muthwillen und seine Laune auslassen konnte. Er wurde zum königlichen Hofrath und Zeitungsreferenten für das Tabacscollegium ernannt und bald war er der tägliche Gast des Königs, der ihn [i.e. den er] überall hinbegleitete, wohin er sich des Vergnügens halber begab.«[83]

An dieser bis heute für verbürgt geltenden Erzählung ist kaum ein wahres Wort. Zunächst einmal ist sie trotz ihres Detailreichtums nicht zeitgenössisch, sondern erst nachträglich entstanden, und ihre allmähliche Entwicklung läßt sich in der Literatur gut verfolgen: Faßmann, der als einziger aller Biographen den fraglichen Gastwirt wohl persönlich kannte und mit einer Vielzahl von Anekdoten verewigte, ließ Gundling die Geschichte seiner beruflichen Rettung an den Hof noch in ganz unbestimmten Worten umschreiben: »Man sahe sich hiernechst nach einem Mann um, der ein vollkommener Historicus. [...] Als man sich nun in Berlin allenthalben umthat, einen solchen Mann zu finden, war unter allen Gelehrten keiner vorhanden, der darin fähiger und geschickter zu sey schiene als ich.«[84] Erst volle fünfzig Jahre später verschlangen sich in der Biographie Anton Balthasar Königs Heil und Unheil des Entlassenen auf solche Weise, daß der gelehrte Trinker eben dadurch, daß er im Wirthaus über ausliegende Zeitungen räsonierte, »allbekannt in der Stadt« wurde und sich so bei Hofe in Empfehlung brachte.[85] Daß daraufhin gerade der Minister Grumbkow auf Gundling aufmerksam geworden sei und ihm die Beförderung zum Hof- und Kommerzienrat verschafft habe, geht wiederum auf eine versteckte Bemerkung in den Erinnerungen Johann Michael von Loens zurück[86], die dann für fast ein Jahrhundert in Vergessenheit geriet.[87] Erst als im 19. Jahrhundert das Interesse für Gundling abermals erwachte, griffen ihm gewidmete Lebensbeschreibungen wieder auf Loen zurück und stellten den eingängigen Konnex zwischen sozialem Absturz und – vermeintlichem – Aufstieg des entlassenen Geschichtsprofessors her, der dann seine bis heute geltende Gestalt erhielt.

Gegen die Historizität dieser Darstellung sprechen aber nicht allein die Umstände ihrer Entstehung, sondern schon die schlichten Tatsachen: Das von Faßmann erwähnte Gasthaus des »Leipziger Polterhansen« Bleuset gab es 1713 noch gar nicht. Erst für 1720 ist unter den 16 »Wirths-Häusern«, die der jährliche Berliner Adreßkalender aufführt, auch das Etablissement eines gewissen »H. Blesset« (nicht Bleuset) in der Poststraße verzeichnet, das bis zu eben dem Jahr 1731 bestehen sollte, in dem auch Gundling sein Ende fand.[88]

Auch deckt die anrührende Geschichte von Gundlings Fall und Rettung sich nicht mit den wenigen gesicherten Fakten über Gundlings Übergang an den preußischen Hof. Es kann für ausgeschlossen gelten, daß er nach seiner Entlassung aus dem Berliner Professorenamt über längere Zeit ohne feste Anstellung geblieben war. Denn noch in seinem Entlassungsjahr bereiste er nach einer Mitteilung des Berliner Hofkorrespondenten Zacharias Grübel bereits die Städte Brandenburgs, offenbar um historisches und gewerbestatistisches Material zusammenzutragen, das Auskunft über deren wirtschaftliche Verhältnisse zu geben vermochte: »Der Herr Rath Gundling hat allergnädigste Ordre erhalten Relation von allen Städten der Chur-Marck, wie sie sich jetzo befinden, und von allen deren Gewercken, wie ihnen möchte aufzuhelffen seyn, abzustatten. Er hat den Anfang zu Charlottenburg gemacht, und hält sich vorjetzo zu Ruppin auf.«[89]

Das Zeugnis ist einer sorgsamen Betrachtung wert. Der ostfriesische Zeitungsschreiber Grübel übermittelte seine Informationen dem Auricher Hof in wöchentlichen Relationen, und sein Wissen um Gundlings Auftrag war bei Niederschrift am 1. Juli 1713 vermutlich zwischen einem und acht Tagen alt. Ende Juni hielt sich Gundling demzufolge zu einer Visite in Ruppin auf, deren Charakter ihn zwang, sich gründlich mit den Wirtschaftsverhältnissen und der lokalen Infrastruktur vertraut zu machen, Besprechungen mit Handwerkern und Gewerbetreibenden abzuhalten und Einsicht in sachdienliche Unterlagen zu nehmen. Sein Aufenthalt war also auf mindestens eine oder zwei, vielleicht aber auch drei und mehr Wochen zu veranschlagen. Zuvor hatte er sich zu demselben Zweck in Charlottenburg aufgehalten. Die sich hieraus ergebende Reiseroute legt eine Rundreise nahe, die Gundling erst von Berlin über Charlottenburg nach Ruppin im Norden und dann in einem Kreis zurück nach Berlin führen würde. Es ist wenig wahrscheinlich, daß er diese Aufgabe, die über seine berufliche Zukunft entscheiden mußte, ohne gründliche Vorbereitung antrat, so daß wir bei der Bestimmung des Terminus post quem für die überraschende Betrauung Gundlings mit seiner neuen Aufgabe mindestens in den Mai, vielleicht sogar in den April oder März des Jahres 1713 vorrücken.

Damit aber erweist sich, daß das vermeintliche Opfer des königlichen Sparwillens die Schließung der Ritterakademie weit besser überstanden hatte, als dies immer angenommen worden ist. Ganz offenbar fügt sich auch Gundlings Fall in das Schicksal vieler aus der Hofschatulle bezahlter Staatsdiener, die von Friedrich Wilhelm I. zunächst brotlos gemacht wurden, dann aber um ihre Position erfolgreich zu feilschen begonnen und sich – gelegentlich auch unter Abstrichen – schließlich doch in die neue Zeit hinüberzuretten gewußt hatten. Tatsächlich verbreitete der Berliner Nachrichtenagent Grübel unter dem 1. Juli 1713 zugleich mit der Nachricht von Gundlings wundersamer Renaissance, daß »nunmehro verschiedene, so caßiret worden war, wieder in Königl. Dienste angenommen« seien, daß die »Gnaden-Pensiones, so der König einigen abgenommen, [...] ihnen zum theil wieder gegeben (seyn), zum theil aber [...] noch gute Hoffnung (haben) dieselben hinwieder zu erlangen«, und selbst dem Charlottenburger Hofrat und Intendanten Johann Christoph Crackau »sein Salarium, welches ihm um ein großes minuiret [vermindert], ohne den geringsten Abzug restituiret worden« sei.[90]

Man wird nicht fehlgehen, daß auch Gundling auf die Aufhebung von Ritterakademie und Oberheroldsamt mit dem Versuch reagiert hatte, die Entlassung aus seinem Dienst am preußischen Hof zu verhindern, indem er sich dem König in Person mit seinen Fähigkeiten und Kenntnissen anzubieten versuchte. Die Historie schien unter dem neuen Regiment freilich keinen Wert mehr zu besitzen, und in dieser Situation mochte Gundling gerade die unsystematische Breite seiner in Studium und im Ausland erworbenen Kentnisse zum Vorteil gereicht haben, die ihn vordem daran gehindert hatte, eine universitäre Karriere anzuvisieren. Mehr noch: In der verzweifelten Konkurrenz um staatliche Zuwendung und königliche Gunst konnte er eine Empfehlung vorweisen, die wie gerufen auf das neue Credo der höfischen Sparsamkeit paßte. Sie bestand in einer an den König gerichteten Denkschrift aus Gundlings Feder, die sich nicht historischen, sondern wirtschaftspolitischen Fragen widmet: »Gundlings Nachricht von den Commerzien und Manufacturen«. Nicht für die Augen der Öffentlichkeit bestimmt, erschien das aufschlußreiche Memorandum erst so viele Jahre nach dem Tod ihres Verfassers im Druck, daß es in der späteren Literatur über Gundling zumeist übersehen wurde. Der Text selbst ist undatiert. Aber sein Autor stellt sich auf dem Titelblatt als preußischer Historiograph und Professor an der Ritterakademie zu Berlin vor. Daraus ergibt sich, daß die in ihm erstattete Expertise über die ökonomische Verfassung des Landes noch von Friedrich I. in Auftrag gegeben worden war und die Annahme ihres späteren Herausgebers zutrifft, daß sie im Jahr 1712 entstanden war.[91]

In seinem Gutachten tritt Gundling als ein unbestechlicher Beobachter und Sachwalter staatlicher Interessen hervor, der in gewachsene Besitzstände und Wirtschaftsverfassungen einzugreifen vorschlug, um dem merkantilistischen Wirtschaftsdenken auch auf dem Lande zum vollen Sieg zu verhelfen. Viele der in seiner Expertise enthaltenen Überlegungen muten nachgerade modern an. Gundling forderte ein geschriebenes Landrecht und eine allgemeine Prozeßordnung, um die Geschwindigkeit gerichtlicher Entscheidungen zu beschleunigen und ihre Transparenz zu erhöhen; er wandte sich gegen Binnenzölle und Lastgelder als entscheidende Hindernisse für die Bildung einer europäischen Handelszone zwischen Schweden, Moskau und Ungarn, deren Drehscheibe Brandenburg werden sollte. Und er verlangte als ersten Schritt, die vorhandenen Wasserwege von der Saale bis zur Netze stärker für den Warentransport zu nutzen und ein Kanalprojekt voranzutreiben, »wodurch die Warthe mit der Rega und Persant verbunden werden soll«, um so die Handelsverbindung zwischen Pommern, Ostpreußen und der Neumark zu verbessern.[92]

Gleichwohl bewegten sich seine Überlegungen ganz in den Gleisen eines auf eine aktive Handelsbilanz gerichteten Wirtschaftsdenkens, und sie zielten darauf, mit allen Mitteln den bisherigen Importüberschuß der Kurmark in ein Exportplus umzuwandeln. Alle bislang eingeführten Rohstoffe und Naturprodukte auf ihre Entbehrlichkeit durchmusternd, war

Gundling mit seinen konkreten Verbesserungsideen nicht zimperlich. Er erklärte Diamanten, Edelsteine und Zobelfelle für »ganz unnöthige Waaren«, wollte »alle außer dem Lande bereitete Chokolade ganz verboten« wissen und führte unter den Waren, »die zwar eingeführt werden können, [...] aber doch wegen der zu großen Consumtion zum Besten des Publicums mit starker Accise belegt werden müssen«, unter anderem »alle Sorten außer Deutschland gewachsener Weine, Austern, Tee, Caffee, Parmesan-, Limburger- und Schweitzer-Käse, Ostindische Waaren, [...] Porcellain« auf.[93] Immer bewegten sich seine Vorstellungen in Bahnen, die ganz denen des neuen Landesherrn entsprachen, gleichviel, ob er die Einrichtung von städtischen Magazinen als Sammelstelle von Manufakturprodukten anregte, oder ob er empfahl, daß alle königlichen Bedienten »nur allein Kleider und Hausgeräth aus Landesfabriken und Manufacturen gebrauchen« dürften.[94] Ebenso gewiß war aber auch, daß ein Wirtschaftsprüfer, der einerseits aus finanziellen Gründen die freigiebige Aufnahme Armer in das städtische Bürgerrecht verhindert wissen wollte, andererseits die in Berlin verlangten Wohnungsmieten dem König gegenüber schlankweg für überhöht erklärte, sich mit solchen ungescheuten Expertisen mehr Feinde als Freunde machte. Daß sein brisantes Memorandum zu Lebzeiten ungedruckt blieb, ging folglich nicht allein auf den Willen des Königs zurück, Staatsangelegenheiten nicht auf dem freien Markt zu erörtern, sondern lag auch im Interesse des Gutachters selbst, der gegebenenfalls zum Schutz gegen den Zorn der aufgebrachten Landstände allein auf den König selbst vertrauen konnte.

Die Person des Landesherrn hatte freilich in der Zeit zwischen Auftrag und Erfüllung gewechselt. Wieder zeigt sich, daß der vermeintliche Karrierebruch von 1713 für Gundling in Wirklichkeit nur den zeitweiligen Übergang auf ein anderes Aufgabenfeld bedeutete. Durch ihn wurde er von der Historie zur Gegenwart geführt, blieb aber weiterhin in königlichen Diensten tätig. Wir werden später sehen, daß zumindest in Gundlings Selbstverständnis als Landeskundler und Reichs-Historiker die Kluft zwischen der politischen Dynastengeschichte und der wirtschaftlichen Zukunftsplanung auch aus fachlicher Perspektive weniger schroff war, als es zunächst den Anschein haben mag. Jedenfalls bedurfte es nicht viel, um ihn, dessen wirtschaftspolitische Ratschläge darauf zielten, wie »das gantze Landt in Flor und sonderlich der Kriegs- und Steuer-Etaat in Aufnahm Gebracht werden könte«[95], nach dem Thronwechsel bei Hofe als einen jener tatkräftigen Männer in Aufmerksamkeit zu bringen, mit denen der neue Landesherr sein Projekt einer radikalen Modernisierung des ihm anvertrauten Königreichs in Angriff nehmen könnte.

Der Vorschlag, Gundling mit einer eingehenden wirtschaftlichen Bestandsaufnahme in der Kurmark zu betrauen, ging vermutlich in der Tat auf Friedrich Wilhelm von Grumbkow zurück. Auch weiterhin begleitete dieser einflußreichste aller Vertrauten des Königs den Fortgang der Gundlingschen Untersuchung mit ungewöhnlicher Aufmerksamkeit: Der auf solche Weise Protegierte erinnerte sich später selbst in der Vorrede zu seinem »Pommerischen Atlas« dankbar, »daß da ich die Städte dieses Landes bereiset, dieses unter dero [Grumbkows] Willens-Meynung vornehmlich geschehen«.[96] Welche Rolle Grumbkows Wertschätzung aber auch gespielt haben mochte; der Anstoß zu einer wirtschaftlichen Generalvisitation der brandenburgischen und pommerschen Landesstädte ergab sich nicht weniger aus Gundlings Gutachten selbst. Sie stellte im Grunde nichts anderes dar als die von ihm selbst formulierte Forderung, seine Grundsatzüberlegungen weiter zu verfeinern und auf die unterschiedlichen örtlichen Gegebenheiten herunterzubrechen. »In den Brandenburgischen Ländern müßte, wenn sie in Aufnahme gebracht werden sollen, genau untersucht werden, wie sich die Importanda und Exportanda gegen einander verhalten, woher und auf welche Art jene eingeführt, und wohin und wie diese verführt werden.«[97] Gundlings Expertise entsprach ganz den merkantilistischen Grundsätzen der hausväterischen Wirtschaftspolitik Friedrich Wilhelms, die die Handelsbilanz und damit die Ertragskraft des Landes durch gezielte Maßnahmen zu steigern bestrebt war, um mit der wachsenden Steuerleistung auch die militärischen Ausgaben erhöhen zu können. Daß Gundling sich in seiner Untersuchung vor allem den Städten zuzuwenden hatte, lag nahe. Hier waren die Gewerbe konzentriert, die für die Ausrüstung und den Unterhalt des preußischen Heeres arbeiteten, hier wurde die Akzise erhoben, die den Hauptteil der Steuereinnahmen ausmachte. Der vom König erteilte Auftrag, die Städte der Kurmark zu visitieren und Vorschläge zur wirtschaftlichen Verbesserung ihrer Gewerbe zu unterbreiten, war also keine beiläufige Laune. Mit seiner Übernahme wurde Gundling in Brandenburg-Preußen zu einem Pionier einer Staats- und Wirtschaftswissenschaft im Übergang vom Merkantilismus zum Kameralismus, die vierzehn Jahre später in Gestalt von zwei Lehrstühlen für »Ökonomie, Polizei und Kammersachen« in Halle und Frankfurt/Oder zu akademischem Rang aufsteigen sollte und so die lange Tradition der Kameralwissenschaft an deutschen Universitäten begründen half.[98]

Drei Jahre lang, nämlich zwischen 1713 und 1715, sei er in Brandenburg von Stadt zu Stadt gereist, schrieb Gundling später selbst in einer geographischen Beschreibung der Kurmark Brandenburg, die ein Nebenprodukt seiner Visitation wurde und 1724 erschien.[99] Ergänzend erwähnte der Autor im »Pommerischen Atlas«, daß »ich bey einer Commißion das Städte-Wesen aufgenommen u. von Stadt zu Stadt A. 1715. gezogen«.[100] Wenn diese Angaben zutreffen, konnte er in derselben Zeit gar nicht als der historische Referent des Königs und als das ständige Mitglied im Tabakskollegium tätig gewesen sein, zu dem die Überlieferung ihn hatte machen wollen. Welche der beiden sich widersprechenden Erzählungen aber verdient mehr Glauben? Folgen wir der auf Faßmann zurückgehenden Überlieferung, so ereilte den vom König zum Haushistoriker und Zeitungsreferenten bestellten Gundling das selbstverschuldete Verhängnis auf dem Fuße, indem man nämlich »bey Hofe merckte und gewahr wurde, wie sehr ich zum Trunck geneigt war; welches mir dann seltsame Aventuren auf den Hals gezogen. Die Officiers und Hofleute fiengen an, starck mit mir zu schertzen.« Daraufhin habe Gundling, so Faßmann, erkannt, wie es mit der scheinbaren Ehrung des Geistes durch die Macht bei Hofe in Wirklichkeit bestellt gewesen sei und seinen Irrtum zu korrigieren versucht: »Bey sogestalten Sachen schiene mir meine vermeynte Glückseligkeit zu einem Unglücke, und meine sonst honorable, Bestallung und Bedienung zu einer unerträglichen Last zu werden, weshalb ich die Resolution fassete, mich mit der Flucht zu retten.«[101] Faßmanns scheinbar so konzise Darstellung von Gundlings wundersamer Rettung und grausamer Desillusionierung samt schließlicher Verzweiflungstat kaschiert allerdings eine bemerkenswerte zeitliche Lücke: Zwischen Gundlings Anstellung 1713 und seiner Flucht aus Preußen 1716 lagen mehr als drei volle Jahre. Über die dazwischen liegende Zeit gibt die anekdotische Tradition keine Auskunft, und dies allein erlaubt den Schluß, daß Gundling in den ersten Jahren der Regierung Friedrich Wilhelms die Funktion des königlichen Tafelunterhalters gar nicht bekleidet hat, die ihm später immer nachgesagt worden war. Einen zuverlässigeren Blick in die Verhältnisse gewährt dagegen der Berliner Adreß-Kalender, der seit 1704 Auskunft über das öffentliche Leben in der Residenzstadt gab. Bis 1712 führte er in der Rubrik »Fürsten- und Ritter-Akademie in der Kloster-Strasse« Jahr für Jahr auch einen »H[errn] Jacob Paul Gundling, in Jure Publico, Historia & litteratura, wie auch des Oberheroldsamts Historicus« auf.[102] Im Adreß-Kalender auf das Jahr 1713 hingegen sucht man die Fürstenakademie bereits vergebens, und 1714 erschien der Kalender gar nicht. Als er aber 1715 wieder in gewohnter Aufmachung herauskam, fehlte in ihm auch der entlassene Akademieprofessor nicht, dessen nunmehrige Charge er ganz im Einklang mit Gundlings Selbstauskunft so beschrieb: »Hr. Jacob Paul Gundling, Hoffrath, wird in Städte

Commissionen gebraucht, log[iert] auf der Dorotheenstadt bey dem Herren Kammer Gerichts-Raht Plarren.«[103] In diesem Haus in der Mittelstraße sollte Gundling übrigens nicht weniger als fünf Jahre wohnen und arbeiten, denn die landesgeschichtlichen Bestände der Plarreschen Bibliothek waren so kostbar, daß sie nach Plarres Tod 1717 offenbar auf Gundlings Betreiben vom preußischen Staat angekauft wurden, »damit dieselbe nicht in auswärtige Hände gerathen mögen«[104]. Weder diese Wohnverhältnisse noch auch der Umstand, daß Gundling seinen verstorbenen Vermieter wohl in einer eigenen gelehrten Abhandlung würdigte[105], bedienen das Klischee eines vom Katheder in die Gosse gefallenen und dann an den Hof emporgezogenen Biergelehrten.

Daß Faßmann Vorgänge literarisch zusammenzog, die in Wahrheit kausal und temporal weit auseinander lagen, ist leicht nachvollziehbar, denn er kam erst 1726 an den Hof des Soldatenkönigs, und ihm waren die einzelnen Umstände, unter denen Gundling zehn und mehr Jahre früher in den Hofdienst getreten sein mochte, weder aus eigenem Erleben vertraut noch auch übermäßig wichtig; seine Absicht war die literarische Degradierung eines höfischen Rivalen zum verlachten Hanswurst, und für diesen Zweck genügte ihm das, was er aus eigenem Wissen mitteilen konnte. Verläßlichere Nachrichten über Gundlings tatsächliches Schicksal seit seinem Aufenthalt in Ruppin während des Sommers 1713 liefern aber die bereits oben erwähnten Zeitungen aus Berlin. Bereits am 30. September 1713 tauchte Gundling wieder in einem Korrespondentenbericht vom Hofe des preußischen Monarchen auf, und zwar im Zusammenhang mit der Errichtung einer neuen Tuchmanufaktur in Berlin. Kaum ein Wirtschaftszweig lag dem König mehr am Herzen als das Wollgewerbe, das die jährliche Einkleidung der preußischen Armee aus heimischer Produktion zu sichern und zugleich den Aufschwung der Landesökonomie zu befördern hatte. Mit der Gründung der neuen Wollmanufaktur, die vor allem als Umschlagplatz der teils noch in Heimarbeit gewobenen Tuche zu dienen hatte und daher den Namen

Lagerhaus trug, war der Bankier Johann Andreas von Krautt beauftragt worden. Er hatte dem ersten Preußenkönig als Finanzier gedient und ein riesiges Vermögen angehäuft, das der neue Monarch als Kapitalstock und Risikoabsicherung für seine landesväterlichen Zwecke zu nutzen gedachte. Daß Krautt dagegen dem Vorhaben aus demselben Grund vorsichtigdistanziert gegenüberstand, bedarf keiner Begründung, und seine vorausschauenden Befürchtungen sollten sich noch nach seinem Tod bewahrheiten, als die ihm zum Aufbau zugewiesene Manufaktur nämlich im Juni 1723 umgehend verstaatlicht wurde. Flankiert durch eine Vielzahl königlicher Edikte, die die Wollausfuhr unter schwere Strafen stellte, das Tragen seidener Stoffe und die Verarbeitung ausländischer Wolle verbot, wuchs die Tuchmanufaktur in Berlin bis zum Ende der Regierungszeit Friedrich Wilhelms I. von Jahr zu Jahr und beschäftigte in den dreißiger Jahren mehr als 5000 Personen.[106] An ihrem Anfang aber stand ein Votum Gundlings, das offenbar im Kräftemessen zwischen dem widerstrebenden Krautt und dem drängenden König den Ausschlag gegeben hatte: »Die neuen Tücher Manufacturen, darinnen die Tücher auf Engel- und Holländische Arth, sowohl der Feine als der Güthe nach, um geringern Preiß sollen fabriciret werden, dörfften noch wohl zum Stande kommen, bevorab, da der Herr Ober-Empfänger von Kraut zu deren Etablissement 16 000 thl. vorzuschießen sich erklähret hat. Der Herr Rath Gundling hat von Brandenburg referiret, daß er daselbst feine blaue Tücher zu 3 thl. [Taler] wehrt fabriciret gefunden hätte.«[107]

So trug Gundling mit seiner Expertise selbst dazu bei, daß die aufgehobene Ritterakademie ihre Räume an das neugegründete Lagerhaus verlor. Aber nicht nur hieran zeigte sich, daß die Mission des ehemaligen Geschichtsprofessors durchaus riskant war. Sein Wort hatte in dieser Zeit offenbar Gewicht, und es konnte Fragen entscheiden, mit denen sich immer auch konfligierende Interessen und auf Begünstigung hoffende Personenkreise verbanden. Denen in die Quere zu kommen, konnte sich leicht rächen. Tatsächlich stand Gundlings Empfehlung auch hinter einer Maßnahme des Königs, die nicht das städtische Gewerbe des Bürgertums betraf, sondern die Einkünfte des Landesadels zu beschneiden drohte – und damit auf den Ratgeber einen Unmut zu lenken fähig war, der weit unangenehmer werden konnte als die Beschwerden bürgerlicher Gewerbetreibender: »Die Herrn Land-Stände in der Marck Brandenburg haben das Privilegium gehabt, ihre Dörffer mit nöthigem Bier, welches sie auf ihren adelichen Häusern sonst brauen laßen, zu versehen, nun aber ist ihnen selbiges benommen und hat man die Braugerechtigkeit allein in die Städte zu ihrer beßern Aufhelffung verleget. So ist auch wegen der Handwercker an sie allerseits die Ordre ergangen, künfftighin keine Handwercksleuthe ferner auf ihren Dörffern zu halten noch zu dulden, sondern sie in die Städte zu verweisen. Wegen des erstern haben gemel[de]te Land-Stände bey Se. k. M. zwar große Instanz gethan, sie sind aber nicht erhöret worden.«[108] Der König konnte über die Wut seines Landadels, der sich solcherart einer nicht unerheblichen Einkunftsquelle beraubt sah, wohl gelassen hinwegsehen. Aber konnte es auch sein reisender Wirtschaftsgutachter, dessen Beobachtungen sich zu umstürzenden Eingriffen in Brauch und Herkommen nicht nur des dritten, sondern auch des ersten Standes im Lande auswuchsen?

Noch jedenfalls stützten ihn das Vertrauen des absoluten Herrschers und verschiedene »die Commercien und Fabriquen« betreffende Edikte, in denen jedermann angehalten wurde, nützliche Vorschläge zur Verbesserung zu machen. Und nicht nur das: Am 3. November 1713 erhielt Gundling ein Patent, in dem ihn der König in Anerkennung seiner Leistungen »occasione der Ihme in verschiednen angelegenheiten aufgetragenen Verrichtungen« zum Hofrat ernannte.[109] Als besondere Gnade konnte der so Geehrte den Umstand werten, daß ihm auf ausdrückliche Anordnung des Königs die üblichen Ernennungsgebühren erlassen worden waren, mit denen die Krone sich ansonsten den Titelehrgeiz ihrer Untertanen finanziell zunutze zu machen pflegte.[110]

Für fast ein halbes Jahr schweigen die Quellen in der Folge über Gundling. Erst unter dem 3. März 1714 berichtete Franz Hermann Ortgies, Grübels Nachfolger als Berliner Nachrichtenagent des Hofes in Ostfriesland, daß »der ehemalige Professor historiarum [...] Gundling [...] nach Potsdam kommen (sei), daselbst auch eine Untersuchung zu thun«. Die Meldung belegt, daß der königliche Visitator sich auch in der Zwischenzeit seinem Auftrag gewidmet hatte und in seiner systematisch angelegten Untersuchung von den nördlichen zu den westlichen Städten der Mark übergegangen war. Weitere Nachrichten über den genauen Charakter und den Fortgang seiner wirtschaftlichen Revisionstätigkeit lieferte der Nachrichtenagent Ortgies in den folgenden Monaten nicht. Aber Gundling selbst schilderte seine seinerzeitige Beschäftigung rückblickend aus dem Abstand von zehn Jahren. Er habe während seiner dreijährigen Reisen durch das märkische Kurfürstentum »Gelegenheit gehabt, jede Stadt auf das Eigentlichste kennen zu lernen, und alle Documenten, Privilegien und Urkunden im Original anzusehen«, aber auch »die Anzahl aller Häuser, aller Gewerbe, Schiffarth, Fischereyen, Passage, Manufacturen, Colonien, Handwercker und alle städtische Gewerbe vor Augen gehabt, aus welchen deutlich die Beschaffenheit einer Stadt und eines gantzen Landes in die Augen fällt«.[111] Von dieser Selbstauskunft abgesehen, bietet den einzigen sicheren Fingerzeig für diese Zeit ein Brief, den Gundling im November 1715 an einen befreundeten Forscher in Rom schrieb und in dem er anmerkte, daß er »anjetzo [...] der Stadt wesen zu Custrin [Küstrin] untersuche«.[112] Aber nicht nur diese Angabe, sondern auch die beiden Publikationen, die schließlich als Frucht aus Gundlings Beschäftigung mit der wirtschaftlichen und geographisch-historischen Verfassung der Kurmark hervorgingen, sprechen dafür, daß Gundling sich tatsächlich in den drei folgenden Jahre nach der Entlassung aus seinen Ämtern als Professor und Hofhistoriograph vor allem einer genauen Erfassung der brandenburgischen Städte widmete: Der »Brandenburgische«

und der »Pommerische Atlas« bieten neben geographischen Beschreibungen wirtschaftliche Daten und Verbesserungsvorschläge in flächendeckender Vollständigkeit, und besonders ersterem wurde ein volles Dreivierteljahrhundert später noch zugebilligt, er sei als eine originäre Leistung Gundlings »bei seiner Erscheinung von Werth (gewesen), besonders, da keine Schriften von Bedeutung über einen solchen Gegenstand vorhanden waren, und welches er um so mehr sein mußte, da er zu einer Zeit erschien, da man von Staats- und Landessachen große Geheimnisse machte«[113]. Auch im Kabinett des Königs war man weit davon entfernt, den in höchster Mission durch die Mark ziehenden Gundling für einen Hansdampf oder Eulenspiegel zu halten. Welchen Wert man in dieser Zeit seinen aufwendigen Inspektionsreisen beilegte, geht abermals aus der Zueignung hervor, die Gundling seinem »Pommerischen Atlas« voranstellte. In ihr erinnerte sich Gundling dankbar, wie aufmerksam des »Herrn von Grumbkows Excellentz« den Fortgang seiner Untersuchung von Stadt zu Stadt verfolgt habe, und pries sich glücklich, daß er Grumbkow »damalen in den meisten Städten zu sehen und [ihm] von der Beschaffenheit derselben zu referiren« hatte.[114]

Kleine Fluchten

Sechzehn Jahre, nachdem er sich als königlicher Visitationsbeauftragter einen Namen gemacht hatte, starb der fränkische Pastorensohn in preußischen Diensten, und in der Dorfkirche von Bornstedt bei Potsdam, in der er beigesetzt wurde, kündet ein prächtiges Epitaph von seinem verdienstvollen Leben. Es wird gesäumt von zwei allegorischen Gestalten, die der Nachwelt die besondere Bedeutung des Dahingegangenen verdeutlichen sollen: Zur Linken hält eine mit Helm, Schild und Speer gewappnete Minerva die Wacht, die die Weisheit des Verstorbenen rühmt, und zur Rechten – ein Hase. Der Hase gilt als das Attribut der Feigen, der Hasenfüßigen, und in der höfischen Bildersprache des 18. Jahrhunderts stand er überdies für einen Menschen, der sich zum großsprecherischen Spaßmacher gemacht hat. Ein solcher Charakter wurde abschätzig als Haselant bezeichnet[115], und dies machte – in einer gewaltsamen etymologischen Verbindung – den Hasen für die damalige Zeit zur Allegorie des Possenreißers.

Das hakenschlagende Wappentier verfolgte Gundling im Leben wie im Tode, ebenso wie die Eule zum Attribut des sächsischen Narren Joseph Fröhlich am Hof Augusts des Starken wurde, der Gundling, seinem preußischen Zunftgenossen wider Willen, einmal sogar die Brüderschaft anzutragen hatte, um ihre beiden Herren zu erheitern.[116] Ein Hase ziert das nüchterne Ereignisbild des geselligen Kreises, den der Soldatenkönig in Gestalt seines Tabakskollegiums um sich zu scharen pflegte. Das Gemälde wird dem zeitgenössischen Maler Georg Lisiewski zugeschrieben, der ursprünglich als Diener des Schloßarchitekten Eosander von Göthe nach Berlin gekommen war und sich bald einen gewissen Ruf als Porträtist Langer Kerls erworben hatte. Sein nüchtern-kunstloses Gemälde datiert von 1737/38 und zeigt aus unvorteilhafter Vogelperspektive einen weithin kahlen Schloßraum – vermutlich in Wusterhausen –, dessen hauptsächliches Mobiliar aus einem rohen Wirtshaustisch mit ebensolchen Bänken besteht. An der Stirnseite ist der Soldatenkönig selbst zu erkennen, der zwei seiner gerade eintretenden Kinder begrüßt, während sich ein Dutzend erwachsener Gäste in starrer Haltung halb zum Betrachter kehrt und jeweils eine holländische Tonpfeife in der Hand hält, um so die zwanglose Geselligkeit des Kreises zu unterstreichen.

Zeitgenössische Beobachter haben den gewöhnlichen Verlauf dieser rein männlichen Zusammenkunft festgehalten, die nach einigen Quellen in der Regel nur sechs bis acht, nach anderen Angaben zwölf und mehr Personen umfaßte, darunter Minister und Beamte, vor allem aber in Berlin oder Potsdam in Garnison stehende Generäle und Stabsoffiziere sowie durchreisende Gäste, Abenteurer und Gelehrte, »deren Namen wegen Verdienste oder Avanturen bekannt waren«[117], dazu als Stammgäste der an vielen Höfen herumgekommene Freiherr von Pöllnitz und der österreichische Gesandte am preußischen Hof, Friedrich Heinrich Reichsgraf von Seckendorf: »Die Bewirthung bestand nur in einer Pfeife Taback und einem Glase Duckstein [...]. Man rauchte nur den holländischen Blättchentaback, und der König pflegte sehr ungehalten zu sein, wenn sich einer der Gäste etwa eine bessere Sorte mitgebracht hatte. Wer keinen Taback rauchte, nahm wenigstens eine Pfeife zur Hand, wie der alte Fürst von Anhalt-Dessau, der stets eine unangesteckte Pfeife in den Mund nehmen mußte; der kaiserliche Gesandte Graf Seckendorf trieb dagegen seine Gefälligkeit so weit, daß er durch fortwährendes Blasen mit der Oberlippe sich das Ansehen eines geübten Rauchers gab. [...] Gegen 7 Uhr wurde Brot, Butter und Käse, oder auch wohl ein Schinken und Kälberbraten auf einem Nebentische für diejenigen aufgetragen, die zu Abend zu essen gewohnt waren. Alle Bedienung war übrigens entfernt, und dies war nicht sowohl wegen der wichtigen Staatsangelegenheiten, die hier verhandelt werden konnten, als wegen des gänzlichen Mangels an Ehrerbietung, der unter den Gästen herrschte, sehr rathsam. Die Gesetze des Tabackskollegiums brachten es nämlich mit sich, daß man nicht einmal aufstand, wenn der König hereintrat oder die Gesellschaft verließ.«[118]

So wurde es in Berlin gehalten, und so wurde es auch in Potsdam gehalten. Nur in Wusterhausen tagte die königliche Abendgesellschaft nicht im Schloß, sondern – sofern das Wetter es zuließ – vor ihm auf einem vom Wasser umgebenen Platz, auf dem ein türkisches Zelt aufgeschlagen war. Die Runde pflegte sommers gegen sieben Uhr abends, winters aber schon um fünf Uhr nachmittags zusammenzutreten und ging oft erst nach Mitternacht auseinander. Besonders in dem an sonstigen Zerstreuungen armen Schloß Wusterhausen dehnte sich das Beisammensein oft bis Mitternacht aus. Die sich dabei entspinnende Unterhaltung pflegte von Bibelsprüchen, Tagesgeschäften, Zeitungsmeldungen, Jagdgeschichten und manchmal auch delikateren Fragen, wie der nach dem Duft der Frauen, ihren Ausgang zu nehmen, um gelegentlich zu einem überaus rauhen Spaß zu gedeihen, bei dem es zuweilen nicht ohne empfindlichen Schaden für den abging, der ihm zum Opfer fiel. Trotz seiner scheinbar ganz privaten Gesprächsatmosphäre spielte das Tabakskollegium eine wichtige politische Rolle. Hier waren nach Seckendorfs Beobachtung »die Raisonnements freier, offenherziger und nach Gelegenheit hitziger« als bei der größeren mittäglichen Tafel, an der neben der Königin zwanzig und mehr Gäste teilzunehmen pflegten, hier entluden sich die Friedrich Wilhelms I. Regierung durchziehenden Gegensätze zwischen der kaiserlichen und der hannöversch-englischen Partei in Deklamationen und Spottreden, hier war der Ort, an dem Hofbeobachter, die um die Redseligkeit des Monarchen wußten auf Einblick in den Gang der preußischen Politik hofften: »Es ist und bleibet auch der Discurs [...] Sr. Majestät grösstes Vergnügen, absonderlich wann zu Potsdam sowohl, als in Wusterhausen, manchmal ein artiger Schertz mit unterlauffet.«[119]

Hoftafel und Tabakskollegium entschieden auch das Schicksal des Geschichtsprofessors und Wirtschaftssachverständigen Gundling, dessen seltsame Doppelrolle ihm erst den ehrenden Titel eines Kommerzienrates und dann die schimpfliche Würde eines Oberzeremonienmeisters einbrachte. Wie konnte es dazu kommen? Daß Gundling anders, als bisher vermutet, keineswegs mit dem Thronwechsel zum flachen Stammtischunterhalter herabgesunken war, macht die Angelegenheit nur noch rätselhafter: Es gilt nicht weniger begreiflich zu machen als die Karriere eines Hanswurstes bei Hofe, der noch nach 1712 eine so hochrangige Aufgabe bei der wirtschaftlichen Umgestaltung des Landes wahrgenommen hatte, daß der Monarch sich mehr als einmal unmittelbar auf die von ihm unterbreiteten Vorschläge verließ und aus ihnen wirtschaftspolitische Entscheidungen ableitete, die keinen geringen Einfluß auf Preußens Rang als Militärmacht in Europa hatten.

Die Entscheidung über Gundlings Zukunft läßt sich zeitlich und örtlich präzise eingrenzen; sie fiel in dem obigen Zusammentreffen mit dem König in Potsdam im Spätwinter 1714. Am 9. Februar war der König morgens von Berlin aufgebrochen und nach Potsdam gereist, um dort bis zum 24. desselben Monats zu bleiben.[120] Viele Dinge harrten der Erledigung, an ihrer Spitze die sich hinziehenden Friedensverhandlungen zwischen Österreich und Frankreich, die den Spanischen Erbfolgekrieg endgültig beenden sollten, aber zu keinem Ergebnis gediehen und dadurch Friedrich Wilhelm I. die unvermutete Gelegenheit eröffneten, sein Verhältnis zum Kaiser durch das Angebot eines Kontingentes preußischer Truppen zu verbessern. Auf endgültige Verabschiedung wartete der neue Hofetat, der ein volles Jahr lang immer neue Streichungen und Umbildungen erfahren hatte. Nichts aber machte mehr Eindruck auf die Stimmung des Königs als der plötzliche Krankheitstod eines seiner hünenhaften Leibgrenadiere, die sein ganzer Stolz waren und die er überall in Europa gegen beträchtliche Handgelder anwerben ließ. Vergeblich hatte er, der gerade in diesen Tagen Porträts von seinen Generalen und zwölf seiner Leibgrenadiere anfertigen und im Potsdamer Schloß aufhängen lassen wollte, eine Staffette nach

Berlin gesandt, um neben dem Regimentsarzt auch den königlichen Leibarzt Gundelsheimer an das Krankenbett des kostbaren Gardisten zu holen. Doch auch diese Fürsorge rettete ihn nicht mehr, und sein Tod ließ einen rasenden König zurück, der den Regimentsmedikus für den Verlust verantwortlich zu machen versuchte, so daß dieser, um sich und seinen Ruf zu retten, »den Cörper (hat) öffnen müßen, und befunden, daß derselbe an einer incurablen Kranckheit gestorben«[121].

Als just um diese Zeit Gundling in Potsdam eintraf, war von der Anerkennung, mit der er und seine Überlegungen bei Hofe früher aufgenommen worden waren, nichts mehr geblieben. Die adligen Offiziere standen dem Mann, der ihre althergebrachten Privilegien antasten wollte, ohnehin feindlich gegenüber, und die zahllosen Anlaufschwierigkeiten der kameralistischen Wirtschaftspolitik hatten mittlerweile auch den König mißtrauisch gegen die hurtigen Verbesserungsideen seines Wirtschaftsgutachters gemacht. Selbst der Berliner Nachrichtenagent, dessen Aufgabe es war, alle Veränderungen bei Hof seismographisch genau zu registrieren, bildete diesen Stimmungsumschwung ab, in dem er Gundling als einen früheren Akademie-Lehrer vorstellte, »der nunmehro als Commercien-Raht den Handel und Wandel in den kleinen Land-Städten in beßern fortgang bringen soll, worin er aber noch nichts effectuiret«[122].

Die unglückliche Konstellation führte geradewegs in die Katastrophe. Sei es, um Rechenschaft zu fordern, sei es um sich »ein divertissement« zu machen, wie die Zeitung vermutete, und jedenfalls beflügelt von dem Umstand, daß eben in diesen Wochen die einjährige Hoftrauer um den verstorbenen Vater Friedrich Wilhelms I. zu Ende gehen sollte, zitierte der König Gundling zu sich und unterzog ihn im Tabakskollegium einer eingehenden Befragung. »Weil der Professor nun sonderliche principia hat, und dem Atheismo beypflichtet, so ist er gefraget, ob er Gespenste glaubete? welches er in einer zweistündigen rede gäntzlich wiederleget und negiret. Der König hat ihn inzwischen starck zu trinken, und ihn darauf durch 2 Grenadier nach Hause bringen laßen, zuvor aber einen großen Grenadier mit einem weißen Bettuch verhüllet in seine Kammer stellen laßen. Alß nun der Herr Gundling in dieselbe kömpt, erhebt sich in einem Winckel allgemählig der Grenadier, worauf erster nicht lange wartet und gleich nach dem Schloße läufft und daselbst erzehlet, waß er gesehen, und wie er zum Könige herein gefordert worden, hat er vor furcht und angst kaum reden können, und gesagt, er wäre nunmehro überzeugt, daß Gespenster wären, und hätte sich eines in seiner Kammer vor ihm präsentiret, und dabei viele sottisen hervorgebracht.«[123]

Der berichterstattende Agent hatte seine Informationen vom Hörensagen aus Hofkreisen und aus der Potsdamer Gesellschaft. Durch das, was diese ihm zutrug, mochte das Vorgefallene aufgebauscht und mit Deutungen weitergegeben worden sein, die Gundling noch weiter ins Lächerliche zogen. Wir wissen nicht, wem gegenüber der Erschreckte seine Bekehrung zum Geisterglauben offenbarte, und es muß offenbleiben, ob er sich »nach dem Schloße« vielleicht nur gewandt hat, um den ungebetenen Gast in seinem Zimmer anzuzeigen und die »Sottisen« zu ahnden, die dieser ihm an den Kopf geworfen hatte. Daß seine Stellung mit diesem Vorfall aber hoffnungslos ruiniert war, mußte Gundling spätestens in dem Moment klargeworden sein, als er erfuhr, daß der König selbst ihn zum Narren gemacht hatte. Wie die Hofgesellschaft auf diese Demontage des schon bislang vielleicht nur durch die königliche Gnade vor der offenen Feindschaft seiner adligen Gegner Geschützten reagieren würde, war unschwer vorauszusehen und ging auch aus dem weiteren Bericht des Berliner Hofkorrespondenten unzweideutig hervor: »Ein Officier hatte gesagt, es würde guth seyn, daß man ihm zur Ader ließe, damit ihm der schrecken nicht schadete, worauf der König befohlen, man solte ihm ein schreckpulver herbringen, an statt deßen aber hat man ein starckes Purgirpulver [Abführmittel] gebracht und ihm eingegeben, darauf ist er in eine Kammer gesperret, worin er auch die nacht hindurch alleine zubringen müßen«[124].

Der düpierte Gundling, dessen Gelehrsamkeit so handgreiflich der Hohlheit überführt worden war, hatte mit dem gesellschaftlichen Kredit auch seine berufliche Reputation verspielt. Was Gundling im Rahmen seiner städtischen Visitationsreisen noch in Erfahrung brachte und worauf sich seine Untersuchung in der Folgezeit überhaupt erstreckte, erreichte das Ohr des Berliner Nachrichtenmaklers nicht mehr, so daß wir von ihm über Gundlings ferneres Schicksal für längere Zeit nichts mehr erfahren. Gänzlich folgenlos blieb das Rencontre vom Februar 1714 jedenfalls nicht. Es mag dahingestellt bleiben, ob der König aus eigenem Wollen die Konsequenz aus seinem abfälligen Urteil über den verspotteten Kommerzienrat zog oder ob dieser selbst um eine ihm gemäßere Tätigkeit als Historiker nachsuchte. Jedenfalls wurde Gundling vermutlich zu dieser Zeit beauftragt, neben dem Städtewesen auch die Archive der Rathäuser in den Kurmark und in den preußischen Provinzen zu sichten. Als Gehalt wurden ihm 300 Reichstaler im Jahr sowie Diäten von einem Taler pro Visitationstag zugesichert.[125]

Diese Gehaltskonstruktion belohnte Reisetätigkeit, und sie machte es Gundling in der Folge leicht, sich nach seinen üblen Erfahrungen vorerst vom König und seiner Entourage fernzuhalten. Erst für den Februar 1716, also volle zwei Jahre nach seiner schimpflichen Entehrung, ist ein neuerlicher Besuch von ihm bei Hofe belegt. Interessanterweise kam Gundling aber nicht, um einen Bericht über seine Visitationstätigkeit oder über das Ergebnis seiner Archivforschungen zu erstatten, sondern in der Absicht, »dem König ein project zur Etablirung einer neuen Ritter-Akademie zu präsentieren«[126]. Drohte sein Mandat bei fortgesetzter Abwesenheit vom Hofe abzulaufen, oder fürchtete der königliche Archiv- und Wirtschaftsinspizient sogar gänzlich in Vergessenheit zu geraten? Möglicherweise war ihm auch die fortgesetzte Reiserei, an der sein Einkommen zur Hälfte hing, unbequem geworden, und er strebte zurück zu einer Tätigkeit, die ihm die wissenschaftliche Verwertung der in zwei Jahren gesammelten Archivalien und Landeskenntnisse erlaubte, ohne ihn mit der für ihn so gefährlichen Nähe zum Hof zu belasten. Hier schien sich die Wiederrichtung der Ritterakademie um so mehr anzubieten, als der König die anfängliche Härte seines Vorgehens gegen alle Repräsentationseinrichtungen seines Vaters in der Zwischenzeit längst gemildert und auch dem privaten Nachfolgeunternehmen der aufgehobenen Adelsschule nicht nur die königliche Konzession gewährt hatte, sondern ja auch deren möglicher Unterstellung unter staatliche Aufsicht nicht abgeneigt gewesen war. Doch Gundlings so klug aufgebaute Rechnung ging nicht auf, und unter dem Strich stand schließlich nicht ein vorsichtiges Comeback des Gestürzten, sondern sein völliges Desaster. Ob die Zeit für eine Erneuerung der nun schon seit vier Jahren aufgehobenen Akademie abgelaufen war oder ob, was wahrscheinlicher ist, der Antragsteller nach seinem Ansehensverlust nicht mehr der Mann war, dem der König ein solches Vorhaben zutraute, jedenfalls stieß Gundling mit seinem Projekt auf Widerstand – und verlor darüber die Beherrschung. Er sei mit seinem Vorhaben »übel angelaufen«, berichtete der Berliner Nachrichtenagent, der auch jetzt wieder fast die einzige zuverlässige Quelle für Gundlings Schicksal bildet; »denn wie er daselbst mit an die Königliche Tafel gezogen und ihm starck zugetrunken, ist er bald aus den Schrancken des respects getreten, worauf er ziemlich railliret [gehänselt], und seltzame Proceduren mit ihm vorgenommen worden und hat man ihm wollen mit der Spanischen Mäntel bekleiden laßen, davon er sich aber mit der Flucht gerettet«.[127]

Mit dem Spanischen Mantel war der König gern bei der Hand, wenn es galt, Respekt zu erzwingen und Unverschämtheit zu strafen; auch andere Projektemacher, deren Vorhaben ungnädig aufgenommen worden war, hatten ihn auf königlichen Befehl hin tragen müssen. Gundlings Situation wurde freilich dadurch noch verschlimmert, daß einmal mehr der Hofstaat das Vorbild seines Königs nur zu gern kopierte: »Obigen den Professor Gundling betreffend, muß [ich] noch hinzufügen, daß man ihn zum Ritter zu Potsdam schlagen wollen, davon er bey der Wiedersetzunge derbe Schläge davon getragen.«[128] Doch auch diese nüchterne Mitteilung, die des Königs Hofleute auf eine Stufe mit gewöhnlichen Wirtshausraufern stellte, enthielt noch nicht die volle Wahrheit über die Mißhandlung Gundlings. Der Nachrichtenkorrespondent hatte sie im Einklang mit der herrschenden Meinung bei Hofe zunächst dem skandalösen Benehmen eines randalierenden Trunkenboldes zuschreiben wollen, der die Kontrolle über sich verloren hatte. Längst hatte er sich daran gewöhnt, die unglaublichsten Vorgänge von einem launenhaften König zu berichten, der seine Untertanen in der Manier eines orientalischen Despoten zu traktieren pflegte und bei Gelegenheit fast nach Belieben gegen Herkommen und Anstand wütete. Und doch merkt man ihm das ungläubige Staunen förmlich an, mit dem er in seinem nächsten Bericht das ganze Ausmaß einer Affäre enthüllte, in der Gundling nichts weiter als das hilflose Opfer gewesen war. Offenbar sei es »recht darauf gesetzet gewesen, denselben zu prostituiren«, schloß der Berichterstatter aus der Bemerkung eines Augenzeugen, daß der Hofstaat sich auf Gundlings Erscheinen förmlich gerüstet habe. Von Berlin aus hatte Gundling eine Anfrage gerichtet, ob er hinauskommen dürfe, und darauf sei »ihm der Tag benennet und sogleich eine catheder im Taffelgemach aufgerichtet worden, worauf er nach seiner Dahinkunfft und eingenommenen Mittagsmahl tretten und sein project in einer Oration proponiren müßen«.[129] Offensichtlich hatte der Monarch die Bitte seines in Ungnade gefallenen Stadt- und Archivrevisors im Tabakskollegium zum besten gegeben, und hieraus hatte sich die Verabredung ergeben, dem dank seiner intransigenten Einmischung in fremde Wirtschaftsdinge in vielen Adelsfamilien schon seit je mißliebigen Bittsteller einen besonders famosen Streich zu spielen.

Gundling selbst ahnte offenbar nichts. Er folgte – vermutlich am 6. Februar – der Einladung nach Potsdam, er speiste an der königlichen Tafel, er erläuterte sein Ansinnen, und er mochte vielleicht noch arglos an den guten Fortgang seiner

Sache geglaubt haben, als sich ihm plötzlich ein zugedrungener Hofnarr in den Weg stellte und ein Weinglas ergriff, um Gundling die Brüderschaft anzutragen. Wer ihn Höchstselbst zu seinem Anschlag angestiftet hatte, tat die dem närrischen Angreifer vom Kopf bis über die Knie hinabwallende Perücke kund. Sie sei »1706 mit 200 Rthlr. bezahlet worden«, erheiterte man sich bei Hofe, und »enfin diejenige [...], welche der König auf seinem Beylager getragen«. Unter dem königlichen Kopfschmuck verbarg sich ein wohlhabender Potsdamer Hausbesitzer, der das Unglück hatte, ungewöhnlich kleinwüchsig zu sein. Dies hatte ihm den Spott des Hofstaats eingetragen, der den bei Gelegenheit zum »Ritter Hasenfuß« Geschlagenen zur Unterhaltung in einer ordensgeschmückten Phantasiemontur bei Hofe paradieren ließ. Als der jäh aus seinen Hoffnungen gestürzte Gundling sich dem derben Spaß seines gedungenen Widersachers verweigerte, »so hat jener ihm das Glaß ins Gesichte geworffen und seyn beyde einander in die Haare gefallen«, hielt der Korrespondentenbericht im weiteren fest und notierte, daß auch die Umstehenden keineswegs untätig geblieben seien.[130] Die vom König geladenen Tafelgäste selbst – mehrheitlich königliche Generale – waren es vielmehr, die die Kombattanten zwecks Erhöhung des Vergnügens zum Straucheln brachten, die auf der Erde Rollenden mit Ruß beschmierten und schließlich entkleideten, um mit vereinten Kräften Gundling in den närrischen Ornat seines Gegners zu zwingen und mit Stockschlägen zum Ritter von Potsdam zu küren.

Vergleichbares war auch unter Friedrich Wilhelm I. noch nicht vorgekommen. Das allgemeine Aufsehen über die unerhörte Fallhöhe des einstigen Akademie-Professors hielt der Hofkorrespondent in gewohnter Zurückhaltung fest: »Bey dieser affaire ist [...] ein jeder fast verwundert, daß man diesen Menschen, welcher vor anderthalb Jahren den character als Hoff- und Commissariatsrath [...] erhalten, [...] solchergestalt prostituiret und zum Narren gemachet.«[131] Neugierig fragte man sich, wie der um seine Ehre Gebrachte sich im weiteren verhalten würde. Zunächst zog er sich nach dem Vorfall jedenfalls in seine Herberge zurück und rang mit Selbstmordgedanken. Der zu ihm geschickte Regimentsmedicus fand am nächsten Morgen Gundling als gebrochenen Mann vor, der »sich gantz schwermüthig und kranck gestellet« und davon sprach, »daß er nunmehro hingehen und sich ersäuffen müste«.[132]

»Ehre verlohrn, ist alles verlohrn«, lautet ein Dichtervers aus dem 17. Jahrhundert, und er kennzeichnet den Stellenwert einer höfischen Reputation am Fürstenhof im Barock, deren Verlust gesellschaftliche Auslöschung bedeutete. Freilich, die Umgebung des Preußenkönigs hatte mit der höfischen Welt des übrigen Europa wenig gemein, wie schon Loen in einer vergleichenden Betrachtung der Adelskultur in Wien, Dresden und Preußen feststellte: »Wenn man von dem Berliner Hof redet, so verstehet man darunter fast nur die Kriegsleute; diese allein machen eigentlich den königlichen Hof aus. Die Räthe, Cammerherren, Hofjunkern und dergleichen, wann sie nicht zugleich Kriegsämter haben, werden nicht viel geachtet und kommen meistentheils wenig nach Hof.«[133] Dennoch: Wollte Gundling seine angetastete Ehre, seine verlorene Achtung, also seine höfische hônneteté wiederherstellen, blieb ihm nur der paradoxeste aller Auswege – der Freitod. Nur durch ihn konnte er jetzt noch beweisen, daß er nicht der für seine erbärmliche Lage selbst verantwortliche Narr war, zu dem er gestempelt worden war, und daß es ihm keineswegs am freien Mut eines Ehrenmannes, sondern allein an der Macht gebrach, sich vor den Nachstellungen eines Hofes zu schützen, der in Wahrheit die Schuld an seinem Schicksal trüge.

Unmittelbar nach seiner öffentlichen Entehrung verschwand Gundling tatsächlich spurlos, und das verstärkte die unverhoffte Wirkung seines resignierten Bekenntnisses noch. Es machte den Fall Gundling zum Gegenstand eines über Wochen anhaltenden Gesellschaftsklatsches in Adelskreisen über Berlin und Potsdam hinaus, in dem die Empörung das Amüsement bei weitem überwog. Die Irritation wurde dadurch nicht geringer, daß der König eine satirische Prämie auf den Geflüchteten aussetzen ließ und »zu Potsdam durch den Trommelschlag kund gemachet [worden sei], daß wer eine Nachricht von ihm bringen könte, eine recompens [Belohnung] gewärtiget sey solte. Weil aber solche nur auf 6 Pf. determiniret, hat sich keiner Mühe deswegen gegeben.«[134] Auch am Hof selbst waren die Ansichten über die Handlungsweise des Monarchen und seiner fidelen Offiziere zumindest gespalten; insbesondere die hochschwangere Königin hatte die Mißhandlung Gundlings und die dadurch verursachte Aufregung als unerträglich empfunden.

Selbst der König spürte nun, daß er für diesmal zu weit gegangen sein mochte – vor allem, als Ende Februar bekannt wurde, daß der Flüchtige tot aufgefunden worden sei. Wie andere Nachrichtenagenten meldete auch der Berliner Gewährsmann des ostfriesischen Hofes nach Hause: »Von dem Hoff- und Commissariats-Raht Gundling debitirte [verbreitete] man vor einigen Tagen, daß er sein verzweiffeltes Vornehmen ins Werck gesetzet und sich in die Spree ohnweit Potsdam gestürtzet hätte und wäre deßen Cörper gefunden und in der Stille begraben worden, worüber der König etwas alteriret gewesen und hat würcklich befohlen, alle deßen Schulden zu bezahlen.«[135] Nun liegt Potsdam keineswegs an der Spree, sondern an der Havel. Auch die Nachricht von Gundlings Tod beruhte auf einer sehr zweifelhaften Vermutung; andere Gerüchte, die kurze Zeit später einliefen, besagten im Gegenteil, »daß er noch lebe und bey Halle geschen woden sey«. Der Sorge des Königs um sein Ansehen tat dies keinen Abbruch; er verfügte, daß die peinliche Angelegenheit vor der Königin zu verbergen und das Gerede in der Öffentlichkeit zu ersticken sei.[136]

Verbürgte Hinweise auf Gundlings Schicksal vermochte der Hofkorrespondent denn auch in der nächsten Zeit nicht zu erlangen. Anfang März hieß es abermals, daß Gundling in Halle sein solle, aber erst in der Mitte des Monats verdichteten sich die Hinweise, daß er doch noch lebe und sich vielleicht in Halle oder Crossen aufhalte oder gar »nach Nürnberg als seinem Vaterlande gangen« sei. Dennoch aber blieb die Angelegenheit höchst mysteriös, und sie wurde dadurch nicht weniger rätselhaft, daß der Flüchtige seine ganze Barschaft zurückgelassen hatte, wie sich bei einer Musterung seines Reisegepäcks herausstellte, und auch seine Behausung in Berlin durch keinen Vertrauten hatte aufsuchen lassen, um sich seine wichtigsten Habseligkeiten in das selbstgewählte Exil bringen zu lassen. Es »wird also endlich die Zeit den wahren Grund der Sache kund machen müßen«, beschloß der Nachrichtenagent resignierend seinen ausführlichen Bericht über den Fall.[137]

Doch auch nachdem sich Gundling dann im April unvermutet wieder bei Hof einfand, um sich bei seinem alten Förderer Friedrich Wilhelm von Grumbkow zurückzumelden, blieben die skandalträchtigen Umstände seiner monatelangen Abwesenheit ungeklärt, so daß wir hier auf eigene Vermutungen und Schlußfolgerungen angewiesen sind. Die knappen Einzelheiten der Agentenberichte legen zunächst nahe, daß Gundling sein Quartier am Morgen des 7. Februar im Anschluß an die Visite des herbeigerufenen Regimentsarztes hastig und ohne weitere Vorbereitung verlassen hatte. Wenn er, der offenbar stark verschuldet war, mit seinen persönlichen Gegenständen auch eine nicht unbeträchtliche Geldsumme zurückließ, kann das nur bedeuten, daß er zu einer Reise aufbrach, auf der er Zahlungsmittel glaubte entbehren zu können. Daß er ebensowenig den Weg nach Berlin zu seiner heimischen Wohnung wählte, in der er gleichfalls eine kleine Geldreserve verwahrte, zwingt zu der Vermutung, daß Gundling sich tatsächlich mit dem Gedanken trug, seinem Leben ein Ende zu setzen, und vor seinem Entschluß erst zurückschreckte, als er sich bereits zu weit oder zu lange von seiner Herberge entfernt hatte, um unbemerkt zurückkehren zu können.

Vom Potsdamer Stadtschloß aus führt die Havel in seeartigen Ausbuchtungen zuerst einige Kilometer nach Südwesten, biegt dann nach Norden ab und wendet sich schließlich nach Westen, um über Brandenburg der Elbe zuzustreben. Wie

Gundling die Wache am Teltower Tor auf der Langen Brücke passierte, die Potsdam mit dem südlichen Havelufer verbindet, wissen wir nicht. Aber wenn er, zwischen Selbstaufgabe und Lebensmut schwankend, dem Lauf der Havel linksseitig auf dem Weg nach Caputh und Ferch gefolgt war, hatte er nach etwa drei Fußstunden am Ende des Schwielowsees ihren südlichen Umkehrpunkt erreicht und war damit vor eine endgültige Entscheidung gestellt: Entweder ging er weiter havelabwärts, aber jetzt nach Nordosten zurück und kam auf diese Weise Potsdam, der Stätte seiner Schmach, wieder näher und näher, wo man sich womöglich schon zu seiner Verfolgung anschickte[138], oder aber er ließ die Havel rechts liegen und setzte seinen Weg nach Südwesten in Richtung Fläming fort, der im 18. Jahrhundert die Grenze zwischen Preußen und Sachsen markierte. Die Strecke von Ferch über Michendorf nach Beelitz und damit auf den Weg nach Treuenbrietzen führt durch den Wald der Zauche und war für einen rüstigen Wanderer bei geeigneten Wegverhältnissen in drei, höchstens vier Stunden zu bewältigen. Durch Beelitz ging der Postweg von Berlin, der schon nach wenigen Meilen hinter Treuenbrietzen sächsisches Gebiet erreichte, und dies mag für Gundling den Ausschlag gegeben haben, neue Hoffnung zu schöpfen. Doch bedeutete die Flucht nach Sachsen zwar zunächst Sicherheit vor unmittelbarer Verfolgung, aber noch keine Rettung. Ohne Geld und auf eine längere Reise vollkommen unvorbereitet, blieb Gundling nichts, als bei dem einen Vertrauten Zuflucht zu suchen, der ihm die Hilfe nicht abschlagen konnte: bei seinem in Halle lehrenden und lebenden Bruder.

Ob er den Weg zu Fuß zurücklegte oder irgendwo in irgendeinem Pferdefuhrwerk Aufnahme fand und wo er in der winterlichen Jahreszeit während der Nacht unterschlüpfte, muß dahingestellt bleiben. Jedenfalls ist es nicht nur vorstellbar, sondern überaus wahrscheinlich, daß Gundling tatsächlich, wie in Berlin vermutet wurde, über Köthen nach Halle floh. Wenn diese Annahme zutrifft, dürfte er spätestens am Abend des nächsten Tages, also am 8. Februar, dort eingetroffen sein und seinen Bruder mit der Bitte aufgesucht haben, ihn so bei sich aufzunehmen, daß sein Aufenthalt den preußischen Behörden nicht bekannt würde. Mit einiger Gewißheit fand er im Haus seines Bruders aber andere Aufnahme, als er gehofft haben mochte. Die Kunde über sein schimpfliches Betragen, das nicht nur ihn selbst, sondern die ganze Familie entehrte, war vielleicht schon vor ihm nach Halle gedrungen oder folgte ihm doch auf dem Fuß, und zwar in vermutlich eben derselben, Gundling zum zügellosen Trunkenbold stempelnden Entstellung, wie sie von den beteiligten Hofkreisen zunächst verbreitet worden war. Zudem war der Philosoph und Rechtslehrer Nicolaus Hieronymus Gundling an der Universität Halle nicht ohne Gegner; er mußte seinen Ruf in der akademischen Welt wahren. Und dies um so mehr, als auch mit häuslichen Sorgen zu kämpfen hatte. Im folgenden Jahr sollte er sogar beim König vorsprechen, um die Scheidung von seiner Frau zu erreichen, die – eine Nichte des berühmten Unternehmers Johann Andreas von Krautt – ihn mit ihren galanten Abenteuern zum Gespött der Universität und der ganzen Stadt gemacht hatte.[139] Vor allem aber war er als Hallenser Universitätsprofessor preußischer Untertan, und wie schnell eine Hochschulkarriere vor dem Zorn des cholerischen Landesherrn zuschanden werden konnte, mußte noch sechs Jahre später sogar der berühmte Philosoph Christian Wolff erfahren, der binnen 48 Stunden Halle zu verlassen hatte, nachdem dem König von Hallenser Pietisten hinterbracht worden war, daß er als Rationalist die Soldatendesertion theologisch rechtfertige. Nichts konnte Nicolaus Hieronymus Gundling daher ungelegener kommen als sein Bruder, der sich in eine so ausweglose Lage hineinmanövriert hatte, daß er den mit in die Tiefe zu ziehen drohte, der ihm aus ihr heraushelfen sollte.

Tatsächlich befand sich Jacob Paul Gundling in einer verzweifelten Situation. An eine berufliche Zukunft in Preußen war nach dem Vorgefallenen nicht mehr zu denken, wo die unerlaubte Entfernung vom Hofe für ein Majestätsverbrechen galt. Auch in seinem Hallenser Versteck wurde der Boden für ihn um so heißer, je stärker die Gefahr wuchs, daß die Behörden vielleicht gezielte Nachforschungen anstellen würden, und seine Lage wurde spätestens dann unhaltbar, als in der letzten Februarwoche erste Vermutungen über seinen Aufenthalt in Halle auftauchten. Loen behauptete sogar, daß Gundling sich in dieser Zeit abermals mit Selbstmordgedanken trug und »aus Verzweifflung« in die Saale stürzen wollte.[140] Wohin konnte er sich wenden? Der Rückzug nach Nürnberg schied aus: Welcher kleinere Potentat, welcher mittlere Stadtstaat wollte um eines verkrachten Hofgelehrten willen mit einer Macht in Verwicklungen geraten, die diesen Mann vielleicht unter allen Umständen wieder in ihre Gewalt zu bringen suchte, um an ihm ein abschreckendes Exempel zu statuieren?

Drei Staaten blieben, die sich solcher Rücksichten aus eigener Überlegenheit enthoben wissen konnten, und das waren Sachsen bzw. Polen, Österreich und Rußland. Mit den Herrschern aller drei Länder sollte Gundling in seinem weiteren Leben noch in so engen Beziehungen stehen, daß ihm in späteren Jahren die russische Zarin, der polnische König und sächsische Kurfürst und schließlich auch der Habsburgische Kaiser großzügige Geschenke als Anerkennung für wissenschaftliche Auftragsarbeiten überreichen ließen.[141] In besonderem Maße dürften sich seine Ambitionen dabei auf Preußens hartnäckigen Rivalen Österreich gerichtet haben, das im geheimen auch einem preußischen Minister, nämlich Grumbkow, regelmäßig Zahlungen zukommen ließ und im Grafen Seckendorf zudem einen Gesandten am preußischen Hof besaß, der sich von keiner noch so lächerlichen Maskerade beirren ließ und Gundlings politische Bedeutung immer hoch veranschlagte. Es ist also nicht ausgeschlossen, daß Gundling sich ernsthafte Hoffnungen machte, bei einem dieser Höfe als Potsdamer Refugié Aufnahme finden zu können. Um seine Aussichten in der einen oder anderen Richtung genauer sondieren zu können, mußte er freilich zunächst auf einen vor preußischen Häschern halbwegs sicheren Zufluchtsort, möglichst auf österreichischem Territorium, zu gelangen suchen, und es ist anzunehmen, daß der Berliner Hofkorrespondent gut unterrichtet war, als er Mitte März 1716 meldete, Gundling halte sich in Crossen auf.

Das schlesische Crossen, Haupstadt des gleichnamigen Herzogtums, liegt an der Mündung des Bober in die Oder, etwa 200 Kilometer in nordöstlicher Richtung von Halle entfernt. Um dort hinzugelangen, mußte Gundling über Leipzig nach Osten reisen, und er dürfte kaum vor Ende Februar eingetroffen sein. Die kleine Enklave Crossen zählte in dieser Zeit schon zum Herrschaftsbereich des brandenburgischen Landesherrn, aber sie war angesichts ihrer östlichen Randlage doch auch weit von seinem Zugriff entfernt und wies nach Rußland und auch nach Österreich hin. Es ist zu vermuten, daß Gundling von hier aus in den nächsten Wochen versuchte, Fäden nach Wien und Sankt Petersburg zu spinnen mit dem Ziel, aus preußischen in österreichische oder russische Dienste überzutreten. Solche Missionen aber waren delikat. Sie bedurften der Mittelsmänner, die Bittgesuche weiterleiteten; sie bedurften einer günstigen Gelegenheit, um sie dem Herrscher zu unterbreiten; sie bedurften des geduldigen Wartens, bis – vielleicht – die ersehnte Einladung aus Wien oder Petersburg endlich eintreffen würde. Zeit aber war das Gut, über das Gundling am wenigsten verfügte, zumal ja schon bald auch in Berlin gerüchteweise bekannt wurde, daß der Gesuchte sich in Crossen aufhalten solle. Bedrängender war sicherlich noch die wirtschaftliche Lage, in der Gundling sich befand. Er, dessen Schulden schon vor seiner Flucht in solche Höhen geklettert waren, daß der König sie nach seinem spurlosen Verschwinden in einem Akt der Wiedergutmachung begleichen ließ, dürfte von seinem Bruder kaum genügend Geld erhalten haben, um sich über Monate ohne Hilfe durchschlagen zu können. Mit jedem verstreichenden Tag wurde Gundling also nachdrücklicher zu dem Eingeständnis gedrängt, daß er dem preußischen Hof weder in der Havel noch über Halle oder Crossen zu entkommen vermocht hatte. So beruhte die Überraschung, die Gundlings unerwartete Rückkehr nach Berlin Anfang April 1716 in Hofkreisen auslöste, im Grunde lediglich auf mangelnder Vertrautheit mit den Umständen seiner Flucht: »Der Hoffraht Gundling hat sich wieder Vieler Vermuthen endlich in Person hier eingefunden. Es hat ihm aber der Geh. Raht von Grumbkow eine starcke reprimande und dabey ein Consilium abeundi gegeben, damit er dem Könige nicht in die Augen käme, bevor man deßen Willensmeinung vernommen. Man glaubet aber, er dürffte in Ungnaden dimittiret werden, weil er durch seine unbesonnene Rede und bisheriges Verbergen zu vielen raisonnements Anlaß gegeben. Inzwischen hat er sich auf eine Zeit absentiret.«[142]

War Gundling in seiner Verzweiflung wirklich aufs Geratewohl aus Schlesien an die für ihn so finstere Sonne des preußischen Hofes zurückgekehrt? Gundlings einstiger Förderer und alter Vertrauter Grumbkow zumindest nahm es an, als Gundling sich bei ihm zurückmeldete, nachdem er sich zunächst wieder in seiner eigenen Berliner Wohnung installiert hatte. Möglicherweise aber hatte Gundling bedachter gehandelt, als Grumbkow wähnte. Denn als er im Jahr darauf nach einer abermaligen Flucht vom König selbst zur Rückkehr aufgefordert wurde, antwortete er, »daß er *noch einmahl* des Königs parole trauen« und zurückkäme, sofern er aus seinen Schulden ausgelöst würde.[143] Die Formulierung legt den Schluß nahe, daß Gundling im März 1716 auch mit Friedrich Wilhelm in Verhandlungen gestanden hat und sich erst auf dessen Wort hin, daß es ihm fortan am königlichen Hofe besser ergehen solle, zur Rückkehr entschlossen hatte. Für diese Deutung spricht jedenfalls, daß Grumbkows pessimistische Prognose in keiner Weise eintraf. Als Gundling nach einigen Wochen vor den König zitiert wurde, wartete auf ihn nicht das Strafgericht – sondern der öffentliche Pardon: »Der ehemalige Professor Gundling ist auch nach Wusterhausen geruffen, ist auch bereits einige Tage daselbst. Nachdem ihm der König eine derbe reprimande [Zurechtweisung] wegen der passirten Dinge und der divulgierten [ausgeschwatzten] desperation, wodurch er zu vielen ungegründeten bruits anlaß suppeditiret [Gerüchten Vorschub geleistet], gegeben, ist die Versöhnung erfolgt und er wiederumb zu Gnaden angenommen.«[144]

Es blieb nicht bei freundlichen Worten. Wie sich bald zeigte, hatte Gundling den Preis für seine Rückkehr noch weit über die bloße Herstellung des Status quo ante hinaustreiben können. Offenbar war der Monarch immer noch beeindruckt von den kopfschüttelnden Reaktionen, die Gundlings skandalöse Mißhandlung im Februar ausgelöst hatte. So hatte er sich bereitgefunden, seinem flüchtigen Hofrat zwar nicht das Projekt einer erneuerten Ritterakademie, wohl aber eine Pfründe in Aussicht zu stellen, die ihn für die Zukunft aller materiellen Sorgen entheben und zugleich mit einer schützenden Würde ausstatten würde: »Dem Raht Gundling hat der König auf die erste Canonicat[stelle] des besten Stiffts zu Halberstadt expectiviret und die Marinen-Gebühren und expedition gratis gegeben mit dem Beyfügen, ›wenn der Fall existirte, könte er solche verkauffen und solte sodan mit einer andern begnadigt werden.‹ Weil dergleichen Canonicate sehr einträglich und umb 4 bis 5000 rthl. verkauffet werden, siehet sich derselbe auf einmahl begütert.«[145]

Die Befreiung von den so einträglichen Ernennungssteuern, den sogenannten Marinen, stellte eine außerordentliche königliche Huld dar. So golden die Brücke aber war, auf der Gundling nach Brandenburg zurückkehrte, konnte sie doch nicht darüber hinwegtäuschen, wie der Kampf zwischen Gelehrtengeist und Monarchenmacht in Wirklichkeit ausgegangen war. Nachdem er sich gegen seine fortgesetzte Demütigung mit der einzigen Waffe gewehrt hatte, über die er noch gebot, nämlich mit der physischen oder materiellen Selbstvernichtung, stand der gedemütigte Mann der Wissenschaft am Ende wieder dort, wo er aufgebrochen war, und im höfischen Spiel um Einfluß und Reputation besaß er von nun an keinen Trumpf mehr.

Der Vorleser

Bei seiner aus der Not geborenen Rückkehr in eine höfische Welt, die ihm in der tiefsten Krise schlimmer als der Tod erschienen war, stand Gundling im vierundvierzigsten Lebensjahr. Die knapp fünfzehn Jahre, die ihm bis zu seinem Tod 1731 noch bleiben sollten, verbrachte er mit einer kurzen Unterbrechung, von der noch zu reden sein wird, am preußischen Hof und in der unmittelbaren Umgebung des Königs, bei dem er sein materielles Auskommen gefunden hatte. Hier spielten sich in der Folge die burlesken Szenen ab, die Gundlings traurigen Ruhm im Nachleben ausmachen; hier wurde die »närrische Exzellenz« geboren, die sich eine wirkliche dünkte[146], die die Gäste des Tabakskollegiums mit ihren Hanswurstiaden ergötzte und den Stand der Gelehrten der Schande preisgab.

Doch wieder lohnt es sich, genauer hinzusehen und sich durch den Anekdotenkranz billiger Späße nicht von der seltsamen Verschlungenheit von Spott und Respekt ablenken zu lassen, die die Doppelrolle des Hofgelehrten Gundling ausmachten.

Zunächst stand der König im Wort. Schon am 10. Mai 1716, also unmittelbar nach Gundlings Rückkehr, unterzeichnete er die erwähnte »Anwartung auf die erste bey dem Stift B[eatae] M[ariae] Virginae zu Halberstadt vacirende Praebende, pro dem Hoff Rath Gundeling«. Sie enthielt die Anordnung, Gundeling »locum et stallum in Capitulo anzuweisen« und alles angedeihen zu lassen, »was einem Zeitlichen Canonico des Stiftes B.M. Virg. zu Halberstadt gebühret«.[147] Doch so weit war es noch nicht und sollte es auch nie kommen, denn die versprochene materielle Unabhängigkeit vom Hof würde nach dem Willen des Königs erst greifen, »so bald diejenige, die vorhin bereits auff dergleichen Praebende expectiviret worden würcklich damit versehen seyn werden« – und das konnte dauern. Bis dahin kam statt dessen die königliche Schatulle für Gundling auf, und sie tat es nicht ohne Gegenleistung.

Am 15. August verlautete aus gewöhnlich gut unterrichteten Kreisen bei Hofe: »Der König hat den Hofraht Gundling nach Wusterhausen zu kommen citiren laßen.«[148] Aus der Formulierung geht hervor, daß der Gelehrte sich während des Sommers tunlich vom Hof fernzuhalten gesucht und womöglich weniger drängende Einladungen ausgeschlagen hatte, um statt dessen in Berlin seinen historischen Studien nachzugehen. Nun aber wurde er nicht nur förmlich zitiert, sondern für den Fall der Weigerung mit einer Strafandrohung belegt: »Im Fall seines Außenbleibens solte deßen Nahme an den Galgen geschlagen werden«. In Wusterhausen bildeten die Herrenabende im Tabakskollegium neben der ausgiebig betriebenen Jagd nahezu die einzige Abwechslung, mit denen der König samt seinen Offizieren sich die Zeit zu vertreiben pflegte. Der übrige Hofstaat und vor allem die königliche Familie selbst hingegen fürchteten die öde Langeweile des sommerlichen Exils im bedeutungslosen Wusterhausen und den oft ungemütlichen Aufenthalt in den feuchtkalten Mauern seines Schlosses. Tatsächlich befand die Königin sich in Berlin und nicht in Wusterhausen, als die königliche Abendrunde zur Unterhaltung nach dem abwesenden Hofrat verlangte, und bei ihr fand der bedrängte Gundling auch vorläufigen Schutz vor den Nachstellungen der um den König versammelten Herrenrunde: »[...] allein weil die Königin besorget, daß mit demselben eine alte Comedie mögte gespielet werden, hat sie alhier unterbauen laßen, daß man denselben nicht dahin gesand, sondern seine Abwesenheit vorgewendet.«[149] Sie war nicht die einzige, die das drohende Schicksal des in die Erniedrigung getriebenen Gelehrten weniger amüsierte als erschütterte; selbst der sich einer strikten Neutralität befleißigende Hofberichterstatter hatte schon gleich nach Gundlings Rückkehr aus dem Crossener Exil notiert, man fürchte in Hofkreisen allgemein, daß es Gundling schlimm ergehen würde und er sich zum Possenreißer herabwürdigen lassen müsse.[150]

Die Pessimisten behielten recht. Rasch setzte sich der König über die kleine Intrige der Königin hinweg und fand Hofrat Gundling sich in Wusterhausen ein, um dort seine Bestallung zum Geheimen Rat entgegenzunehmen, die der König am 17. August 1716 in einem Schreiben an Grumbkow verfügte.[151] Falls der Gelehrte zunächst geglaubt haben mochte, daß ihm diese Auszeichnung vielleicht zum Ausgleich für die entgangene Halberstädter Kanonikatsstelle zuteil geworden sei, mußte er sich bald grausam getäuscht sehen. Der Geheimrat Gundling »soll [...] zu Zeiten dem Könige auf der Jagdt die Hunde nachführen müßen«, berichtete der Berliner Hofagent Ortgies Anfang September 1716, dessen knappe Mitteilungen in den nächsten Wochen die traurige Verwandlung des Historikers in den Hofnarren zu erkennen gaben.[152] Zur Monatswende verlangte Friedrich Wilhelm I., den dem Waidwerk abholden und pferdescheuen Gundling auf der Jagd im Wagen bei sich zu haben, und zwang die Jagdgesellschaft, zwei Stunden mit der Abfahrt zu warten, um nach seinem Hofrat suchen zu lassen. »Derselbe hat sich aber verkrochen gehabt und die Reise zu evitiren gedacht.«[153] Nachdem der König voller Zorn schließlich doch ohne seinen störrischen Unterhalter aufgebrochen war, stöberten Höflinge Gundlings Diener auf und machten ihn betrunken, damit er den Aufenthalt seines Herrn verriete, der daraufhin »also herbey gehohlet, auf einen Bauer-Wagen gesetzet und dem Könige nachgesand worden«[154]. Die neuerliche und abermals erfolglose Widersetzlichkeit gegen den Willen des Königs verschlechterte Gundlings Position nochmals, und nicht ohne Schadenfreude hielt man es in Wusterhausen für ausgemacht, daß er von der Hofgesellschaft mit dem Hirschfänger durchgeprügelt würde.[155] In der Abgelegenheit eines Ortes, an dem weder bürgerlicher Stand noch höfische Etikette einen letzten, notdürftigen Schutz vor immer weiterer Erniedrigung gewähren konnten, wurde Gundling in den folgenden Tagen und Wochen zum Spielball einer ausgelassenen Tafelrunde, die zum Zeitvertreib fortgesetzt neue Einfälle gegen ihn, aber auch gegen andere Opfer aussheckte – wie gegen einen »Hofjuden« namens Gompertz, dem die Erlaubnis, einen Degen zu tragen, zuteil wurde, nachdem er »im letzern Faust-combat sich so wohl gehalten«.[156] Am 10. Oktober 1716 wurde berichtet, daß Gundling in eine Schloßkammer geführt worden sei, »worin der König einige junge Bähren halten läst und darauf viele Schwärmer [Feuerwerkskörper] durch die Fenster hineingeworffen, wodurch man solche Bestien irritiret, daß also der Mensch große Mühe gehabt, gegen solche und die Schwärmer sich zu defendiren«.[157] Eine Woche später hieß es, »daß ihm auf der Jagdt viele Begebenheiten zugestoßen, und mehrentheils 7 mahl in einem Tage das Pfund- oder Weydemeßer bekommen, dabey er so ohne Erbarmen hart tractiret, daß er nicht verlanget einer Jagdt mehr beyzuwohnen. Er soll dennoch ein Winterkleidt dabey verdienet haben.«[158] Mit dieser Narrenprämie, die an den Pelzrock erinnert, den einst der Minnesänger Walther von der Vogelweide als Geschenk des Passauer Bischofs Wolfger erhielt, hatte es freilich seine eigene Bewandtnis. Anders, als der Nachrichtenagent zunächst vielleicht gedacht haben mochte, sollte der versprochene Mantel Gundling durchaus nicht wärmen, sondern seine gelegentliche Narrenrolle zum förmlichen Narrenstatus verfestigen, und erwies sich späterhin als »ein auf Königliche Anordnung vor ihm verfertigtes Kleid von Plüschsammet mit goldenen Zindel doubliret, ein Veste und Paar Pantoffeln von gleichen Zindel und einen Huht mit einer weißen Feder«[159].

Dies war mehr, als der prostituierte Akademieprofessor ertragen zu können glaubte. Als man ihm das Kostüm, das seine Akkreditierung als Hofnarr zum Ausdruck bringen sollte, zum Anziehen vorlegen wollte, war Gundling abermals aus einem goldenen Käfig entwischt. Wohin er sich begeben hatte, blieb lange unbekannt. Erst mehr als ein Vierteljahr später, im Februar 1717, hörte man wieder von ihm, diesmal aus Breslau. »Ein hiesiger Prediger hat Briefe daher gehabt, daß er sich vor einen Moscowitischen Commercien-Raht daselbst ausgeben soll. Andere wollen soutenieren [behaupten], er sey catholisch worden und in ein Kloster gegangen.«[160] Daran war zumindest insofern etwas Wahres, als Gundling wohl wiederum verzweifelt irgendwo außerhalb Preußens unterzukommen suchte und dabei aufs Geratewohl nach jedem Strohhalm griff. Auch diesmal jedoch blieb er erfolglos und genoß so in Breslau eine persönliche Freiheit, die ihn nicht ernähren konnte, während er im Machtbereich des preußischen Königs als ein seelisch Verfolgter gelebt hatte, der über Haus und Dienerschaft gebot.

Dort wurde Gundling übrigens schmerzlich vermißt: »Der König verlanget denselben wieder bey sich, und hat man ihm schreiben müßen, daß Nasen und Maulschne[!]llen fürs Künfftige gantz abgestellet und er nach Meriten jederzeit tractiret werden solte, worauf er geantwortet, wenn der König eine schrifftliche Capitulation, wie er hinkünfftig gehalten und consideriret seyn solte, mit ihm aufrichten würde, wolte er wiederkommen.«[161] Der bizarren Situation wurde dadurch keineswegs ein Ende gesetzt; Herr und Höfling verhandelten den ganzen Sommer über miteinander, und erst im August 1717 beugte Gundling sich dem wiederholten Willen des Monarchen und teilte dessen Kabinettsrat Samuel von Marschall brieflich mit, daß er zurückkomme, »man mögte ihm nur Gelder zur Reise und zu Bezahlung seiner in Breslau gemachten Schulden senden, worauf ihm auch 150 rthlr. übermachet worden«.[162]

Nachdem er allerdings seiner Schulden ledig war, die ihn stärker gefügig gemacht haben mochten als das Schutzversprechen ausgerechnet aus dem Munde eines drangsalierenden Königs, zögerte Gundling, seiner Zusage nachzukommen. In Breslau konnte er freilich nicht bleiben, wo allbekannt war, warum Friedrich Wilhelm I. für die Schulden seines flüchtigen Spaßmachers aufgekommen war. Statt dessen fuhr er nach Halle zu seinem Bruder, um sich anschließend dort und in Merseburg aufzuhalten – »inkognito«, wie verlautete[163], und offenbar, um im verborgenen Zeit für die Suche nach einer Anstellung außerhalb des preußischen Machtbereichs zu gewinnen. Dem hatte er sich damit allerdings schon zu weit angenähert, um noch länger als bis zum Oktober oder November des Jahres Herr über sein Schicksal bleiben zu können. Anfang Dezember 1717 meldete Ortgies' Zeitung in einem Rückblick auf das in den zurückliegenden Wochen Vorgefallene über den »bekannten Gundling«, es »haben des Fürsten von Dessau-Durchl[aucht] denselben doch endlich attrappiren und durch zwei Officiers zu dem Könige nach Potsdam bringen laßen«.[164] Daß »bey seiner retour man noch schlimmer mit ihm umgehen werde wie vorhin«[165], fand nicht nur der berichtende Gewährsmann in seinem persönlichen Kommentar. Auch im Rückblick stellt sich die Frage, aus welchem geheimen Grund Gundling sich so naiv verhalten und über seinen Platz an der königlichen Sonne schriftliche Vereinbarungen aufzusetzen begehrt hatte, die ihn doch nur immer noch verächtlicher machen sollten. Wie hatte er seine Lage so grob verkennen und über einen Status verhandeln können, über den es nichts zu verhandeln gab, weil er ihm nichts als die Entscheidung zwischen moralischer Selbsterhaltung und moralischer Selbstaufgabe ließ?

Ein Anhaltspunkt für sein eigenartiges Vorgehen liegt möglicherweise in dem Umstand, daß die Behandlung, die Gundling durch den König erfuhr, keineswegs völlig der Art und Weise entsprach, in der die Hofadligen mit ihrem Opfer umsprangen. Interessanterweise legte auch der in Faßmanns Totengesprächen vorgestellte Gundling Wert auf die Feststellung, daß »mir auch mein König selten etwas gethan, welches mich hätte kränken können, absonderlich wann ich nüchtern war«[166]. In der Tat waren es fast stets die im Tabakskollegium versammelten Generale und Staatsräte, Höflinge und Hofbediente, die Gundling bei der Tafel zu Fall brachten, die ihm in seinem Zimmer mit Feuerwerkskörpern zu Leibe rückten, die ihn für den König in seinem Versteck aufstöberten und auf die Jagd nachsandten. Friedrich Wilhelm dagegen genoß den Dauerkrieg zwischen ohnmächtiger Gelehrsamkeit und ungebildeter Militärgewalt in erster Linie aus der Position des interessierten Zuschauers, der seinen Professor einmal mit Gewalt wieder herbeischaffen ließ und zu dessen besonderer Verspottung die eigene Hochzeitsperücke beisteuerte, ihn zum anderen aber vor allzu schmählicher Mißhandlung zu schützen – oder für sie zu entschädigen – bereit war und sich nicht weniger ergötzte, wenn Gundling mit eigener Münze zurückzahlte: »Er hat«, hieß es im Winter 1716, »de cathedra von einem jeden Würcklichen Staatsrath ein portrait machen müßen, worin er zimlich frey soll gesprochen haben, und sollen einige dieserwegen disgoustiret [angeekelt] seyn.«[167] Von Faßmann erfahren wir, daß der König angeblich auch dann nicht eingriff, wenn Gundling sich seinerseits für die erlittenen Demütigungen zu rächen versuchte: »Ich dagegen fieng an, tückisch zu werden, und wer etwas von mir wieder bekam, der muste damit vorlieb nehmen. Niemand durffte sich beym König so leichtlich darüber beklagen, sondern es ward ihm zur Antwort: Warum man sich mit mir eingelassen hätte.«[168]

Angesichts der Umstände wäre freilich die Vermutung abwegig, daß etwa ein mitleidigeres Herz Friedrich Wilhelm I. daran gehindert hätte, sich unzweideutig auf die Seite der Peiniger Gundlings zu schlagen. Vielmehr diente selbst der im Tabakskollegium zum Opfer derbster Streiche herabgewürdigte Hofgelehrte gleichzeitig als politischer Ratgeber, dessen Meinung auch im Narrenkostüm Gewicht hatte. Was Gundling in seinem Memorandum über die Verbesserung der märkischen Wirtschaft an Ratschlägen vorgetragen hatte, befolgte der König zum Teil buchstabengetreu selbst an der eigenen Tafel, an der rheinische Weine freigiebig ausgeschenkt, französische, italienische und spanische Gewächse hingegen strikt untersagt waren.[169] »Der König soll ihn öffters 2 Stunde wegen seiner Beredsamkeit anhören«, meldete Ortgies im Zusammenhang mit Gundlings erster Rückkehr aus Crossen im Mai 1716.[170] Was dort besprochen wurde, wußte man bei Hofe freilich nicht genau und flüchtete sich in die Hoffnung, daß Gundling sein unerhörtes Privileg bald wieder verspielen würde, das dem Getretenen seinerseits Macht über die sich eines solchen monarchischen Gnadenerweises nicht erfreuenden Tabakskollegen verlieh: »Man besorget aber, weil zu Zeiten, und zwar wenn er nur ein wenig über den Durst getruncken, die conduite [Haltung] ihm fehlet und mit Vorbringung vieler Sottisen sich in seinem discours selbst verwirret, wird er sich als einen bouffon [komische Figur] gebrauchen laßen.«[171] Deutlich war diese Prognose von der eigenen Sorge um den möglichen Inhalt der »Sottisen« Gundlings bestimmt – aber sie erfüllte sich nicht. Bis zu seinem Tode bekleidete Gundling in den Augen Friedrich Wilhelms I. eine Doppelrolle. Einmal »wollte der König hier einen Gelehrten denen Soldaten zum Schauspiel machen« und sorgte dafür, »daß Gundling dem ganzen Hof zum Gelächter dienet«, wie der nach Faßmann zeitnächste Beobachter Johann Michael von Loen festhielt. Zum anderen aber wußte auch Loen, der zwischen 1712 und 1715 selbst bei Nikolaus Hieronymus Gundling in Halle studiert hatte und daher bereits vom Hörensagen mit dem Schicksal von dessen Bruder bekannt war, bevor er sich im Winter 1717/18 selbst am Hof zu Berlin aufhielt, daß dieser »öfters ganze Stunden lang mit dem König allein im Cabinet verschlossen sey, daß er bey ihm schreibet und arbeitet, daß er vielen Leuten nützlich und andern Menschen schädlich wäre, u.s.f.«[172]

Eine barbarische Abwandlung der römischen Maxime des prodesse et delectare bestimmte auch Gundlings Auftreten in der Hofgesellschaft und namentlich im Tabakskollegium. Was es mit seinen Rodomontaden tatsächlich auf sich hatte, erläuterte der selbst in die Rolle eines königlichen Vorlesers gedrängte Morgenstern mit nüchternen Worten: »Die Sprecher und Zeitungs-Erzehler mußten da seyn, um so lange Vorträge zu machen, bis der König oder ein anderer mitzusprechen veranlasset wurde. [...] Durch Belesenheit und Nachdenken konnte der Sprecher erklären, erläutern, auch Muthmaßungen abringen, oder anzeigen, was bey einer Handlung dem Verstand, oder dem menschlichen Herzen mehr oder weniger Ehre machte. Der König oder andere Anwesende wurden dadurch gereizet, Geschichte von ähnlichen Fällen anzubringen, wobey wieder jedem frey stand, seine Gedanken oder Meinungen vorzutragen.«[173] Aus eigenem Erleben und mit wenig anderen Worten schilderte Faßmann den gewöhnlichen Verlauf dieser Mittags- und Abendgespräche: »Die Discurse, welche vor Sr. Majestät zur Zeit des Podagrischen Zufalles geführt werden, bestehen gemeiniglich in Historischen Erzehlungen, und in Politischen Reflexionen über die gegenwärtigen Conjuncturen, wie auch sonst über mancherley Sachen, die grösten Theils seriös und nützlich sind.«[174] Hier lag die Aufgabe Gundlings, der als politischer Referent bei der größeren Mittagstafel wie im abendlichen Tabakskollegium für das verantwortlich war, was man später eine Presseschau nennen sollte: »Es kam aber zu gleicher Zeit auch der Zeitungs-Vortrag an mich.«[175]

Das Ende des 17. Jahrhunderts aus den Nachrichtenbörsen der Posthaltereien und zunächst in England entwickelte Zeitungswesen war in Preußen in den ersten Regierungsjahren Friedrich Wilhelms I. ganz unterdrückt und auch später nur in den engen Schranken der behördlichen Zensur gestattet worden. Zu seiner eigenen Unterrichtung aber ließ der König sich nach dem Zeugnis von Faßmann mit deutschen und fremdsprachigen Zeitungen beliefern, »wie da sind alle Holländische in Nieder-Deutscher Sprache sowohl, als in Frantzösischer; die Pariser; die Franckfurther; die Leipziger; die Wiener; die Breßlauer; die Hamburger, und noch andere«[176]. Hinter der Neugier auf Nachrichten und Gesprächsstoff stand das Interesse des Landesherrn, am geistigen Austausch der entstehenden europäische Öffentlichkeit teilzuhaben, um von ihm politisch zu profitieren: »Denn obwohl Ihro Majestät der König Dero Gesanden, Residenten und Agenten an denen vornehmsten Höfen und Orten in gantz Europa haben, mithin schon alles weit besser wissen, als es in denen Zeitungen stehet, ja solche Nachrichten erhalten, welche Geheimnisse sind, und nimmermehr in die Zeitungen kommen, so wollen Sie dennoch auch gerne hören, was die Welt raisonniret, redet und schreibet.«[177] Gundling oblag es, die neu eintreffenden Blätter durchzusehen, um das Interessante vom Unwichtigen zu scheiden und im Bedarfsfall eigene Stellungnahmen zu fertigen, die in der späteren geselligen Unterhaltung oft Ausgangspunkt von allgemeineren Erwägungen werden konnten, wie Faßmann ihm aus eigenem Miterleben in den Mund legte: »Aus solchen Zeitungen nun muste ich allemal das Beste heraus nehmen, und es dem König, entweder bey der Mittags-Tafel, oder in der Abend-Gesellschaft referiren. Solches gab Anlaß zu vielen andern herrlichen Discursen aus der Historie und der Politica. Man wurde unvermerckt auf die schönsten und wichtigsten Begebenheiten derer vergangenen Zeiten geführt. Man urtheilte von daher auf das Gegenwärtige; und machte auch einen vernünfftigen Schluß auf das Zukünfftige.«[178]

Andere zeitgenössische Beobachter bestätigten Faßmanns Darstellung. Benckendorf berichtet darüber hinaus, daß zumindest dann, wenn das Tabakskollegium in Berlin tagte, ein großer geographischer Atlas auf einem Seitentisch auszuliegen pflegte, damit man sich über die Orte und Gegenden orientieren konnte, von denen in den durch Gundling vorgetragenen Zeitungsberichten die Rede war.[179] Daß dem Referenten zum Zweck seines Vortrags im Tabakskollegium sogar ein Katheder errichtet wurde, mochte aus der verzerrten Höflingsperspektive den Anschein erwecken, dies geschehe allein zur Verhöhnung des Gelehrten. Gern wurde Gundlings Lehrkanzel im Speisesaal als Beweis parodistischer Bloßstellung genommen; tatsächlich aber erklärt sie sich ganz zwanglos aus seiner Rolle als Vortragender – die Dinner lecture ist auch dem Kultur- und Wissenschaftsbetrieb unserer Tage nicht fremd. Dem preußischen König jedenfalls war die Ergänzung der am Hof einlaufenden Nachrichten so wichtig, daß Gundling auch dann als Vorleser auftreten mußte, wenn die königliche Tafelrunde, wie es häufig geschah, sich nicht bei Hofe, sondern im Hause eines Ministers oder Generals versammelte. Gundlings erster Biograph König überlieferte, daß das Lesepult den Vorleser auch bei solchen Gelegenheiten begleitete und »zum Beispiel, bei dem Staatsminister von Grumbkow, ein besonderer Katheder im Speisesaal angelegt worden war, welchem Gundling während der Tafel bestieg, die Zeitungen vorlaß« und zu erklären hatte.[180]

Gleichwohl waren auch hier die Grenzen zwischen Belehrung und Burleske fließend, und es zählte zu den Eigenarten des Hoflebens unter Friedrich Wilhelm I., Politisches und Privates, Bedeutendes und Unbedeutendes, hochrangige Staatsfragen und bloße Unterhaltung unterschiedslos ineinanderlaufen zu lassen. So entsprach es durchaus den Erwartungen, daß der Vorleser nach der erläuternden Lektüre ausgewählter Zeitungsberichte »die ihm gethanene Fragen beantworten muste; wobei es denn sehr oft etwas zu lachen gab, und er dadurch der Verdauung zu Hülfe kam.«[181] In diesem vorgegebenen Rahmen entwickelten sich mittäglicher und abendlicher Diskurs an der Tafel des Königs – und stießen die unterschiedlichen Interessen der beteiligten Parteien aufeinander. Geladenen Kabinettsräten, aber auch auswärtigen Gesandten und Ministern konnten Gundlings Vorträge und die sich anschließenden Wortwechsel zum Ausgangspunkt überlegter diplomatischer Vorstöße werden oder anstehende Entscheidungen des Königs scheinbar ganz beiläufig in eine gewünschte Richtung drängen. Besonders virtuos wußte dieses Instrument der österreichische Gesandte Seckendorff zu handhaben, der nicht nur über ein gutes Gespür für die kleinsten Klimaschwankungen am preußischen Hof verfügte, sondern auch über das Geld, sie in seinem Sinne zu beeinflussen: »Bei der Tafel, da der bekannte Geheimerath Gundling, sowohl als des Abends im Tabackscollegio, mit sitzt, und die Zeitungen bei der Tafel referirt, gehen öfter sehr anzügliche Reden gegen Hannover vor«, berichtete er etwa dem Prinzen Eugen zu Anfang des Jahres 1727.[182]

Weniger politisch ambitionierten Gästen an der königlichen Tafel hingegen erschien Gundling offenbar ganz unspektakulär als ein liebenswürdiger Tischgenosse unter anderen.

Als der pietistische Prediger Johann Anastasius Freylinghausen sich 1727 für einige Tage in Wusterhausen aufhielt, wurde er so neben Gundling plaziert, »daß ich also zwischen diesem und dem Cron-Printzen in der mitte, und der Königin geradeüber saß«[183]. So unauffällig wie die Sitzordnung war auch die Unterhaltung mit dem königlichen Vorleser, der im Gespräch die Arbeit der theologischen Fakultät in Halle würdigte, einen von Freylinghausen empfohlenen Mathematiker für die Aufnahme in die Societät der Wissenschaften vormerkte und später »der Crönung und der Königlichen Crone Kostbarkeit in Engelland aus den Zeitungen«[184] gedachte. Eine ganz andere Haltung als der friedfertige Theologe Freylinghausen legten hingegen die zur Tafel gebetenen Militärs an den Tag, aber auch die Mehrzahl der sonstigen Höflinge, denen Gundling in der königlichen Tischgesellschaft gegenübertreten mußte. Sie, die kein Interesse daran haben konnten, daß der verhaßte Geschichtsprofessor seine intellektuelle Überlegenheit ungestört ex cathedra demonstrieren konnnte, trachteten die Autorität des unterhaltsamen Zeitungsreferenten nach Kräften zu untergraben. Wenn sie ihn vor dem König lächerlich zu machen versuchten, so geschah dies wohl zum wenigsten aus bloßer Herrenlaune heraus. Mehr als einen landsässigen Tischgast mochte wilde Rachelust stacheln, dem Emporkömmling an der Königstafel für seine kameralistischen Ratschläge heimzuleuchten, und wenige wußten sich von dem Wunsch frei, ihm den gefürchteten und vielleicht geneideten Immediatzugang zum Monarchen zu verbauen und ihn möglichst rasch politisch unschädlich zu machen. Die farbigste Schilderung der sich hieraus entspinnenden Scharmützel ist wieder den Aufzeichnungen Faßmanns zu verdanken. Seinem Gundling stellte sich die ihm feindlich gegenüberstehende Hofgesellschaft auf der Jagd und bei der Tafel im Wusterhausen so dar: »Sie bestunde gemeiniglich aus etlich und zwantzig, biß dreyßig meisthentheils vornehmen Officiers, Majors, Obrist-Lieutenants, Obristen und Generals. Die meisten blieben beständig da, ihrer etliche aber reiseten ab und zu. Wenn auch einige, die dahin geruffen waren, wieder abreiseten, so fanden sich andere dagegen ein. Auch kamen, von einer Zeit zur andern, Gesandte und fremde Ministri nach Wusterhausen, aber auch Praesidenten und Geheime Staats-Rähte meines Königs. Fast mit allen und jeden Officiers aber, die nur dahin kamen, aber doch mit denen meisten, bekam ich etwas zu schaffen, absonderlich in der Abend-Gesellschaft. Wann ich etwa einmal aufstunde, und hinausgieng, so beschmierte man mir meine [auf dem Katheder liegende] Brille mit etwas, wovon sie gantz dunkel wurde; oder man risse mir aus meinen Büchlein, worein ich das Wichtigste aus denen Zeitungen schriebe, ein Blat oder noch mehrere heraus. Manchmal setzten sich ihrer zwey oder drey hinter mir, und bliessen mir den Tabacks-Rauch in meine große Staats Peruque, aus welcher dann der Damff allenthalben heraus zog, wie der Rauch aus dem Schornstein eines Brau-Hauses, ohne daß ich es leichtlich gewahr wurde, weil ich selber Taback rauchte oder im Discurs begriffen war. Durch allerhand seltsame Rede, u. piquante Worte, ward ich ebenfalls aufgezogen«[185].

Aus der Frontstellung gegenüber einem Auditorium, das ihn zum Narren gehalten, aber nicht als Fachmann respektiert wissen wollte, ergab sich wiederum Gundlings eigene Interessenlage. Im Bemühen, seinen Gelehrtenstatus auch den widrigsten Umständen zum Trotz zu behaupten, verfiel er in eine Form der öffentlichen Selbstdarstellung, die in ihrer dünkelhaften Steifheit geradewegs und immerfort den Eindruck bekräftigte, die sie zu verwischen hoffte. So arbeiteten die unterschiedlichen Ambitionen und Ängste der zum Tabakskollegium, zur Jagd oder zu sonstigen Assembleen zusammenkommenden Hofgesellschaft gemeinsam dem Interesse des Monarchen zu, der in seinem Hofrat Gundling Kompetenz und Kurzweil auf seltene Weise vereinigt und ihm wie niemandem sonst sogar die zeitweilige Desertion vom Hofe zu verzeihen bereit fand. Während auf der einen Seite Gundling finden mochte, daß er als königlicher Pressereferent seine alte Visitationsaufgabe ohne die Beschwernisse umständlicher

Besuchsreisen fortsetzen konnte, wollte es auf der anderen Seite dem Berliner Nachrichtenagenten in seinen Berichten nach Ostfriesland scheinen, daß »also der Geh. Rahts caracter alhier jetzo sehr prostituiret wird«[186]. In diesem Parallelogramm gegeneinanderstehender Kräfte wuchs Gundling seine seltsame Doppelrolle als einflußreicher Ratgeber und zugleich verachtete Spottgestalt zu, die mittags die Weltlage auseinandersetzte und abends mit Knittelversen bedacht wurde. Zahlreich sind die Proben der armseligen Reimkunst, in denen etwa ein dichtender Preußengeneral den Gelehrten als possenreißenden Hasenfuß verspottete[187] oder andere Verseschmiede der Tafelrunde ihn zu gar einem wahren Fabeltier erhoben:

»Dem Hasen gleich das Ohr, dem Affen Maul und Nasen;
Drum muß des Hutes Dach groß, wie die Ohren seyn,
Kein kleiner Zirkel schließt die langen Spitzen ein.
Ich kann die Gegenwart des Gundlings bald verschaffen,
Denn dies gemischte Thier aus Haasen, Mensch und Affen,
Das seinen weiten Schlund mit starkem Wasser füllt,
Ist unsers Gundelings getroffenes Ebenbild.«[188]

Welchen Einfluß die an Zeitungsauswertungen und Sachkommentare geknüpften Unterhaltungen im Tabakskollegium auf die politischen Entscheidungen des Königs im Einzelfall gehabt haben mochten, wäre freilich erst noch zu untersuchen. Nur gelegentlich wirkten sie jedenfalls so direkt in die Öffentlichkeit wie im Fall eines Berichtes der freiheitlichen »Courante von Haarlem«, die mit spöttischer Kritik an der preußischen Regierung nicht sparte und den Tod eines der größten Grenadiere aus der Leibgarde des preußischen Königs mit dem Zusatz gemeldet hatte, daß sich in dessen Leib bei der Obduktion ein doppelter Magen, aber kein Herz gefunden habe. Die hübsche Pointe versetzte die um den König versammelte Runde anscheinend in helle Empörung und ließ sie auf eine treffende Reaktion sinnen. Das Ergebnis der Aussprache seiner Tischgesellschaft ließ der Soldatenkönig anschließend in die »Leidener Zeitung« einrücken: Die von der Haarlemer Courante mitgeteilte Nachricht »sey zwar richtig, aber der Soldat ein Holländer gewesen«.[189]

So war der Horizont beschaffen, in dem der Hofgelehrte Gundling seinen Aufgaben als königlicher Vorleser und Berater nachzugehen hatte, und er kam ihnen bis zu seinem Tod nach. Allein die karikierende Perspektive einer ihm überwiegend feindlich gesonnenen Hofwelt und erst die willig akzeptierte Deutungshoheit ihrer anekdotischen Erinnerungen reduzierten Gundlings schwer faßliche Doppelrolle auf eine Abfolge närrischer Schwänke, die den verächtlichen Hofgelehrten mit der Zeit in den gesellschaftlichen und schließlich auch in den körperlichen Ruin getrieben hätte.

Über das zwiespältige Verhältnis von Macht und Muse am Preußenhof besser unterrichtet waren ausländische Mächte, die Gundling in den Jahren vor seinem Tod mit Geldgeschenken und Auszeichnungen ehrten. Vordergründig als Anerkennung seiner historiographischen Leistung für die Interessen der regierenden Häuser Rußlands und Österreichs gedacht, verfolgten sie auch das Ziel, den in ihren Augen eben durchaus nicht bedeutungslosen Hofberater für sich einzunehmen und über ihn auf den König einzuwirken. Wieviel dieser seinerseits noch rückblickend auf die Tätigkeit seines Vorlesers gab, sollte sich nach Gundlings Tod und der Flucht seines unmittelbaren Nachfolgers Faßmann zeigen. Im Sommer ließ Friedrich Wilhelm I. 1731 intensiv nach einem Mann suchen, der wie Gundling »die Historie inne« habe und »von denen Angelegenheiten von Europa zu discouriren, capacité« habe.[190] Nachdem er aber trotz allen Bemühens offenbar keinen passenden Mann gefunden hatte, der die durch Gundlings Tod entstandene Lücke zu füllen vermochte, gab er fast beiläufig zu erkennen, daß zumindest in seinen Augen die Kluft zwischen den närrischen und den wirklichen Exzellenzen des Preußischen Königreichs geringer war, als die höfische Gesellschaft um ihn herum hatte glauben mögen: Keinem Geringeren als dem Vizepräsidenten der Halberstädtischen Regierung, Karl Friedrich von Dacheroeden, der »bey seiner letzten Anwesenheit hieselbst, überall Proben, daß er ein capabler Mann, an den Tag gelegt« hatte, widerfuhr im Oktober 1731 die Ehre, daß der König ihn zu seinem Vorleser bestimmte und Ordre »zu seiner schleunigen Überkunfft« abgehen ließ.[191]

Narrenwürde und Amtsrespekt

Bisher ließ sich das hier erzählte Leben so begreifen, wie es Biographien meist tun: Sie befreien die Vita ihres Helden von entstellenden Vorurteilen und späteren Zusätzen, sie betten sie in den zeitgenössischen Kontext ein und holen ihre vergessenen Bezüge ans Licht, sie sehen das Unspektakuläre im vermeintlichen Skandal und das Bemerkenswerte im scheinbar Alltäglichen. Auch die verschlungene Lebensgeschichte des preußischen Hofgelehrten Gundling läßt unter der überdeckenden Patina früheren Glanz erahnen und verbirgt hinter der historischen Ausmalung einen früheren Zustand, der den königlichen Possenreißer als gehetzten Gelehrten zeigt und den enthemmten Trunkenbold als einen gezielt zum Außenseiter Gemachten. Die gewohnte Gegenüberstellung von Schein und Sein muß freilich dort ratlos werden, wo das Sein sich selbst spaltet und das Leben in zwei selbständige Wirklichkeiten zerfällt, die sich zugleich ausschließen und doch zueinander gehören. So erging es dem königlichen Vorleser Gundling am preußischen Hof, nachdem er im November 1717 als Gefangener von seiner zweiten Flucht zurückgekehrt war. Von nun an führte er das eigentümliche Doppelleben eines Höflings, der in der einen Lebenswelt die Rolle der närrischen Exzellenz nicht nur zum Schein, sondern »wirklich« ausfüllte und in der anderen Welt als respektierter Amtsträger die materiellen Privilegien seiner satirischen Würden genoß und die politische Macht ausübte, die sie ihm ebenso »wirklich« gewährten.

Den Auftakt gab wieder Friedrich Wilhelm I., der den Hofgelehrten im November 1717 in den Rang eines Oberzeremonienmeisters erhob. Dieses Amt hatte es am preußischen Hof bis zum Tode des ersten Preußenkönigs tatsächlich gegeben, und es war eine der ersten Handlungen seines Sohnes nach der Thronbesteigung gewesen, es ersatzlos zu streichen. Eben zu der Zeit, als die Soldaten des Fürsten zu Anhalt-Dessau den geflüchteten Gundling nach Potsdam an den Hof zurückschafften, lief die Nachricht herum, daß der 1713 entlassene Oberzeremonienmeister Johann von Besser nach Dresden gegangen war, um August dem Starken in eben diesem Amt zu dienen, das am preußischen Hof nichts mehr galt. Der Soldatenkönig rächte sich, indem er es seinerseits wieder einführte – als Parodie. Am 4. Dezember 1717 schrieb der Berliner Zeitungsagent des Aurischer Hofes, daß Gundling dem Dresdener Kollegen »alhier succediret [...], hat auch alle bey dem 3wöchichen sejour zu Wusterhausen introduciren müßen, traget einen besonderen sammiten Talar, auch sonst ordinair einen blauen sammiten Rock mit rohten Aufschlägen, drap d'or Weste und Hohsen und eine große carrée perruque«.[192]

Daß die Zeit des Versailler Hofzeremoniells sich nach dem Tode des Sonnenkönigs Ludwig XIV. ihrem Ende zuneigte, war allenthalben zu spüren. Niemand aber ging gegen die höfische Etikette, die das Barockzeitalter entwickelt hatte, so aggressiv und spottlustig an wie der Soldatenkönig in Preußen. Gerade die satirische Zurschaustellung der französischen Hofmode war ihm, der sich selbst mit Vorliebe in die Uniform eines preußischen Obersten kleidete, zu einer förmlichen Idée fixe geworden. Eine majestätische Allongeperücke trug der Zwerg, der Gundling Jahre zuvor die Brüderschaft anzutragen hatte, eine königliche Hochzeitsperücke wurde dem verhöhnten Historiker bei seiner ersten Entehrung zum »Ritter von Potsdam« übergestülpt. Vor dem Zwang, ein höfisches Narrenkleid tragen zu müssen, war Gundling zweimal aus der kalten Sonne der Macht geflüchtet, und als er zurückkam, wartete das ironische Zitat eines überlebten Hofideals abermals auf seinen Träger, um nach klassischer Manier in der Lächerlichkeit des Narren die Würde der Herrschaft zu vernichten, die er in grotesker Manier nachahmte: »Weil ich nun auch, wider die Gewohnheit des Königlichen Preußischen Hofes, an welchem nur lauter kleine Peruquen Mode, eine entsetzlich große Staats-Peruque trug, und die die Aufschläge meiner sammeten Kleider, nach Frantzösischer Mode ebenfalls sehr groß und aufgeschlitzt waren, sahe ich denen besten und vortrefflichsten Staats- und Cabinets-Ministern verschiedener anderer Höfe vollkommen gleich.«[193]

Die Maskerade verfehlte ihre Wirkung nicht. In seiner Funktion als Zeremonienmeister, die bald noch durch einen großen Hut mit einer hoch hinausragenden weißen Feder und rote Strümpfe weiter ins Burleske gezogen wurde, hatte Gundling von nun an bei feierlichen Gelegenheiten aufzuwarten, Kavaliere zu melden und Damen zum Tanz zu führen. Seine besondere Stunde schlug, wenn der König illustre Gäste bei sich hatte. Als 1728 August der Starke am preußischen Hof erwartet wurde, ließ man Gundling einen besonderen »Habit mit grossen Aufschlägen von silbernen Stoff machen«, der »keine geringe Parade gemachet« haben soll[194], und als im Januar 1729 die Verlobung der preußischen Prinzessin Friederike Luise mit einem großen Fest gefeiert wurde, war an diesem Galatag auch der Oberzeremonienmeister zugegen, gekleidet »in einem Habit von Drap d'or und in einer Perruque carrée, welche die Brust, Rücken und Schultern gantz bedeckt gehabt, anderer seiner aus nehmenden Kleydung zu geschweigen«.[195]

In dieser Rolle schien freilich nur wenig Schwebendes mehr zu stecken, und wenn in ihr überhaupt noch ein Rest der Ambiguität zu spüren war, die das Hofleben des Historikers und Vorlesers Gundling bisher ausgezeichnet hatte, so beschränkte sie sich auf die gewollte Ähnlichkeit des Zeremonienmeisters mit den à la mode gekleideten Adepten des »roi soleil« in Frankreich, die sich an den Hof des »roi sergeant« in Preußen verirrt hatten. Niemand war sich darüber mehr im klaren als Gundling selbst. In der letzten Nachricht, die der Berliner Hofagent Ortgies über Gundling mitteilte, heißt es: »Enfin, er soll öffters wegen starcker Vexationen [Plackereien] seine bitter Thränen weinen und zu Zeiten als gantz verwirret im Kopfe seyn.«[196]

Die Resignation half ihm so wenig wie ehemals das Aufbegehren. Nur ein Vierteljahr später wurde Gundling mit weiteren satirischen Ehren überhäuft. Zwei Ordres von des Königs eigener Hand dehnten das parodistische Spiel auf die Beamtenwelt aus, deren erste dem königlichen Protégé am 19. Februar 1718 die Aufnahme in die oberste Exekutive des preußischen Staates sicherte: »Ich befehle dem würckl. geheimten Rath von Kamecke, daß er soll von datto introduciren dehn wohlgelarten und weisen und den universahlen mit großen Meritten würdigen Ober ceremonien Meister und geheimen Raht Gundelling im generahl finantz Directoriumb cum votto cessionem [et sessione] und soll das de Partament [Departement] haben aller seiden würme im gantzen lande ist mein Wille.«[197] Drei Tage später erhob Friedrich Wilhelm I. Gundling in gleicher Manier noch zum Mitglied im Oberappellationsgericht mit dem vielleicht von dem Beehrten selbst vorgeschlagenen Zusatz »soll Jus Regis beobachten«.[198]

Nicht genug, daß der königliche Vorleser und Zeremonienmeister auf diese Weise Sitz und Stimme, ja sogar ein klar umrissenes Aufgabengebiet im höchsten politischen Exekutivgremium des preußischen Staates erhalten hatte; kurz darauf beförderte ihn der Monarch überdies zum Oberhaupt der Wissenschaften in Preußen und verfügte Anfang März 1718, daß Gundling die »durch den Tod des geheimten Rath von Leibnitz vacant gewordene Praesidenten stelle, bey dehr Societaet der Wißenschaften« erhalten solle.[199] Die tags darauf ausgestellte Berufungsurkunde glich der für Leibniz bis ins einzelne und würdigte die großen Verdienste Gundlings als Gelehrtem, bevor sie detailliert die Aufgaben des neuen Präsidenten beschrieb.[200] Auf dieselbe Weise, in der Respekt und Schande, Ruhm und Rufmord so unheilbar miteinander verwoben waren, wurde Gundling weiterhin noch ins Kammergericht und ins General-Kommissariats-Kollegium berufen, so daß der mit Würden Überschüttete im Berliner Adreß-Kalender von 1720 gleich nach dem Staatsminister Rüdiger von Ilgen und mit folgenden Titeln firmierte: Ober-Ceremonienmeister, geheimer Ober-Appellations-, Kriegs- und Hofkammerrath, Präsident der königlichen Societät der Wissenschaften, Hof- und Cammer-Gerichts-Rath und Historiographus.[201]

Einen weiteren Höhepunkt der satirischen Karriere des ämterbeladenen Vorlesers bildete im September 1724 Gundlings Erhebung in den Freiherrenstand. Sie wurde mit einem Diplom notifiziert, das in der Person des mit zeitlichen Würden Ausgezeichneten nach der französischen Hofmode, dem staatlichen Ehrenamt und der ernsten Wissenschaft nun den Adelsstand selbst ins Lächerliche zog. Es tat den Willen des Königs kund, »in consideration unsers Ober-Ceremonien-Meisters [...] von Gundeling, vielfältigen, und Uns zum öfftern Vergnügen nützlichen und unverdroßenen Dienste, wie auch zu Bezeigung des sonderbahren Allerg[nä]d[ig]sten Wollgefallens, so Wir an seiner großen und die capacität Tausend andrer in Europa höchst berühmt gewesener Leute, weit übersteigenden Gelehrsamkeit, auch durchdringenden Verstandes, lecture, und rühmblichen conduite, tragen, aus Eigener Bewegnus resolviret, denselben in den Freyherrlichen Stand zu setzen und zu erheben, Ihn auch der Schaar-, Gesell- und Gemeinschafft Unserer und Unsers Erb-Königreichs Frey Herren zuzufügen, zuzugesellen, und zu vergleichen ebener gestalt, als ob solcher Frey Herrlicher Stand, Nahme und Titul, von Seinen Vier, Acht und Sechzehn Ahnen, Vätter- und Mütterlicher Seits, Ihm erblich angebohren wehre.«[202] Eine Beschreibung des Freiherrlichen Spottwappens, das mit Adlerkopf, Lorbeerkranz und Adlerklauen als Symbolen der stupenden Gelehrsamkeit des neuen Barons besetzt war und ein Feld für künftige Meriten und Tugenden frei ließ, vervollständigten die satirische Erhebung, die schon von Zeitgenossen als »ein förmliches Pasquill über die Narrheit der Titeln« bewertet worden war.[203]

Doch auch damit hatte Gundling den bitteren Ehrenkelch noch nicht geleert, den ihm der auch hierin unbarmherzige König zugemessen hatte. Am 2. November 1726 wurde er auf königliche Kabinettsordre von Wusterhausen aus zum »Kanzler bei der Regierung Unsers Fürstenthums Halberstadt« bestellt – ein wohlklingender Titel, der Gundling weder einen finanziellen noch einen politischen Vorteil bescherte, sondern allein dazu herhalten mußte, dem Verlachen eine weitere Schelle an das Narrenkleid zu heften. Das Patent feierte nicht nur die »fast aller Menschen Witz und Verstand weit übersteigenden, theils schon wirklich durch den Druck publicirte, theils noch bald an dem heitern Himmel der gelahrten Welt, gleich den vortrefflichsten Fixsternen, zu erwartende Schriften und Chartequen« des Geehrten, sondern auch »die sonderbare Modestie, Frömmigkeit, auch nüchternes Leben und Wandel nebst einem leutseligen Umgang gegen alle Menschen«, um so den eitlen Gelehrten und den trinkfrohen Zecher zugleich auf das Korn einer denkbar grobschlächtigen Spottlust zu nehmen.[204]

Im selben Jahr mußte Gundling schließlich noch die Auszeichnung zum Kammerherrn erdulden, die ihm widerfuhr, nachdem der König in einem Zimmer zufällig auf einen herrenlosen Kammerherrenschlüssel gestoßen war: »Diesen Schlüssel nahmen des Königs Majestät, und declarirten: Daß Gundling denselben haben und tragen solte.«[205] Die neue Würde brachte neues Leid, besonders als vermutlich Faßmann selbst dafür sorgte, daß Gundling das Symbol seines neuen Ranges rasch wieder abhanden kam und der sich erzürnt stellende König seinem Hofnarren auch die letzte Demütigung nicht ersparte, sondern befahl: »Daß ich den Schlüssel wieder zur Stelle schaffen, so lange aber, biß es geschehen seyn würde, einen Schlüssel von Holtz und vergüldet, tragen solte. Es wurde auch ein dergleichen Schlüssel von Holtz und vergüldet, fast einer Ellen groß, augenblicklich beym Drechsler bestellet. [...] Den andern Abend [...] ward mir [...] dieser entsetzlich grosse höltzerne und vergüldete Schlüssel, mit einer sonderbaren Rede übergeben. Ich mußte ihn auch, mit einem blauen Band, sogleich in dem einem Knopff-Loch bey der Brust anhängen, und nicht nur selbigen Abend damit an der Tafel sitzen, sondern auch fünff bis sechs Tage lang bey Hofe damit erscheinen.«[206]

Nicht von ungefähr bildet der unförmige hölzerne Kammerherrenschlüssel in der oft erzählten Erinnerung an den

Hofrat Gundling den symbolischen Schlüssel zu seinem seltsamen Leben. Er markiert den Schlußpunkt einer unerbittlichen Verwandlung, an deren Ende der zur Kenntlichkeit entstellte Gelehrte sich seinem Narrenschicksal gebeugt hat und das Attribut angenommen hat, an dem die europäischen Hofnarren sich seit altersher erkannten. Einen ebensolchen Schlüssel, »der von Silber ist verfertiget worden, und [...] wieget [...] mehr als sechzig Unzen«, trug auch der Dresdener Hofnarr Joseph Fröhlich, der Gundling beim Besuch Augusts des Starken 1728 im Tabakskollegium die Aufwartung machte und Brüderschaft zu trinken begehrte. Umsonst verwahrte der so Angeredete sich dagegen, auf diese Weise mit einem gemeinen Taschenspieler und Schalksnarr auf eine Stufe gestellt zu werden, der während des Berliner Aufenthaltes seines Herrn einmal vor versammeltem Hofstaat mit nacktem Hintern von einem Gerüst in die Spree sprang und sich daraufhin auf nachdrückliches Ersuchen der indignierten Königin nicht mehr öffentlich zeigen durfte.[207] Nach Gundlings Hinscheiden beantwortete Fröhlich nicht nur das an ihn gerichtete Kondolenzschreiben förmlich namens des Dresdener Hofes, sondern legte auch zusammen mit anderen Zunftgenossen eine närrische Trauerkleidung an, um anschließend wochenlang »mit Flören, die wohl zwanzig Ellen lang gemessen, auch mit Trauer-Mänteln, welche sehr lange Schleppen gehabt«, bei Hofe zu erscheinen.[208]

Der Dresdner Hofnarr handelte, wie es ihm vorgemacht worden war. Am preußischen Hof waren Vexiergläser im Umlauf, die die Form eines Igels hatten und zur Zierde die Inschrift trugen: »Besiehe dich mein lieber Gundeling in diesem Igel, ob du nicht bist, wenn du trinkest der Schweinigel.« Auf die närrische Zwietracht von Gundling und Faßmann und ihre Raufhändel spielten Becher an, aus denen man im Tabakskollegium zu trinken pflegte und die zur Erheiterung der Gäste zwei kämpfende Hasen zu dem Spruch porträtierten: »Diss edle Bruder Paar, schont weder Haut noch Haar.«[209] Auch hierin seinem sächsischen Narrenbruder Fröhlich folgend, dessen Porträts in Öl, Metall, Wachs und Stein überliefert sind, wurde der Lustige Rat Gundling mehrfach in Ölbildern festgehalten, die in den königlichen Besitztümern zu Potsdam und Wusterhausen hingen und einen perückenbewehrten Pedanten biertrinkend in seiner Stube zeigten, umgeben von Hasen, Igeln und Affen, die sich mit gespieltem Ernst in seine Manuskripte vertiefen – oder mit ihnen den Hintern abputzen. Wie zudringlich das Lachen der Macht den königlichen Vorleser bei Hofe begleitete, ist der Schilderung Faßmanns zu entnehmen, der seinen Gundling von einem solchen Porträt »in Lebens-Größe, mit meinem vollen Titel« erzählen läßt: »Das Bild hat einen kostbaren verguldeten Ramen, und es müssen zwey Personen daran tragen, wann man es von einem Ort zum andern bringen will. Man zeigt solches Bildniß allen Fremden, die nach Potsdam kommen. Niemand aber mag es ansehen, ohne darüber zu lachen.«[210] Der König selbst lenkte sich in der Zeit seiner fortschreitenden Gichterkrankung ab, indem er seinen Hofgelehrten zum Gegenstand höchsteigener Porträtkunst machte, und verfertigte Bildnisse, in denen Gundling sich nach dem Bericht des Braunschweigischen Legationsrates Wilhelm Stratemann auf recht eigene Weise abkonterfeit fand: »Der v. Gundeling habe auch: durch den Königl. Pinsel sehr woll getroffen zu seyn, die Ehre gehabt nur! daß die Ohren nicht so allerdings mit dem Original übereinkommen, sondern denen von einem 4füßigen Thiere weit ähnlicher seyn sollen.«[211]

Um die Summe dieses Lebens zu ziehen, bedurfte es allein penibler Aufzählung. Bereits mit der bloßen Nennung der Titel, die Gundling in der Zeit seiner Hofexistenz verliehen worden waren, sendet sein Epitaph in der Kirche von Bornstedt bis heute das ironische Signal aus, mit dem die Satire sich dem Betrachter zu erkennen gibt: »Allhier lieget begraben/ Der weyland Hoch- und Wohlgebohrne Herr/ Herr jacob Paul Freyherr von Gundling/ Sr. Königl. Majestaet in Preußen Hochbestalt gewesener/ Ober-Ceremonien-Meister, Cammer-Herr, Geheimer Ober-Appellations- Krieges- Hoff-

Cammer-Rath,/ Praesident der Königl. Societaet der Wissenschaften/ auch Historiographus etc., /welcher/ Von allen die ihn gekannt haben,/ wegen seiner Gelehrsamkeit bewundert,/ wegen seiner Redlichkeit gepriesen,/ wegen seines Umganges geliebt/ und wegen seines Todes beklaget worden.«

Doch wieder war dies nur die halbe Wahrheit. Selten wird man eine vergleichbare Vita finden, in der im verlachten Narren zugleich der geachtete Normalbürger steckte, in der Ernst und Satire in solchem Maße eins waren und jede Erniedrigung zugleich Erhöhung bedeutete. Für einen einzigen Titel Gundlings gilt dies nicht, und ihn versuchte der Beehrte, wenn auch vergeblich, immer wieder loszuwerden: die Spottwürde des Oberzeremonienmeisters. Diese Stelle »bedeutete freylich nichts mehr, nachdem das völlige Ceremoniel bey Hofe abgeschafft gewesen«, versucht Faßmanns Gundling glauben zu machen, um seine tagtägliche Demütigung zu verkleinern[212], während der in seinen Auskünften in der Regel zuverlässige Loen von einer anderen Ausweichtaktik Gundlings zu berichten wußte: »Der Herr Oberzeremonienmeister [...] war unterdessen nicht wenig beflissen seine prächtige Staatskleidung bald abzutragen und zu nichte zu machen: in der Hoffnung, daß ihm der König hernach eine anständigere würde verfertigen lassen.«[213] Diese Hoffnung freilich zerbrach am erbarmungslosen Starrsinn des Monarchen, der Gundling alsbald ein neues und noch schimpflicheres Galakostüm anmessen ließ.

Seiner Rolle bei Hofe vermochte er nicht zu entkommen; um so mehr lag ihm daran, eine bürgerliche Parallelwelt zu schaffen, in der der königliche Würdenträger die Realität des Respektes empfangen konnte, die ihm die Hofgesellschaft nur zum Schein zugestehen wollte. Am 3. Januar 1720 verheiratete Gundling sich in Berlin-Friedrichstadt mit Anne de Larray, der Tochter eines französischen Hugenotten. Die Ehe entsprach dem neuen wie dem alten Stand des zwei Jahre zuvor zum Ober-Appellationsrat Berufenen, denn seine Gemahlin war die Tochter eines hugenottischen Aristokraten, der unter abenteuerlichen Umständen aus Frankreich über Holland nach Berlin geflüchtet und anschließend von Kurfürst Friedrich III. erst zum Hofrat ernannt und später als brandenburgischer Resident nach London entsandt worden war. Es ist nicht ausgeschlossen, daß Gundling schon dort während seines eigenen England-Aufenthaltes mit der Familie seiner späteren Frau Bekanntschaft geschlossen hatte.[214] Jedenfalls verbanden Schwiegervater und Schwiegersohn gemeinsame Interessen: Der 1638 geborene Isaac de Larray hatte sich selbst als Historiker einen Namen gemacht und war neben anderen Arbeiten insbesondere mit einer mehrbändigen Geschichte Frankreichs unter Ludwig XIV. hervorgetreten, die zwar von Voltaire abfällig beurteilt wurde, aber ihrem Autor doch einen Ruhm sicherte, der ihn bis zu seinem Ende 1719 begleitete.[215] So wurde Klio selbst zur heimlichen Trauzeugin der würdigen Zeremonie, mit der der Berliner französische Pfarrer das junge Paar vermählte.

Die zweite Lebenswelt, die Gundling mit seiner Eheschließung aufzubauen hoffte, gedachte man freilich in seiner ersten umgehend wieder einzustürzen. Vor allem Gundlings in Aussicht stehende Hochzeit veranlaßte die Potsdamer Hofgesellschaft zu nachgerade fieberhaften Aktivitäten, um ihrer lustigen Exzellenz den ungehörigen Ausbruchsversuch aus der Welt der närrischen Etikette nach Vermögen zu verlegen. Kupferstiche entstanden, die den »Hochwohlgeborne[n] Herr[n] Herr[n] Baron von Gundling in seiner Heyraths- und Liebes-Deklaration« mit Bild und Text ebenso verunglimpften wie seine Braut als »Ruffanella, deß verliebten Plorianders bewegliche Ansuchung verlachende Schäfferin«. Um diese satirischen Stiche herum fabrizierte ein wortmächtiger Anonymus einen viele Blätter starken Traktat, der dem solemnen Krönungszug des ersten Preußenkönigs nach Königsberg nachempfunden war. Unter dem Titel »Warhaffte und nie gesehene noch erhörte Beschreibung von dem bißherigen höchstlöblichen Lebenslauffe, Groß Thaten und angebrachter

Heyrahts Werbung und Eheversprechung« entstand so eine parodistische Programmskizze, die das Heiratszeremoniell und seine einzelnen Solemnitäten in nicht weniger als 21 Stationen vom öffentlichen Einzug in die Stadt bis hin zu verschiedenen Opern, Komödien und Hochzeitsrätseln bis in die Einzelheiten ausführte.[216] »Die vornehmste Officiers, welche den Gundling bey dem Könige zum besten hatten«, so schreibt Loen, »versprachen sich auf diesem Hochzeitsfest eine Kurzweil, die alle Einfälle an Muthwillen übertreffen solte.«[217] Dieses Mal allerdings obsiegte Gundling und entging sogar dem Anschlag auf seine Verdauung, der ihm als höfischer Glückwunsch für seine Hochzeitsnacht zugedacht worden war, indem er Täterlaune mit Opferlist unterlief und sich einfach krankstellte. So erreichte er, daß seine Trauung um einen Tag vorgezogen wurde und am Krankenbett stattfand, während seine düpierten Nachsteller das Nachsehen hatten: »Den andern Tag, wie es ruchbar wurde, daß ich schon getrauet war, wolten diejenigen, welche meine Hochzeits-Gäste seyn solten und wolten, vor Unmuth aus der Haut fahren, weil, auf diese Weise, alle ihre Anschläge zernichtet gewesen, die sie im Schilde geführt«, ließ Faßmann seinen Gundling die Szene festhalten.[217a] Seine mit der Darstellung von Loen übereinstimmende Schilderung deckt sich auch mit den Angaben im Traubuch der Französischen Gemeinde, aus denen hervorgeht, daß die Eheschließung »en chambre« vorgenommen worden war.[218] Nun waren Zimmertrauungen in dieser Zeit nichts Ungewöhnliches, sondern insbesondere bei preußischen Militärs gängige Praxis. Bemerkenswerter aber war in diesem Fall, daß Friedrich Wilhelm I. das zu trauende Paar von der vorgeschriebenen öffentlichen Eheproklamation zu dispensieren befohlen hatte. Für diesmal war es also der König selbst, der seinem Vorleser die Doppelexistenz als Narr und Bürger erhalten wissen wollte.

Auch Gundlings materieller Lebenszuschnitt entsprach durchaus nicht dem eines Hofnarren, der an der fürstlichen Tafel miternährt wird, sondern war der eines wohlsituierten

Herrn von Stand. Die Nachrichten über seine Schulden gehörten längst vergangenen Tagen an, als Gundling »in seinem Hause auf der Neustadt unter den Linden« logierte, wie der Berliner Adreß-Kalender von 1720 auswies.[219] In seiner Stellung als Geheimer Hofrath gebot Gundling über einen Lakaien und sonstiges Dienstpersonal. Einen repräsentativen Wagen samt Kutscher und Pferden erhielt er gleich nach seiner endgültigen Rückkehr an den Hof 1717 vom König geschenkt, und er schaffte sich später selbst sogar noch eine zweite Kutsche an.[220] Im öffentlichen Verkehr bediente Gundling sich mit souveräner Selbstverständlichkeit der Titel, die ihm bei Hofe verliehen worden war, und trat als »conseiller Privé de justice und du Grand Tribunal des appellations, grand Maître des Cérémonie et Président de la Societé des Sciences, etc.« ebenso rangesstolz vor den ihn trauenden Pfarrer, wie er nun im Berliner Adreß-Kalender in die oberste Gruppe des Hofstaates vorgerückt war und in der Rubrik der »Ordens-Bedienten« hinter »Se. Excellenz der würckliche geheime Rath Herr von Ilgen« als »Herr geheimer Rath von Gundling, Ober-Ceremonien-Meister« rangierte.[221]

Es gehört zum Amt des Possenreißers, seine Rolle ernstzunehmen und das Vernünftige komisch, das Lächerliche aber erhaben zu finden. Um wirken zu können, braucht er freilich ein Publikum, das sich nicht beirren läßt und zwischen Satire und Realität zu unterscheiden weiß; ein Narr unter Narren ist kein Narr mehr. Anders verhielt es sich mit Gundling. Wenn er den Spaß des Tabakskollegiums für Ernst hielt, so setzte er damit nicht auf einen Schelmen anderthalben, sondern bewegte sich im Rahmen einer Zwischenwelt, in der Farce und Wirklichkeit in eins fielen und die Komödie selbst das Leben war. Wir sahen schon, daß die in Gundling personifizierte Verspottung mit dem Fremden auch das Eigene nicht verschonte, mit der monströsen Verkleidung des Zeremonienmeisters auf die höfische Mode und mit der nicht weniger monströsen Wappenverleihung an den neuen Freiherrn auf den eigenen Adel zielte. Vor einem König, der nach dem

Zeugnis Loens »überaus sinnreich ist, den Hochmuth seiner Minister zu demüthigen«[222], waren auch die arcana der staatlichen Herrschaft nicht geschützt; der Wille zur Persiflage brachte den königlichen Spaßmacher in höchste Ratsgremien und Justizämter und machte nicht einmal vor der eigenen Familie halt: »Ja, die Sachen gienge gar zu weit, daß es hies, Gundling solte Hofmeister von dem cronprinzen werden; zum wenigsten ängstigte damit der König seine vornehmste Ministers. Man glaubte es bey Hof und Gundling glaubte es selbst.«[223]

Gundling statt Jourdan als Erzieher des Kronprinzen Friedrich – steckte in dieser Idee nur hohle Albernheit oder auch drohende Möglichkeit? Ein letztes »Lebewohl!« rief 15 Jahre später Friedrich Wilhelms I. älteste Tochter Wilhelmine dem königlichen Vorleser und Hofrat nach, als sie ihrer Schwester Friederike Luise, Markgräfin von Ansbach, die Nachricht weitergab, Gundling habe »endlich den Lauf seines berühmten Lebens beschlossen«, und ihrem Brief läßt sich eine gewisse Erleichterung darüber durchaus anmerken.[224] Förmlich wurde der feierliche Pardon zu den Akten genommen, den der König seinem geflüchteten Hofrat im Dezember 1716 erteilte[225]; förmlich wurden die einzelnen Bestallungen ausgefertigt, die aus dem Amüsement der Hofgesellschaft erwuchsen, und Gundling handelte keineswegs wirklichkeitsfremd, als er seine satirischen Würden für bare Münze nahm. Dies läßt sich im wörtlichen Sinne verstehen: Die ihm zugewiesenen Ämter waren mit Ausnahme der Zeremonienmeisterwürde, die nach der Entlassung Bessers 1713 nicht mehr besetzt worden war, unter Gundlings Vorgängern jeweils mit einer finanziellen Dotierung verknüpft gewesen, und Gundling achtete sehr darauf, daß sie auch ihm jeweils ungeschmälert erhalten blieb. Als ihn der König zum Nachfolger des im November 1716 verstorbenen Leibniz erklärte, sorgte der auf diese zweifelhafte Weise Geehrte dafür, daß er zum Spott nicht auch noch den Schaden und für die ihm so freigiebig verliehenen Amtswürden nicht zusätzlich die sonst üblichen Sporteln zu tragen habe. In einer Supplik am 1. April 1718 verlangte er, daß der König seine entsprechende mündliche Zusage durch ein förmliches Dekret bestätige. »Er soll frey Sein«, kritzelte der König in einer seiner üblichen Marginalresolutionen an den Rand der Gundlingschen Eingabe und ließ Minister Ilgen vier Tage später ein Dekret ausfertigen, daß Gundling »diejenigen Gelder, so Er wegen seiner bishero erhaltenen Bestallungen zur Chargen-casse zu zahlen schuldig, in gnad geschencket und erlaßen« seien.[226] Auf diese Weise konnte Gundling die ihm entgangene Kanonikerstelle in Halberstadt leicht verschmerzen, trugen ihm doch die Präsidentschaft in der Societät und die Mitgliedschaft in den höchsten Landeskollegien jährliche Einkünfte von fast 1000 Talern ein, die bald noch weiter auf 1200 und mehr Reichstaler anwuchsen[227], und diese Apanage erlaubte ihm einen herrschaftlichen Lebensstil zu führen, der von der Lebensweise eines bei Hofe gehaltenen Lustigmachers weit entfernt war.

Doch besagt der materielle Nutzen, den Gundling aus seinen zahlreichen Auszeichnungen zog, für sich genommen noch wenig mehr, als daß der angeblich gänzlich dem Trunk ergebene Sonderling für seine Interessen sehr nüchtern zu sorgen wußte. Die entscheidende Frage aber bleibt, inwieweit er seine satirischen Titel bei ihrem realen Gehalt zu nehmen willens und imstande war. Die Meinungen darüber gingen nicht erst nach Gundlings Tod auseinander. Schon Faßmann amüsierte sich in den »Todtengesprächen« über die ihm absurd dünkende Behauptung Gundlings, »mit weit bessern Recht ein Geheimer Rath heissen [zu können], als viele andere, welche ebenfalls den Titel als Geheime Räthe führen, und weder nach Hofe kommen, noch den König jemals zu sprechen kriegen«.[228] Nun wird Gundlings scheinbar so lächerliche Selbsttäuschung, daß er in allen Kollegien außer dem Kriegsrat Sitz und Stimme besessen habe, von weniger tendenziösen Stimmen als der Faßmanns durchaus gestützt, allerdings zumeist gleichzeitig so interpretiert, daß der König auf diese Weise einen beflissenen Zuträger habe installieren wollen, der im übrigen geächtet wurde.[229] Loen bezeugte darüber hinaus, daß Gundling sich mit der Macht auch das Ansehen eines einflußreichen Hofmannes erworben, der zeitweilig »wirklich viel Vermögen bey dem König« und »allerhand wichtige Geschäfte unter Händen« besessen habe: »Viele vornehme Herren des Hofs fuhren zu ihm, und machten ihm die Aufwartung. Er brachte einem Bedienungen, Gnadenbezeigungen und Ehrenstellen zuwegen.«[230]

Doch blieb dieses Urteil eine Ausnahme.[231] Einen klaren Fingerzeig geben die Verwaltungsakten. Verschiedentlich ist bezeugt, daß Gundlings Stimme bei staatlichen und universitären Stellenbesetzungen den Ausschlag gab, so 1715 bei der Bestallung eines »Commissariatsfiscals« zur Schlichtung von Brau- und Ausschankstreitigkeiten zwischen Adel und Städten in der Neumark und später bei Berufungsfragen an der Universität Frankfurt/Oder.[232] Noch 1727, also zu einer Zeit, da Gundling nach allgemeiner Meinung zu einer ernstlichen Ausfüllung wichtiger Ämter gar nicht mehr hätte in der Lage sein können, kam das General-Finanz-Direktorium in einem Schreiben an sein Mitglied Gundling auf eine Untersuchung zurück, die die »in Vorschlag gebrachte Verbesserung derer Papiermacher, buchdruckereyen und buch-handel« betraf. Offenbar hatte Gundling sich in Anknüpfung an seine frühere Rolle als Wirtschaftsgutachter und unter Bezugnahme auf seine eigenen Erfahrungen als Buchautor für Veränderungen im Buchgewerbe eingesetzt, die vom General-Direktorium aufgenommen und an die einzelnen Provinzkammern weitergeleitet worden waren. Neben anderen hatte auch die Kriegs- und Domänen-Kammer in Brandenburg eine Expertise erstellt, die nun Gundling mit dem Ersuchen zur Kenntnis gebracht wurde, sie zu begutachten.[233] Kein einziges Wort dieser Korrespondenz läßt darauf schließen, daß hier ein mehr oder minder unzurechnungsfähiger Narr um seinen Rat gefragt worden sei; alles aber deutet darauf hin, daß Gundling sich mit großer Selbstverständlichkeit Aufgaben widmete, wie sie sich einem berufenen Mitglied der obersten Landeskollegien stellten.

Noch viel stärker vermittelt Gundlings Betätigung auf seinem ureigensten Gebiet als Geschichtsschreiber den Eindruck, daß der vermeintliche Narrenprofessor in Wirklichkeit mit eben derselben Intensität zum Narren gemacht wurde, mit der er gleichzeitig als Professor anerkannt wurde. Just in den Wochen nach seiner schmählichen Heimholung durch den Alten Dessauer beendete Gundling seine Geschichte des Interregnums mit einer in vier Abschnitte gegliederten Historie Heinrichs VII. Die Vorrede zu diesem Werk schloß mit einer Versicherung, die zumindest der Eingeweihte als Kampfansage verstehen mußte und als trotzige Deklaration, den Verstand des Gelehrten auch im Phantasiekleid des Zeremonienmeister nicht verstecken zu wollen: »Mein Werthester Leser, wird aus dieser Schrifft ersehen, wie ich mir angelegen seyn lassen die Sachen dieses Kaisers mit Fleiß und Bedacht zu beschreiben, und da ich die übrige Teutsche Kaiser auf gleiche Weise ausgearbeitet, so versichere ich denselben, daß ich bey meinen vielen Geschäfften dannoch so viel Zeit mir abbrechen werde, als zu Herausgebung solcher Schrifften von nöthen sein wird. Berlin den 28. Febr. 1718.«[234]

Nichts an dieser Schrift verriet, daß sich hinter dem respektablen Gelehrten, der seine Erkenntnisse vor einem kritischen Publikum ausbreitete, ein Verhöhnter verbarg, dessen auf dem Titelblatt aufgeführten Ämter und Titel bloßes Possenspiel seien. Einen versteckten Fingerzeig auf das trostlose Umfeld ihrer Entstehung hätte der Kundige allenfalls dem Umstand entnehmen können, daß der Autor seine Arbeit nicht dem König von Preußen, sondern dem Gemeinderat von Nürnberg und »dem Andencken meines geliebten Vaterlandes« widmete.[235] Deutlicher aber wurde Gundling drei Jahre später, als er eine Schrift publizierte, von der er selbst behauptete, daß sie »eigentlich keine Historie« sei, da sie keinen Fürsten, sondern »nur eine berühmte Privat-Persohn« behandle. Diese also nach eigener Einschätzung des Verfassers aus der Art schlagende Publikation galt der Lebensgeschichte Lampert Distelmeyers, der unter zwei brandenburgischen

Kurfürsten als Hofkanzler gedient und die landesherrliche Politik maßgeblich beeinflußt hatte. In Distelmeyer fand Gundling das Musterbild einer Hofkarriere, wie sie ihm selbst vorgeschwebt haben mochte und in der fürstliches Vertrauen auf bürgerlichen Dienstfleiß traf – zum Wohle des Landes und zum Schaden des nur auf seine eigenen Privilegien schielenden Adels. Indem er Distelmeyer ein literarisches Denkmal schuf, stemmte sich Gundling gegen sein eigenes Schicksal und versuchte die Öffentlichkeit dafür einzunehmen, daß »unglückliche Gelahrte [...] das gröste Mitleiden (verdienen), wann sie unschuldig bey ihrem Fleiß in der Welt unglücklich seyn müssen«.[236] Tatsächlich appellierte er nicht ohne Selbstbewußtsein an die bessere Einsicht des den Einflüsterungen seiner adeligen Hofgesellschaft erlegenen Herrschers, wenn er die »treue[n] und verständige[n] Leute« pries, »welche tag-täglich das Wohlseyn des Staats, welchem sie dienen, immerdar behertzigen, und alle Mittel ergründen, wodurch sie dem Fürsten angenehme Dienste leisten können«, um so »den Purpur und die Hoheit ihrer Fürsten weiter zu erstrecken«.[237] Im selben Jahr 1724, in dem Gundling mit seiner lächerlichen Baronisierung einen Tiefpunkt seines höfischen Ansehens erreichte, ließ er die beiden Landesbeschreibungen Brandenburgs und Pommerns im Druck erscheinen, die seinen Ruf als ausgezeichneten Landeskenner begründeten. Sie fußten auf einem königlichen Inspektionsauftrag, dessen Bedeutung der oberste Landesminister Grumbkow einst dadurch unterstrichen hatte, daß er sich an Ort und Stelle von der Qualität der Gundlingschen Erhebungen überzeugt hatte.

Offenbar konnten also in der Doppelvita Jacob Paul Gundlings Verachtung und Verehrung, rohe Demütigung und respektvolle Anerkennung in einer Weise nebeneinander bestehen, wie es uns heute undenkbar erscheint. Seiner Ausstaffierung zum drolligen Zeremonienmeister zum Trotz und ungeachtet seiner Verspottung als Lustiger Rat mit Adelsprädikat, gelang es Gundling, sich neben der aristokratischen Hofgesellschaft eine zweite bürgerliche Lebenswelt aufzubauen, die der alltäglichen Demütigung bei Hofe nicht nur standhielt, sondern in mancher Hinsicht sogar noch von ihr profitierte. Wie sehr aber über ihre bloße Koexistenz hinaus diese beiden Welten im Reich Friedrich Wilhelms I. ineinanderfließen konnten, sollte sich an den wirtschafts- und wissenschaftspolitischen Aufgaben zeigen, die Gundling im Rahmen seiner närrischen Amtswürden zugewiesen wurden.

Die Würmer und die Wissenschaften

Es scheint keinen Zweifel zu dulden, daß die Entscheidung Friedrich Wilhelms I. von Anfang 1718, Gundling kurz nacheinander erst zum Mitglied des General-Finanz-Direktoriums und dann zum Präsidenten der Societät der Wissenschaften zu erheben, für den Gipfel des unbarmherzigen Spottes gelten muß, mit dem der Monarch den Hochmut seiner Minister aufspießen und »seine Verachtung für der todten Gelehrsamkeit beweisen« wollte.[238] Wie distanziert er der von seinem Vater gegründeten Geistesakademie gegenüberstand, hatte der König schon bei seinem Regierungsantritt zu erkennen gegeben, als er ihre Einkünfte um 1000 Taler beschnitt. Später sollte er seiner Verachtung noch unverhohlener Ausdruck geben, als er die Akademie im Herbst 1731 anwies, einen fortlaufenden Ausgabeposten »vor die sämtliche Königl. Narren« vorzusehen, und mehr noch, als er im Januar 1732 einen geistig nicht zurechnungsfähigen Illiteraten namens Graben von Stein zum Vizepräsidenten der Akademie erhob und ihm die Aufgabe stellte, »Jesuiter, und andere dergl. Geschmeis und Ungeziefer von Rom« sowie »Kobolde Gespenster und Nachtgeister« zu jagen.[239] Wie sehr bierselige Ausgelassenheit auch im Februar 1718 bei Gundlings Aufnahme in das General-Finanz-Direktorium die Feder geführt hatte, schien am unverstelltesten das Ernennungsdekret selbst deutlich zu machen, das dem neuen Staatsmann im Faschingskostüm die Fachabteilung Seidenwürmer zuteilte. So lasen es die Nachgeborenen, und so lasen es die Zeitgenossen im Umkreis der höfischen Gesellschaft, die sich zu neuen Proben ihrer Dichtkunst über den »Hasen und Wurm Gundling« angefeuert fühlten und dafür sorgten, daß dem frischgebackenen Herrn der Würmer flugs ein neues Staatskleid mit den eingestickten Buchstaben »W.U.R.M. G.« genäht wurde.[240]

Und doch wird diese Sicht auch diesmal nur einer Seite der Medaille gerecht, denn wieder entpuppt sich die närrische

Augenblickslaune bei genauerer Prüfung als gleichzeitig höchst ernsthafte Entscheidung von politischem Gewicht. Ein längst überholtes Vorurteil transportiert allein schon die bis heute gern vertretene Annahme, daß dem König nächst dem Hofzeremoniell kaum etwas lächerlicher gedünkt habe als seine Wissenschaftsakademie, von der jahraus, jahrein weiter nichts zu hören war, daß sie einen jährlichen Kalender besorge.[241] Der Unkenruf des Akademiesekretärs Johann Theodor Jablonski – eines Bruder des preußischen Hofpredigers David Ernst Jablonski – vom Mai 1713, daß die Gelehrten sich unter dem neuen König wohl wenig erfreuen möchten[242], bewahrheitete sich allenfalls zum Teil. Die staatswirtschaftlichen Disziplinen erlebten unter Friedrich Wilhelm I. sogar einen maßgeblichen Aufschwung. Auch was die Medizin und die ihnen zuarbeitenden Naturwissenschaften zustande brachten, mußte den König schon aus militärischen Gründen interessieren, und tatsächlich wurde bereits in seinem ersten Regierungsjahrzehnt an der Societät ein »Theatrum anatomicum« zur ärztlichen Weiterbildung ins Leben gerufen. Aus ihm ging 1723 ein sogenanntes »Collegium Medico-chirurgicum« hervor, das 1727 in Gestalt der Berliner Charité ein eigenes Krankenhaus erhielt und damit das preußische Medizinalwesen grundlegend veränderte; mit der neuen Einrichtung entstand der Beruf des Militärchirurgen, der die Ausbildung zum studierten Mediziner mit dem traditionell wenig geachteten Handwerk des Wundarztes verband.[243]

Erheblich distanzierter stand der amusische und unkultivierte Soldatenkönig, der im Tabakskollegium Gelehrsamkeit als »Blackscheißerei« und Beschäftigung aufgeblasener Tintenkleckser zu qualifizieren liebte[244], den geisteswissenschaftlichen Betätigungsfeldern der Societät gegenüber. Die hatte allerdings in den wenigen Jahren ihres Wirkens auch erst nur sparsame Anstrengungen unternommen oder unternehmen können, um ihre Leistungskraft unter Beweis zu stellen. Ihr spiritus rector war Leibniz gewesen, der vielleicht letzte deutsche Gelehrte mit enzyklopädischem Anspruch. Ihm, der rastlos auf die Errichtung von reinen Forschungsgesellschaften neben den Universitäten nach dem Vorbild der Royal Society und der Académie Française gedrängt hatte, war in Sophie Charlotte, der Frau des brandenburgischen Kurfürsten und dann ersten Preußenkönigs Friedrich, eine engagierte Förderin seiner Pläne begegnet. Doch kam die Societät auch nach ihrer Gründung 1700 nicht voran, weil die zerrütteten Kronfinanzen eine angemessene materielle Ausstattung unterbanden und die Gelehrtenvereinigung nicht einmal das Geld für den Bau eines Observatoriums zusammenzubringen vermochte. Mit verzweifelter Hartnäckigkeit versuchte Leibniz, der Societät königliche Steuerprivilegien zu sichern, doch alle Vorstöße in diese Richtung scheiterten, gleichviel ob sie Expeditionssteuer, Reisesteuer für Auslandsreisen, Monopol für Feuerlöschspritzen, kirchliche Missionsabgabe, Zensurabgabe, Schulbuch- und Lotteriemonopol hießen; am Ende blieb der Forschergemeinschaft allein das Kalenderprivileg. Der Tod Sophie Charlottes 1705 warf die Akademie weiter zurück, und es dauerte bis 1710, bis die erste Ausgabe der ihren wissenschaftlichen Anspruch unter Beweis stellenden »Miscellanea Berolinensia« erschien, und ein weiteres Jahr, bis die Societät in einem eigenen Haus Unter den Linden ihre Arbeit formell aufnehmen konnte.

Die drohenden Folgen des Regierungswechsels von 1713 abzuwenden oder doch zu lindern, wurde zur letzten Aufgabe, mit deren Lösung der in Berlin zeitweilig als Spion verdächtige Leibniz von Hannover aus der von ihm begründeten Forschergemeinschaft aufzuhelfen versuchte. Im Dezember 1713 bat er den neuen König, »die von Ihrem Hrn. Vater fundirte Societät der Wissenschaften allergnädigst zu protegiren«, und versprach, »daß man dahin bedacht sei, wie künftiges Jahr ein neues Volumen Miscell. Berolinensium zu Stande komme, darin nicht nur speculativa et curiosa, sondern auch practica et utilia zu bringen« seien.[245] Doch sein Vorschlag, die Arbeit der Akademie stärker auf die wirtschaftspolitischen Interessen des Königs auszurichten und demnächst »einige merkwürdige Vortheile oder Observationen« zur Beförderung der Manufakturen mitzuteilen, fand weder beim Akademiesekretär Johann Theodor Jablonski noch bei den übrigen Mitgliedern des aus den Klassendirektoren zusammengesetzten Konzils der Vereinigung nennenswerten Widerhall. Im Gegenteil wurde Leibniz in den Folgejahren immer mehr aus der Akademie herausgedrängt und mußte erleben, daß sein Gehalt von 600 Talern auf königlichen Befehl und unter kräftiger Beihilfe des Conciliums erst halbiert und dann ganz gestrichen wurde. Nachdem Leibniz im November 1716 gestorben war, ehrte ihn allein die Académie Française mit einer Gedenkrede; die Societät der Wissenschaften in Berlin ging über den Tod ihres Gründers wortlos hinweg.

Über ein Jahr lang blieb das Amt des Societätspräsidenten verwaist, bis der König es mit Gundling neu besetzte. Außenstehende mochten diese Entscheidung für eine dem Bierdunst des Tabakskollegiums entsprungene Augenblickslaune halten. In Wahrheit war sie alles andere als willkürlich. Wie wir aus den Zeitungsberichten der Hofagenten erfuhren, verbrachte der königliche Vorleser in dieser Zeit täglich oft mehrere Stunden mit dem König unter vier Augen im Kabinett. Es liegt auf der Hand, daß es dabei anders als in der abendlichen Tabagie nicht um bloße Unterhaltung zum Zeitvertreib, sondern um Landesinteressen und vor allem um wirtschaftspolitische Entwicklungsfragen ging, über die Gundling sich dank seiner mehrjährigen Beschäftigung mit angeblich nicht weniger als »142 Städte[n], alle[n] ihre[n] Einwohner[n], derer Nahrung, Gewerbe, und Manufacturen«[246] des Landes Brandenburg einen Überblick wie niemand sonst verschafft haben dürfte.

Genaueren Aufschluß liefert eine schmale Akte »betr. des Gundling Erennung zum Präsidenten der Societät der Wissenschaften und den Seidenbau« im Geheimen Preußischen Staatsarchiv, die neben dem von Friedrich Wilhelm I. eigenhändig aufgesetzten Ernennungsschreiben für den neuen Wissenschaftspräsidenten verschiedene Schriftstücke über die Anpflanzung von Maulbeerbäumen in und um Berlin enthält.[247] Die Zusammenziehung von Vorgängen so unterschiedlichen Charakters erscheint nur auf den ersten Blick befremdlich. Der weiße Maulbeerbaum (*morus alba*) ist in China beheimatet; seine Blätter sind die Nahrung des Maulbeerspinners (*bombyx mori*), einer Raupenart, die sich mit Hilfe langer Labialdrüsen in einen Puppenkokon einspinnt, und dieser Kokon liefert einen der kostbarsten und begehrtesten Naturstoffe der Zeit: die Seide. Das Seidengewerbe aber war das vielleicht ehrgeizigste Projekt der preußischen Staatswirtschaft im 18. Jahrhundert für Berlin und die Kurmark. Besonders in ihm suchte die merkantilistische Wirtschaftspolitik sich ihrer Nützlichkeit zu vergewissern, mit ihm tat sie ihren entschiedensten Schritt zum industriellen Wettbewerb der europäischen Mächte.[248] Die ursprünglich in China beheimatete Seidenindustrie war im Mittelalter über Griechenland und Italien nach Norden und Westen vorgedrungen, und mit ihr wanderte auch der Seidenbau nach Europa, also die Kunst, Maulbeerbäume zu kultivieren und Seidenraupen zu ziehen, um aus ihren Kokons den kostbaren Rohstoff der seidenverarbeitenden Industrie zu gewinnen. Den Weltmarkt für Seidengewebe beherrschte im 17. Jahrhundert Frankreich, und von dort brachten die Hugenotten seit 1685 die Seidenindustrie auch nach Brandenburg. Das Potsdamer Edikt befreite sie im selben Jahr vom Zunftzwang, und an seine Stelle trat die landesherrliche Konzession, mit deren Hilfe erste Seidenzeugfabrikanten sich auf märkischem Boden zu behaupten versuchten. Allerdings trieben Kapitalmangel und Absatzschwäche sie meist auch rasch zur Aufgabe, und um 1700 war das Seidengewerbe in Brandenburg praktisch wieder zum Erliegen gekommen. Erst energischere Anläufe in der Regierungszeit Friedrich Wilhelm I. und vor allem Friedrichs II. brachten hier eine Änderung. In der zweiten Hälfte des 18. Jahrhunderts führte das Seidengewerbe die preußische Gewerbestatistik sogar über Jahrzehnte an, bis es nach dem staatlichen Zusammenbruch von 1806 rasch wieder zu schrumpfen begann.

Die wechselhafte Konjunktur des seidenverarbeitenden Handwerks und der Seidenmanufakturen schlug auch auf die Anstrengungen durch, sich schon in der Rohstoffgewinnung von Importen unabhängig zu machen. Erste Inititativen zur Förderung des märkischen Seidenbaus gingen auf einen Erlaß des brandenburgischen Kurfürsten Friedrich III. zurück, der 1690 der Kurmärkischen Amtskammer befahl, sich um die Pflanzung von Maulbeerbäumen zu kümmern, und ein entsprechendes Edikt ankündigte. Zu dem Erlaß kam es jedoch nicht, und erst 1708 erging eine neue Zirkularordre, die allen Ämtern Maulbeerbäume zu pflanzen vorschrieb und sogar zur Anwerbung eines italienischen Fachmanns führte. Keiner dieser Maßnahmen war durchgreifender Erfolg beschieden.

Allerdings es gab noch eine zweite Instanz in Brandenburg, der der Seidenbau am Herzen lag: die Berliner Societät der Wissenschaften. In seinem rastlosen Streben der Akademie, ein solides materielles Fundament zu schaffen, das ihr mehr Unabhängigkeit von den knappen Zuwendungen der Hofschatulle zu schaffen vermochte, hatte Leibniz den Seidenbau neben dem Kalendermonopol als eine entscheidende finanzielle Ressource angesehen. Aber auch seine Bemühungen waren auf halbem Wege steckengeblieben: Wohl vermochte er schließlich 1707 ein königliches Seidenbau- und Maulbeerprivileg für die Societät zu erwirken, die damit das Monopol zur Anlegung von Maulbeerpflanzungen auf ihren eigenen Grundstücken und an geeigneten öffentlichen Plätzen erhielt.[249] Fehlendes Betriebskapital und zäher Widerstand innerhalb und außerhalb der Akademie ließen das Privileg jedoch materiell bedeutungslos bleiben. Immerhin bewahrte die Akademie die Tradition des Seidenbaus für bessere Zeiten auf, und an sie wurden 1710 durch Erlaß des Ober-Domänendirektoriums alle diejenigen gewiesen, die sich zu Maulbeerpflanzungen melden wollten. In der Societät befaßte sich vor allem Johann Leonhard Frisch, der Konrektor des Gymnasiums zum Grauen Kloster in Berlin, mit Fragen des Seidenbaus. Unter seiner Verantwortung wurden seit

1709 Maulbeerpflanzungen in Berlin, Spandau und Köpenick angelegt, und er war es vermutlich, der 1713 und 1714 zwei Schriften über die Praxis des Seidenbaus publizierte, nachdem der ungewöhnlich harte Winter von 1709 einen Großteil der bisher gepflanzten Maulbeerbäume hatte erfrieren lassen.[250]

An diese Initiativen knüpfte Gundling an, nachdem er im November 1718 wie ein entlaufener Deserteur von Halle zurück nach Berlin geschleppt worden war. Seine beiden gescheiterten Fluchten hatten ihm bewiesen, daß es für ihn klüger war, seine Interessen nicht gegen, sondern mit dem preußischen König zu behaupten, und zum strategischen Hebel, um sich eine Existenz von Königs, aber nicht von Hofes Gnaden zu sichern, wurde das Seidengewerbe. Während die Hofgesellschaft sich mit großem Pläsier ihres zurückgekehrten Ausreißers erfreute und ganz besonders die Damenwelt einen außerordentlichen Spaß darin fand, den kurzatmigen Zeremonienmeister in Wusterhausen bei festlichen Assembléen vor den Augen eines über die Maßen erheiterten Königs schwindlig zu tanzen[251], arbeitete der öffentlich Verlachte in der Stille einen Plan aus, der die Wohlfahrt des Landes mit der eigenen verknüpfen sollte. Wann er seinen Vorschlag dem König zum erstenmal vertraulich im Kabinett oder halböffentlich in der erweiterten Runde des Tabakskollegiums vorstellte, entzieht sich unserer Kenntnis. Irgendwann im Januar oder Februar 1718 jedenfalls verdichtete Gundling seine Vorstellungen zu einer förmlichen schriftlichen »Ansuchung«, die ganz offensichtlich auf vorangegangene mündliche Erörterungen Bezug nahm und die »Anpflanzung der Maulbeerbäume auf denen Kirchhöfen« behandelte. In seinem Memorandum bezog Gundling sich auf eine eigene Beobachtung, nämlich den Ausbau der frei stehenden, nahe seiner eigenen Wohnung in der Mittelstraße gelegenen Dorotheenstädtischen Kirche, die zwischen 1678 und 1687 erbaut worden war: »Als die Kirche auf der Dorotheen Stadt erbauet und der Kirchhoff daselbst angeleget worden, hat man gedachten Kirchhoff mit schönen

Bäumen umpflanzet, welcher dem selbigen zu Zierde und Wolstand gereichet. Da nun der Seidenbau in Lande soll befördert werden und allhier in Berlin, große Kirchhöfe vorhanden und theils neu angeleget worden, so habe dafür gehalten daß es so wol dem Seidenbau als auch den Einwohnern und denen Kirchhöfen zum Wolstand gereichen solte, wann nechst dem Zaun eine Hecke angeleget und rings umher doppelt mit Bäumen besezet und hier zu die Maulbeerbäume genommen würden.«[252]

Der Gedanke war von bestechender Einfachheit, und Gundling hatte mit seiner Behauptung zweifelsohne recht, daß »dieses keinem Menschen schädlich, sondern [...] denen Kirchhöffen zur Zierde und Wolstand und den Einwohnern zu Reiz und gefallen (gereichet), welche hierdurch angemuthet werden, den Seiden Bau zu befördern und denselben einzuführen«. Nur war die Eingebung ihm nicht erst beim Anblick der Dorotheenstädtischen Kirche gekommen. Schon in seinem geheimen Wirtschaftsmemorandum von 1713 hatte Gundling gefordert, die von der Societät der Wissenschaften begonnenen Maulbeerpflanzungen unter der Obhut der Priester und Küster auf den Dörfern fortzuführen.[253] Desungeachtet fiel der erneuerte Vorschlag, den heimischen Seidenbau dadurch wieder in Gang zu setzen, daß man sich der kirchlichen Obhut versicherte, nunmehr in wörtlichem Sinne auf fruchtbaren Boden. Weniger dank des reizvollen Exempels, wie Gundling vermeinte, als vielmehr aufgrund entsprechender Edikte sollte der Maulbeerbaum in den nächsten einhundert Jahren zum preußischen Schul- und Kirchgewächs par excellence werden, und er hat sich bis heute noch hier und da auf brandenburgischen Friedhofen als Zeugnis einer ursprünglich von Gundling mitbeförderten Pflanzbewegung und als sein schönstes Denkmal erhalten.

Gundling aber hatte mehr im Sinn, als nur einen weiteren von vielen merkantilistischen Ratschlägen zu unterbreiten: »Allerunterthänigst wolte ich mich hierzu erbiethen und die Kirchhoffe in den Vorstädten mit Maulbeerbäumen besezen, wann dieselbe mir mit allen Nuzungen erb- und eigenthümlich zu gehören und verbleiben solten.«[254] Vom Historiker und Vorleser zum Generalunternehmer – das war ein kühner Schritt, aber Gundling hatte ihn gut vorbereitet und verfehlte nicht, seinen Vorschlag mit der Bitte um königliche Rückendeckung und rechtliche Fixierung abzusichern.

Die beste Absicherung seines Vorhabens hatte der umtriebige Hofgelehrte vermutlich schon vorher erreicht: seine Beförderung ins General-Finanz-Direktorium und dort eben die höchstamtliche Verantwortung für das »Departement der Seidenwürmer«, die nur einer naiven Hofgesellschaft als Höhepunkt von Gundlings eindrucksvoller Karriere als Hanswurst erscheinen konnte. Die weitere Entwicklung verlief in seinem Sinne. Friedrich Wilhelm I. kritzelte eine zustimmende Marginalresolution auf Gundlings Ersuchen, und unmittelbar darauf wurde ein Edikt ausgefertigt, »daß die, in, und außer Berlin sich befindenden Kirchhoffe mit doppelten Alleen aus Maulbeerbäumen besetzet werden, die davon heute oder morgen komende Nutzungen aber Dehro p. Gundling erb und eigen anheim fallen sollen«.[255] Staatsminister von Printzen wurde darüber hinaus beauftragt, Gundling eine entsprechende Konzession auszufertigen und das königliche Gebot in geeigneter Form bekanntzumachen.

Ob Gundling diese Konzession tatsächlich erteilt und diese dann später zurückgezogen wurde oder ob sie ebenso wie die einstige Anwartschaft auf eine Halberstädter Kanonikerstellung einfach in der Schwebe blieb und schließlich stillschweigend aufgehoben wurde, läßt sich nicht feststellen. Sonderbarerweise schweigen die Akten über die weitere Entwicklung, und auch Gundling selbst kam später nicht mehr auf den Antrag zurück, der seine Existenz auf eine ganz neue Grundlage hatte stellen sollen. Dafür gibt es allerdings eine naheliegende Erklärung: Offenbar war dem König und seinem Vorleser in ihrer Vier-Augen-Übereinkunft entweder gar nicht gewärtig gewesen oder aber – was wahrscheinlicher ist – unerheblich erschienen, daß es bereits jemanden gab, der den Seidenbau mit königlichem Privileg betrieb. Dieser Mann war der königliche Rat und Steuerfiskal Friedrich Pfeiffer, der im November 1716 ein Projekt zur Anlage von Maulbeer-Baumschulen in der Kurmark, aber auch in Magdeburg und Halberstadt eingereicht und bewilligt bekommen hatte. Im März 1717 hatte Pfeiffer daneben sogar das Alleinrecht zum Seidenbau in der Mark beantragt und damit argumentiert, daß das alte Privileg der Societät der Wissenschaften nach dem Tode Friedrichs I. nicht bestätigt und folglich erloschen sei. Auch dieses Privileg erhielt Pfeiffer dem Anschein nach, und er meldete im November 1717 in einer weiteren Eingabe, nunmehr so viele Bäume gezogen zu haben, daß er zumindest den Bedarf in der Kurmark decken könne. Sein weitergehender Antrag, die im Lande gewonnene Seide auf zehn Jahre zoll- und akzisefrei zu lassen, blieb hingegen ohne Entscheidung liegen.[256]

Falls der König sich tatsächlich über das Pfeiffer erteilte Privileg zunächst kurzerhand hinwegzusetzen gewillt war, um den ihm aussichtsreich erscheinenden Vorschlag Gundlings zur merkantilistischen Nutzung der Kirchhöfe im Lande aufzugreifen, so dürften ihm spätestens seine Minister die Bedenklichkeit dieses Verfahrens vor Augen gestellt und ihn dazu veranlaßt haben, seine Entscheidung zu revidieren. Gundlings Konzession wurde daher letztlich nicht wirksam – wohl aber seine Idee. Am 9. Januar 1719 erging eine Verordnung »an alle Inspectores, daß auf denen Kirchhöffen Maulbeer-Bäume gepflantzet werden sollen«, wobei den einzelnen Kirchen alle damit verbundenen Kosten auferlegt, aber auch alle erzielten Einkünfte zugesprochen wurden.[257] Den Predigern und Küstern fiel die Aufsicht über die Anpflanzung zu. Pfeiffer aber hatte sich die Organisation des Gesamtprojekts zu sichern vermocht. Die Verordnung hielt fest, daß er »eine considerable Anzahl von Maulbeer-Bäume auf unsern allergnädigsten Befehl gezogen, und davon soviel als zu Besetzung derer Kirchhöffe in unserer Chur-Marck nöthig seyn möchte, denen Kirchen gegen einen leidlichen, und im Anschluß von Ihm determinirten Preiß, auch unter billigen Conditionen zu liefern über sich genommen hat«.²⁵⁸ Kein volles Jahr später, am 26. Dezember 1719, mußte die Verordnung allerdings durch königliche Zirkularverfügung bekräftigt und mit einer Strafandrohung gegen Widerspenstige bewehrt werden, nachdem Pfeifer berichtet hatte, daß zwar eine Reihe von Pfarrern sich der Maulbeer-Angelegenheit angenommen, viele sie aber auch gänzlich vernachlässigt hätten.²⁵⁹ Desungeachtet vermochte Pfeiffer sein Privileg zu halten und stimmte noch zehn Jahre mit dem abgelieferten Jahresertrag von 60 Pfund Maulbeersamen den König so gnädig, daß dieser ihm aus reiner Dankbarkeit den Überschuß »aus Gnaden geschencket haben [wollte], in Betracht man in künfftigen Zeiten einen großen Vortheil aus solchem Seiden-Bau sich promittiren will, da es sich sonst die Jahre her damit schlecht angelassen«²⁶⁰.

Aber auch der um den Lohn für seinen Einfall geprellte Gundling ging nicht leer aus. Gleichviel, ob aus eigenem Antrieb oder auf eigenen Wunsch seines Vorlesers, kam der König auf den Einfall, Gundling zum Ausgleich ein prestigeträchtiges und auch finanziell lukratives Amt zu geben, das ihn für den Verlust der versprochenen Nutzung entschädigen und dennoch zugleich in der Verantwortung für die Ausführung seines Maulbeerprojekts halten würde. Und dieses Amt war die verwaiste Präsidentenstelle der daniederliegenden Societät der Wissenschaften. Die These, daß weder königlicher Hohn noch historiographische Verdienste, sondern vor allem die Hoffnung auf einen Aufschwung der Seidenindustrie Gundling zum Präsidenten der Societät kürten, wird nicht nur von der eigenartigen Aktenregistratur gestützt, die Gundlings Ernennung und den Seidenbau zu einem Vorgang zusammenfaßte. Für sie spricht auch der enge zeitliche Zusammenhang zwischen der Aufnahme in das General-Finanz-Direktorium am 19. Februar, der Konzessionsgewährung am 26. Februar und der Ernennung zum Societätspräsidenten am 4. März 1718. Der König eröffnete Gundling seinen Gesinnungswechsel in einer persönlichen Unterredung, und den traf die Wendung der Dinge, die seiner kalkulierten Emanzipationsstrategie so nachhaltig den Boden entzog, offenbar völlig unvorbereitet. Eilends versuchte er zu retten, was zu retten war, und richtete unmittelbar vor Ausfertigung des schriftlichen Patentes eine »Allerunterthänigste Anfrage« an den König, die seine Position sichern und der Gefahr einer Herabwürdigung seiner Ernennung zu einer satirischen Grille vorbeugen sollte. Zunächst wollte Gundling verbrieft haben, daß nicht er sich in sein neues Amt gedrängt habe, sondern lediglich einem königlichen Befehl nachkomme. Nicht weniger wichtig war ihm, daß er Leibniz nicht nur in der Amtswürde, sondern auch im Amtsgehalt nachfolge. Vor allem aber suchte Gundling den Willkürakt seiner sich über die Statuten der Societät rücksichtslos hinwegsetzenden Beförderung zum Oberhaupt der Gelehrtenvereinigung so weit zu mildern, daß er künftig nicht als monarchischer Fremdkörper in einer Republik der Geister amtiere, die ihm die wissenschaftliche Legitimation abspräche: »Dieweilen aber dienlich sein würde, wann den Mitgliedern dieser Societaet zeitige Nachricht hiervon geschehe, damit mit ihrer Zustimmung dieses ins Werck gesezet würde, so habe anbei zur hohen Überlegung anheim stellen wollen, ob nicht rathsam, daß Seine Königl. Majestät dero besondere Gnad u. Schutz der Societaet versicherten, damit sie desto williger sich in diese Sache finden lassen mögen. Bitte zugleich, daß des Herrn von Printzens Excellenz der Societaet dero Hohen Willens Meinung so fort notificiren möge.«[261]

Es gab gute Gründe, daß Gundling inbesondere Staatsminister Marquard Ludwig Freiherr von Printzen in den Vorgang eingebunden und einem ausdrücklichen Befehl des Königs unterstellt wissen wollte. Der für das Bildungswesen in Preußen verantwortliche Printzen war bis zu seinem Tod 1725 Gundlings ärgster Gegner bei Hof.[262] Ausgerechnet er bekleidete seit Eröffnung der Societät 1711 das Amt ihres Ehrenpräsidenten und Protektors, der die Oberaufsicht über die Arbeit der Akademie führte und im Namen des Königs »ihr Bestes beobachten, über denen von Uns gestellten Gesetzen und Ordnungen halten« und »wenn es ihm beliebt, deren Versammlungen beiwohnen, und von dem, so darin vorgehet, Bericht einnehmen solle und möge«.[263] Indem er den König um eine direkte Ordere für Printzen ersuchte, trachtete Gundling sich so gut wie möglich sowohl gegen den voraussehbaren Unwillen der Societätsmitglieder wie gegen feindselige Eigenmächtigkeiten ihres königlichen Protektors abzusichern. Friedrich Wilhelms Dekret vom 5. März 1718 trug Gundlings Wünschen Rechnung. Es befahl, daß »die von einigen Jahren her durch den Tod von Ihro geheimten Rath von Leibnitz vacant gewordene Praesidentenstelle, bey dehro Societaet der Wissenschaftem mit dehro p. Gundling auff eben dem Fus, wie es der verstorbene von Leibnitz gehabt hat, wieder besetzet« werde, und darüber hinaus Printzen anwies, Gundling »solches nicht allein geheriger maßen aus fertigen zu laßen, sondern auch obgedachter Societaet in Dehro allerhöchstem Nahmen dehro besondere Gnad und Schutz zu versichern«.[264]

Tatsächlich vollzog sich die Einführung des neuen Präsidenten ausweislich des Konzilprotokolls so, wie Gundling gehofft hatte, nämlich ohne erkennbaren Widerstand aus der Societät und in den üblichen akademischen Formen. Der selbst verhinderte Protektor Printzen ließ das Konzil auf Anfrage wissen, daß er die »Introduction des H. Gundling« nicht persönlich vornehmen könne, bat aber darum, daß sie durch seine Abwesenheit nicht aufgehalten werde, und sicherte zu, daß Gundling »zu rechter Zeit« erscheinen werde.[265] Am 15. März 1718 fanden sich daraufhin die Mitglieder des Conciliums und alle übrigen Mitglieder der Societät »in der gewöhnlichen Conferenz stube« zur Generalversammlung ein. Man wartete, bis »zulezt auch der H. Gundling erschienen«, der »seinen Siz oben an der mitte der Tafel« nahm, worauf »der H. Vicepraeses mit kurzen worten der Versammlung die Ursache ihrer Zusammenkunft eröffnet, wie nemlich S.K.M. den abgang des H. Leibniz, als gewesenen Praesidis der Societaet zu ersezen, dero Ober-Ceremonienmeister u. Geh. Raht H.

Paul Jacob Gundling, als einen in allen Wißenschaften u. teilen der Gelehrsamkeit erfahrnen Mann ersehen, wie aus dem desfalls ergangen Königl. Rescript mit mehreren zu vernehmen sein werde«. Anschließend ergriff Gundling selbst das Wort zu einer Antrittserklärung und bemühte sich geschickt, mögliche Vorbehalte gegen seine Ernennung auszuräumen, ohne sich zu stark zu exponieren und im Interesse seiner Stellung in der Akademie womöglich seine Loyalität gegenüber dem König in Frage zu stellen: »Der neue H. Praesident nam hierauf das Wort, wie nemlich diese wichtige Funktion von Sr K.M. Ihm ohne sein Zutuhn aufgetragen worden; wie er wol wisse, daß er einem Mann succedire, dem er in allen stücken der Gelehrsamkeit sich nicht vergleichen dörfe; jedennoch sich des Beistandes einer so gelehrten Versammlung, wie er izo vor ihm sehe, getröste, von Ihm aber allen fleiß und Bemühung verspreche, damit der Königl. Intention und dem Zweck der Societaet nachgekommen werde, auch von Sr K.M. dero höchste protection und gnädigsten Vorschub versichere, und so viel an Ihm dazu treulich zu verhelfen über sich nehme.«[266]

Nichts an diesem Vorgang rechtfertigt die Vermutung, hier habe sich eine Akademie zähneknirschend dem Schimpf beugen müssen, einen Possenreißer als Vorsteher zu erhalten, der die Narrenkappe zum Gelehrtenbarett erklärt habe. Zu einem solchen Verdacht bestand um so weniger Anlaß, als Gundling nicht erst über den König mit der Akademie in Verbindung getreten war. Kein Geringerer als Leibniz selbst hatte der Gelehrtenvereinigung schon 1706 einen detaillierten Vorschlag zur Intensivierung der brandenburgisch-preußischen Landesgeschichte unterbreitet, der die genaue Durchforstung behördlicher und privater Registraturen vorsah und damit ganz auf der Linie von Gundlings eigenem Arbeitsprogramm in den folgenden Jahren lag. Offenbar war Leibniz auch mit der Tätigkeit seines jungen Kollegen als Historiograph am Heroldsamt und als Lehrer an der Fürstenakademie in solcher Weise vertraut und für sie eingenommen gewesen, daß er selbst 1711 vorgeschlagen hatte, Gundling in die Societät aufzunehmen. Damals war er mit seinem Antrag allerdings nicht durchgedrungen, weil von seiten des Konzils an dem Vorgeschlagenen »noch einiger Anstand gefunden worden« war.[267] Vor diesem Hintergrund ist kaum verwunderlich, daß die Berufung Gundlings in den protokollierten Konzilberatungen dieser Jahre keineswegs als empfindliche Irritation oder gar als peinlicher Vorgang aufscheint, sondern im Gegenteil als hoffnungsvoller Wendepunkt der Societätsgeschichte von der bisherigen Talfahrt zu einem künftigen Neuaufstieg.[268]

Dennoch bleibt die Bereitschaft des Konzils erstaunlich, einen immerhin statutenwidrig oktroyierten Präsidenten glatt zu akzeptieren oder wenigstens ohne erkennbaren Protest hinzunehmen, der doch bei allem taktischem Geschick bestenfalls als Kreatur des Königs und schlimmstenfalls als dessen Spottfigur anzusehen war. Das wirft die Frage auf, was dieses Amt in der Akademie überhaupt für ein Gewicht besaß. Denn gewiß übernahm er mit seiner Ernennung nicht auch tatsächlich die volle Leitung der Akademie, wie Adolf von Harnack in seiner großen Studie annahm.[269] Bereits Gundlings Berufungsurkunde, die sich in der Form ganz an die von Leibniz anlehnte, übertrug Gundling zwar die Führung der Geschäfte, beschränkte deren Wahrnehmung aber im Interesse des Königs, der seinen Vorleser nicht missen mochte, auf die Zeit seiner Anwesenheit in Berlin und verpflichtete ihn insgesamt nur »so viel es seine jetzige Chargen und andere Geschäffte leiden«[270]. Ohne zu der einstigen Auffassung zurückzukehren, daß die Ernennung Gundlings eine bloße Farce war, ist daher in der jüngeren Literatur die Auffassung vertreten worden, daß der neue Präsident lediglich einen Titel ohne tatsächlichen Einfluß erworben habe: »Gundling [...] erhielt am 5. März 1718 also ein ehrenvolles, durch Leibniz gleichsam geadeltes, aber funktionsloses Amt in der Societät.«[271] Diese Auffassung findet ihre stärkste Stütze im Statut der Akademie, in dem schon 1711 festgelegt worden war, daß Protektor Printzen »auf erfolgenden Abgang des ietzigen Präsidis der Societaet ihr auch als Praeses honorarius allein vorstehen« – das Präsidentenamt nach dem Tode von Leibniz also abgeschafft werden solle.[272] Auf der anderen Seite aber schrieb die Berufungsurkunde der Societät ausdrücklich vor, daß Gundling – unabhängig von seiner persönlichen Teilnahme an ihren Verhandlungen – »bey derselben das Präsidium führen und [...] mit dem Concilio Societatis über den Zustand, Angelegenheiten und Aufnahme der Soecietaet, mit denen anderen Membris aber über die Objecta und Arbeit fleißig conferiren, und abwesend correspondiren« solle.[273] Tatsächlich war Gundling in seiner unklaren Präsidentenposition keineswegs gänzlich einflußlos, wie wir noch sehen werden, und die Bedeutung, die seinem repräsentativen, aber nach Statuten und Leitungsstruktur der Akademie im Grunde entbehrlichen Leitungsamt zukam, hing ganz von der Persönlichkeit und Handlungsstärke seines Inhabers ab.

Wenn Gundling nach Lage der Dinge vielleicht auch ein schwacher Präsident war und sein mußte, so entfaltete er doch bemerkenswerte Initiative. Nur drei Tage nach seiner Bestallung rief er das Concilium zusammen – »extraordinarii«, wie es im Protokoll heißt –, um sich Aufschluß über den Verbleib der gelehrten Korrespondenz von Leibniz und den Stand der Arbeiten an verschiedenen Übersetzungsvorhaben der Societät zu verschaffen. Das Hauptinteresse des neuen Präsidenten aber galt der Verfassung der Maulbeerpflanzungen im Land, über die das Concilium detailliert Rechenschaft zu erstatten hatte, um anschließend von Gundling mit klaren Anweisungen für die Zukunft ausgestattet zu werden.[274] Gundling verstand sich auch als Societätspräsident in erster Linie als Sachwalter des Seidengewerbes und interpretierte sein Amt als Aufforderung, die Akademie stärker mit der staatlichen Wirtschaftspolitik zu verkoppeln, also – in eine moderne Begrifflichkeit übersetzt – ihre Praxisorientierung zu stärken. Sich selbst nahm der neue Präsident auf dem Weg zu einer neuen Wirtschaftlichkeit der Akademie im übrigen keineswegs aus. Als das Konzil bei ihm »in puncto des erledigten

Gehalts des H. Leibniz« sondierte, mußte es mit Überraschung zur Kenntnis nehmen, »daß er daran zu praetendiren nicht begehre« und ganz einverstanden war, daß die ihm seit seiner Wahl zustehende Summe von 300 Talern jährlich wie bisher auf die einzelnen Mitglieder des Konzils verteilt werde.[275]

Schon im Oktober 1718 konnte Gundling in seinem ersten Rechenschaftsbericht als Societätspräsident eine Reihe von Erfolgen vorweisen, die die Ausstattung des »Theatrum Anatomicum« ebenso betrafen wie den Fortgang der über ihren ersten Band noch nicht hinausgekommenen »Miscellanea Berolinensia«. Am weitesten aber fand Gundling die agrarökonomischen Vorhaben gediehen: »Die Pflanzung der Maulbeeren sei in gutem stande, und werde im ganzen Lande mit ernst getrieben: auf Sr. K. Mt. begehren habe man allerhand experimenta von Pflanzungen, des Safrans, der Röhte, des Indianischen Hirsen gemacht, und nicht unglücklichen fortgang darin befunden.«[276] Dem Seidenbau galt auch in der Folgezeit die Hauptsorge Gundlings in seiner Doppelrolle als Staatsbeamter und als Akademiepräsident. Sitzungsprotokolle der Societät und andere Unterlagen vermitteln einen anschaulichen Eindruck, wie Gundling im Konzil schriftlich und persönlich immer wieder darauf drängte, weitere Felder zur Maulbeersaat zu erwerben, bereits angelegte Pflanzungen zu schützen und darauf zu achten, daß die neuesten Methoden zur Maulbeerzucht angewandt wurden. Wenn es not tat, vermochte Gundling sich in solchen Fragen auch mit dem Mann zu verbünden, der ihn vordem als Maulbeerunternehmer ausgestochen hatte: »Item wäre mit Herrn Raht Pfeiffern zu sprechen, daß er diese Sache recommendire, dann ich thue ihm auch Gefallen«, riet er im Oktober 1719 dem Konzil, um ein mit Maulbeeren besetztes Grundstück vor der Rodung zu schützen.[277]

Falsch aber wäre es anzunehmen, Gundling habe sich in der Akademie allein um Fragen des Seidenbaus gekümmert. Die Protokolle lassen keinen Zweifel, daß ihr Präsident seinen

Einfluß in den verschiedensten Bereichen der akademischen Arbeit geltend zu machen suchte. Er folgte in seinem Handeln in mehrerer Hinsicht einem auf Ausgleich und Vermittlung bedachten Ziel. Ganz offenkundig versuchte er zunächst seine Arbeitsbelastung als Präsident so gering zu halten, wie es ohne Einbuße an Einfluß möglich war. Infolge seiner Hofämter gezwungen, dem König bei dessen oft sprunghaften Aufenthaltswechseln nach Potsdam und Wusterhausen auf dem Fuße zu folgen, konnte er an den regelmäßigen Konzilsitzungen der Societät nur eingeschränkt teilnehmen und mußte sich regelmäßig damit begnügen, seine Vorstellungen über den Akademiesekretär geltend zu machen – mit dem Ergebnis, daß er nicht selten glatt übergangen zu werden drohte.

So geschah es 1719 im Falle einer bereits 1711 begonnenen und noch zu keinem Ende gediehenen deutschen Übersetzung der »Germania« von Tacitus, die ursprünglich Johann Theodor Jablonski übertragen, aber dann unterbrochen worden war, weil der Bearbeiter zwischen 1715 und 1717 eine Reise nach Italien unternommen hatte: »H. Director [Johann Heinrich Schlüter] erinnert wegen der edition des Taciti, und fragt ob [...] dazu anstalt gemacht wurde. Secretarius Berichtet, es habe der H. Praes. Gundling auf sich genommen, die erforderte Anmerkungen zu machen, zu dem end ihm eine Abschrift von der Übersezung gemacht werde. Concl[usio]: Weil der H. Gundling unter andre Geschäfte so zerstreuet, daß er dieser Arbeit unmöglich genug tuhn kann, zumal da er die meiste Zeit zu Potsdam ist, wo er keine Bücher, die er doch nohtwendig zu raht ziehen muß an der Hand hat, so werde man nicht übel tuhn, wenn man seiner nicht erwarte, sondern nach der schon genommenen abrede das Werk vornehme, und dem H. Gundling die Übersezung vorbehalte.«[278]

Die selbstbewußte Entscheidung des Konzils ließ den Präsidenten zunächst ziemlich kalt. Zwei Monate später, am 26. April 1719, wiederholte Schlüter, Direktor der Sprach- und Geschichtsforschungsklasse, seine Anfrage, und ihm wurde geantwortet, daß Gundling die Übersetzung an sich gezogen

Spottbild auf Jacob Paul von Gundling
(aus: »Der gelehrte Narr« von David F. Faßmann, Berlin 1729,
Kupferstich, anonym)

Das Tabakskollegium Friedrich Wilhelms I.
(um 1737, Georg Lisiewski zugeschrieben)

Friedrich Wilhelm I., König von Preußen, zu Pferde
(um 1735, Dismar Degen zugeschrieben)

Hirschhatz bei
Königswusterhausen
(anonym)

Potsdam im
17. Jahrhundert
(August Kopisch,
1851)

»Churfürstliche Stadt und Schloß Potsdam«,
(Samuel Blesendorf, Radierung um 1695)

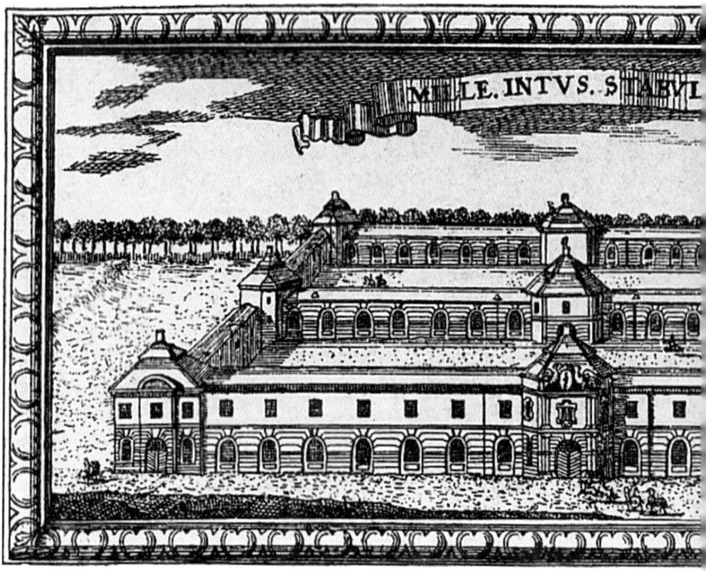

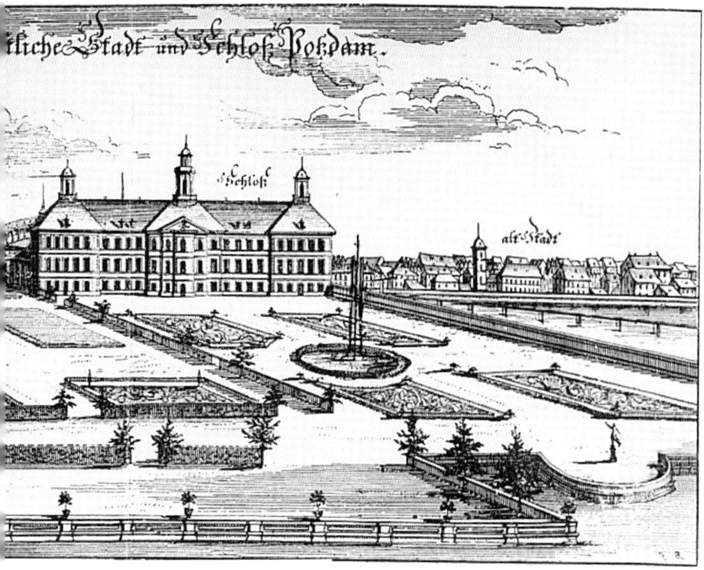

...liche Stadt und Schloß Potsdam.

Kurfürstlicher Marstall, später Akademie der Wissenschaften und Künste Unter den Linden (anonym, Kupferstich um 1700)

Doppelporträt Jacob Paul von Gundling und Anne de Larray
(anonym, um 1725)

habe und an ihr arbeite. Das Konzil beschloß, »des erfolgs zu erwarten, und bei nächster Gelegenheit, wenn der H. Praesident hie sein wird, darnach zu fragen«.[279] Gundling aber lieferte nicht, und Jablonski konnte seine zeitweilig bedrohte Zuständigkeit für die deutsche Übersetzung der Germania immerhin insoweit wahren, als sie schließlich 1724 anonym erschien und so jedem Streit um die Zurechnung der für sie erbrachten Leistungen aus dem Weg ging.

War Gundling aber in Berlin, erschien er auch regelmäßig zu den Konzilssitzungen, und dies nicht nur in der ersten Zeit seiner Präsidentschaft. Daß er es mit seinen präsidialen Amtspflichten mit den Jahren immer weniger genau genommen habe, ist eine verbreitete Annahme[280], aber sie findet in den sorgfältig geführten Protokollen der Akademiesitzungen keine Bestätigung: Die letzte von Gundling geleitete Konzilberatung fand am 16. August 1730 statt und billigte unter anderem zwei Vorschläge ihres Präsidenten für Neuaufnahmen in die Akademie.[281] Die Mehrzahl der routinemäßigen Akademieleitungssitzungen fand freilich ohne den Präsidenten statt, der vor allem dann persönlich erschien, wenn die Aufnahme neuer Mitglieder oder weitreichende Sachentscheidungen zu verhandeln waren.[282] Ähnlich wie sein Vorgänger Leibniz begleitete er die Arbeit der Societät statt dessen in Zeiten seiner Abwesenheit mit schriftlichen Verlautbarungen von Potsdam und Wusterhausen aus, durch die er den Verlauf der Konzilssitzungen zuweilen vollkommen in die Hand nahm, wie ein Beispiel aus dem Jahr 1725 belegen mag: »Secretarius Referirt aus des II. Praesidis Frhrn von Gundling Zwei Schreiben vom 5. und 7. May waß derselbe wegen Bezahlung des Siegels vor das Collegium Medico-Chirurgicum, wegen des Baues auf dem Societaethof, wegen der Veränderung des Pedellen, wegen der Miscellaneorum, wegen der materien zu dem langen Tubo, wegen der materien zum Druck vor Neumann zu Potsdamm erfordert, waß er wegen der Veränderung mit H. Schüzen und ersezung seiner stelle bei dem Observatorio berichtet, und waß von obigen befolget, oder darauf geantwortet worden.«[283]

In dieselbe Richtung wies ein Versuch Gundlings, gleich nach seiner Ernennung und unter Umgehung des Akademiesekretärs einen eigenen Stellvertreter zu installieren, um seine Machtposition in der Gelehrtenvereinigung auszubauen. Das Statut der Akademie bestimmte, daß sich die Direktoren der vier Klassen alljährlich als Vizepräsidenten im Amt des Konzilsvorsitzenden ablösten. Gundling handelte schlicht statutenwidrig, als er sich im Sommer 1718 bemühte, den turnusmäßigen Vizepräsident Jägwitz vor der anstehenden Amtsübergabe dafür zu gewinnen, die Geschäfte der Societät auf Dauer zu führen. Jägwitz aber trug rechtliche Bedenken und ließ sich auch mit Rücksicht auf seine wissenschaftliche Arbeit nicht von dem festen Willen abbringen, sein Amt wieder abzugeben.[284]

Mit diesem Versuch einer institutionellen Sicherung seiner Präsidentenautorität scheiterte Gundling, und nicht mehr Erfolg war ihm beschieden, als er sich über die in seiner Abwesenheit gefaßten Konzilbeschlüsse ein Vetorecht vorzubehalten versuchte. Die Societät respektierte die Autorität eines Präsidenten, der dem Hof ebenso ergeben war wie der Wissenschaft, aber sie weigerte sich entschlossen, zu seinen Gunsten auf ihre verbrieften Rechte zu verzichten. Der Konflikt brach aus, als sich Gundling 1726 aus Kostengründen weigerte, Kontrakte zu ratifizieren, die die Societät mit auswärtigen Buchdruckern in Halle und Minden für den Kalenderdruck geschlossen hatte. Zum Wortführer des opponierenden Konzils wurde Klassendirektor Schlüter, und er »ließ sich vernehmen, wie er aus dem bei voriger Zusammenkunft verlesenen Schreiben des H. Praesidis vermerket, derselbe wolle sich anmaßen, die conclusa Concilii zu examiniren, und nach gefallen zu invalidiren.« Da dieses den Statuten der Societät widerstreite, fand Schlüter es angeraten, die Machtfrage zu stellen und ein für allemal Klarheit zu schaffen, »ob der abwesende Praeses die ordentlich abgefaßte Schlüße des Concilii zu besprechen und aufzuhalten befugt sei«. Die Klassendirektoren waren sich einig, daß ein solcher Eingriff in ihre

Entscheidungshoheit nicht geduldet werden könne; »wenn aber der H. Praeses es so nicht begreifen wollte, so stünde dahin, wie man es Ihn bedeuten möchte«. Mit ähnlich starken Worten scharten sich die anderen Konzilmitglieder um ihren aufbegehrenden Klassendirektor und fanden »insonderheit den punct der abforderung der Acten und revision der Conclusorum Concilii, als etwaß ungereimtes, und anderstwo nicht erhörtes«. Man kam überein, den Präsidenten brieflich wissen zu lassen, daß die fraglichen Kontrakte geschlossen würden, wenn er seinen Widerstand nicht umgehend hinreichend begründe, und beschloß, »im übrigen aber auf bequeme mittel bedacht zu sein, dem H. Praeses zu bedeuten, waß die Meinung des Concilii wegen seiner anmaßung sei«.[285] Diesem Berliner Unwillen hatte Gundling wenig entgegenzusetzen; er zog seine Forderung kleinlaut zurück.

Mehr Erfolg hatte er als Akademiepräsident in ganz anderer Hinsicht, nämlich in dem Bemühen, den fortbestehenden finanziellen und forschungspolitischen Dauerkonflikt zwischen König und Societät zu entschärfen. Oft machte Gundling sich dabei lediglich zum Sprachrohr des Königs, wenn er etwa in der Konzilssitzung vom 19. Oktober 1718 beklagte, daß der Maulbeergarten zu Potsdam »bisher nicht beßer gewartet worden, da er dem König unter augen, und S.-M. [seine Majestät] übel zufrieden gewesen sei, denselben also negligirt zu sehen«. Hier verlangte Gundling im Sinne des Königs eine rasche Verpachtung.[286] Zugleich wußte er als geschmeidiger Höfling die von ihm geleitete Institution wiederum dem Landesherrn und seiner Familie gefällig zu machen und beschwor etwa den Vizepräsidenten David Ernst Jablonski im Vorfeld eines angekündigten Besuches des Monarchen bei seiner Societät im Dezember 1723, »alles zu thun, so das Anschauen Potentissimi Regis vergnügen kan. Ich verspreche fast der Societaet etwas gutes [...], wobei der Herr Bruder [Johann Theodor Jablonski] sein augmentum debitum salari mandato regis [Gehaltserhöhung auf königlichen Befehl] erhalten wird.«[287] Eine Generation später hätten die illustren Aufklärer an der Tafelrunde Friedrichs des Großen wohl nur ungläubig abgewunken, wenn ihnen zu Ohren gekommen wäre, daß auch an der Wiege der lebenslangen Beziehung zwischen dem späteren »roi philosophe« und seiner Berliner Akademie ausgerechnet der vermeintliche Narrenpräsident Gundling gestanden haben solle. Und doch war es so: »H. Praeses berichtet, wie Er jüngst einen Tubum von dem Observatorio nebst dem Stativ vor den König, und ein kleines perspectiv von Bickeln vor den Kronprinzen nach Potstam komen laßen, beides sei angenehm gewesen, insonderheit habe der Kronprinz an seinem Perspectiv ein besonderes wolgefallen bezeugt, weshalben Er anrahten wolle, daßelbe durch einige Verzierungen verbeßern zu laßen, und dem Kronprinzen zu schenken. Solches ist mit völligem beifall aufgenommen« worden.[288]

Bei anderen Gelegenheiten wiederum wußte Gundling die Interessen der Akademie vor den Ansprüchen und Begehrlichkeiten des Monarchen oder anderer Instanzen im preußischen Staat beredt zu verteidigen.[289] Zumeist aber deckte sich der Wille des Landesherrn, seiner Akademie ein im kameralistischen Sinne nützlicheres Profil zu geben, mit den Interessen, die die Akademie in den Augen ihres Präsidenten selbst hatte. Unter Berufung auf den König konnte Gundling etwa das leidige Problem der mangelnden wissenschaftlichen Selbstdarstellung der Akademie angehen und im Schatten der königlichen seine Autorität geltend machen: »Seine Königl. Majestät haben durch H. Chirurgum Holzendorff ein gnädiges Concept von dem Fleiß und Treu der Societaet erhalten, redeant in aurum, secula prisca [möge das goldene Zeitalter wiederkehren]. Die Collection der Miscellaneorum bitte gehorsamst zu urgiren [voranzutreiben]; dann dieses wird hier pressiret«, bedrängte er das Konzil der Societät im Dezember 1723.[290] Zwar fiel die königliche Visite aus; aber noch im selben Monat erschienen die zweite und vier Jahre darauf die dritte Ausgabe der Miscellanea, deren ersten und für dreizehn Jahre einzigen Band sein Vorgänger Leibniz 1710 unter größten Schwierigkeiten zum Druck befördert hatte. Während in dem

1723 publizierten Band allenfalls das Vorwort von Gundling selbst geschrieben worden war, enthielt die Ausgabe von 1727 dann auch wissenschaftliche Beiträge aus seiner Feder.

Gundlings Präsidentschaft bedeutete für die Societät keinen Stillstand. Gerade daß sie in dieser Zeit auch die Aufsicht über die »fremden Gewächse« im Hopfengarten erhielt, belastete sie zwar mit zusätzlichen Kosten, aber bereicherte sie doch auch um einen Botanischen Garten in Potsdam, der dann 1735 gänzlich in das Eigentum der Societät übergehen sollte.[291] Unter Gundling wurde durchgesetzt, daß die Akademiebibliothek ein Pflichtexemplar aller in Preußen erscheinenden Bücher erhielt, und während seiner Präsidentschaft wurde der Societät das Privileg zur Publikation von Gesetzessammlungen und geographischen Karten verliehen. Nicht alle diese Neuerungen verdankte die Akademie primär oder gar ausschließlich ihrem Präsidenten. Dessen eigene Handschrift blieb deswegen aber keineswegs unsichtbar, und es fehlte nicht an Versuchen, gerade der für Gundling charakteristischen Verbindung von Landesgeschichte und Staatswissenschaft eine Heimstatt an der Akademie zu schaffen. Schon bald nach seiner Amtseinführung regte er an, »einen Chur Märkischen Histor.-Geograph. und Heraldischen Calender herauszugeben, in welchem eine accurate notiz der Marken, worzu Er vortreffliche Land Carten in Vorraht habe, imgleichen eine genaue Erzählung aller Adelichen Geschlechter mit ihren Wapen, eingeführet werde, und hernach ein dergleichen Pommerischer Calender folgen könnte«.[292] Einige Jahre später, im Mai 1727, entwickelte Gundling sogar den ehrgeizigen Plan eines akademieübergreifenden Gemeinschaftsprojekts, das wissenschaftlichen und wirtschaftlichen Nutzen gleichermaßen abzuwerfen versprach. Das Vorhaben zielte auf eine handbuchartige Geographie des gesamten Erdkreises, die als künftiges Standardwerk das in Preußen eingeführte Lehrbuch »Kurze Fragen aus der alten und neuen Geographie« Johann Hübners ablösen solle: »Ich habe gemeinet daß einige membra Societatis eine Geographie verfertigen solten, welche statt der Hübnerischen in allen Gymnasis Schulen u. Hauß informationen in allen Landen solte eingeführet werden.«[293]

Mit dieser Idee hatte Gundling sich offenbar schon längere Zeit getragen, denn bereits in seinem 1724 erschienenen Brandenburgischen Atlas war er auf Hübners Geographie eingegangen, die großen Fleiß mit geringer Verläßlichkeit vereine, um vor dem Hintergrund seiner eigenen ausführlichen Landesstudien seine eigenen Ambitionen zu umreißen: »Es würde mir nicht schwer seyn, alle Königliche Reichs-Länder mit der Zeit auf gleiche Weise zu beschreiben, und wann in denen übrigen Provincien unsers Teutschen Reichs dergleichen geschehe, mithin auch neuere und accuratere Land-Carten gemachet oder die richtige bey behalten würden, so würde eine tüchtige Geographie unsers Teutschen Reichs zum Vorschein kommen, woran es uns jetzo noch fehlet.«[294] Sich selbst in der Wiederaufnahme dieses Großprojekts die Beschreibung »aller Königl. Länder« vorbehaltend, wollte Gundling unter Ausnutzung der ihm qua Amt zur Verfügung stehenden Ressourcen die übrigen Länder Deutschlands sowie Ost-, West- und Südeuropa Berliner Societätsangehörigen übertragen, »die übrige Theile der Welt« aber auswärtigen Mitgliedern und Mitarbeitern außerhalb der Societät anvertrauen.[295]

Das Projekt, dessen finanzielle Ertragschancen Gundling in rosigsten Farben zeichnete, fand im Konzil nur verhaltene Aufnahme, und es blieb, wie viele andere Vorhaben des unsteten und mit Verpflichtungen überhäuften Akademiepräsidenten, letztlich ohne weitere Resonanz. Aber es zeigte immerhin, daß die fortgesetzte Erniedrigung des als Spaßmacher gehaltenen, zum Herrn der Seidenwürmer proklamierten Zeremonienmeisters und seine respektierte, gelegentlich innovative Initiatorenrolle in Wirtschaft und Wissenschaft sich keineswegs ausschlossen. Mehr noch: Sie ergänzten sich förmlich wechselseitig. Gelehrtenhabitus und Narrenhabit konnten im Staat Friedrich Wilhelms I. zwei Seiten derselben Medaille ausmachen. Welche von ihnen auf Dauer die eigentliche Prägekraft für das Bild des Hofgelehrten Jacob Paul von

Gundling erhalten würde, blieb somit vorderhand in der Schwebe. Der endgültige Verlauf der sein Leben bestimmenden Grenze zwischen satirischer Lächerlichkeit und ernster Wirklichkeit sollte erst fallen, als Gundling auf sie keinen Einfluß mehr nehmen konnte – nämlich auf seinem Totenbett.

Im Weinfaß nach Walhalla

Im Mai 1729 erkrankte Gundling. Die Nachricht wurde von einer der heimlichen Zeitungen Berlins weitergetragen, die sich über die Drohung des Königs hinweggesetzt hatten, bei fortgesetzten Indiskretionen aus Hofkreisen »einmahl ein solches Exempel zu statuiren, daß mannigen die Lust zum correspondiren vergehen solte«.[296] Der Präsident und Zeremonienmeister sei vom Schlag gerührt, vermutete man und unterhielt sich über die Folgen: »Solte dieser Fameuse Polyhistor daran gar aus der Zeitlichkeit scheiden müßen, würde dem Könige auch an denen von selben täglich empfundenen vergnüglichen gelahrte, Discoursen ein vieles abgehen.«[297] Friedrich Wilhelm I. allerdings dürfte die Nachricht mit grimmiger Befriedigung aufgenommen haben. Ihn selbst hatte im Januar 1729 nach einer Jagd im Köpenicker Holz erstmals die Gicht für fünf Wochen an das Bett gefesselt, die ihn von nun an bis an sein Ende knappe zehn Jahre später begleiten und in seinem Charakter weiter verdüstern sollte.

Doch das anscheinend Unerwartete trat ein: Gundling erholte sich wieder. Im Herbst desselben Jahres verlautete in gewohnter Manier aus Wusterhausen, daß zur Feier des Hubertus-Festes, bei der auch Polens König August der Starke erwartet wurde, »dem Geh. Rath Baron v. Gundeling dahier ein besonderer habit, imgleichen ein extraordinair großer Huth, woran der Rand fast eine halbe Elle breit mit einer weißen plume garniret, verfertiget wird, um in solcher Aufführung seine Fonction als Grand Maitre de Ceremonie bey gedachtem Jäger Feste der Gebühr wahrzunehmen«.[298] Hinter dem grellen Kostüm verbarg der dergestalt Präsentierte wachsende Sorgen. Sie galten weder allein seiner angeschlagenen Gesundheit noch seinen öffentlichen Narrenauftritten bei Hofe, mit denen er sich allem Anschein nach schließlich zu arrangieren gewußt hatte. Neu und verdrießlich aber war, daß ihm in seiner Doppelrolle als satirisch-ernster Hofgelehrter Konkurrenz entstanden war, die seine eigene Stellung zunehmend untergrub. Nach den Hintergründen mußte nicht lange gesucht werden: Die Spannungen zwischen dem zu Österreich neigenden, kunstfeindlichen Bete-König und seiner welfisch gesinnten, den Anschluß an höfischen Glanz und europäische Kultur suchenden Familie, die sich im Laufe des Jahres 1728 bedrohlich zuzuspitzen begannen, färbten auch auf Tafelgesellschaft und Tabakskollegium ab. Noch derber als gewohnt ging es auch bei den Vergnügungen in Wusterhausen während dieses Sommers und Herbstes zu, wo die Macht des Monarchen sich im Kleinen wie im Großen unbeschränkt zu demonstrieren suchte und etwa dem »Printzen Heinrich, wie auch einige Generals [...] von Sr. Majestät auferleget [wurde]: alle Tage 2 Rebhüner zu eßen und damit 4. Wochen zu continuiren, so man fast nicht möglich halten will«.[299]

Auch Gundling als Mensch in seinem Widerspruch genügte nicht mehr, um den König zu erheitern. Stärkere Mittel mußten her, um den Ärger über die Opposition im eigenen Haus zu übertönen und das Gespenst eines von Auszehrung befallenen pater familias mit lautem Lärm zu verscheuchen. Am Ende seines Lebens würde der König das Tabakskollegium einmal grußlos verlassen, weil die Anwesenden sich zu Ehren des Kronprinzen von ihren Sitzen zu erheben gewagt hatten, und finstere Drohungen gegen diejenigen ausstoßen, die sich schon von der untergehenden Sonne abgewandt hätten. So weit war es freilich im September 1728 noch nicht, als der König nach Abwechslung verlangte: »Der vormahls hier bey Hofe gewesene ehemahlige Helmstädtsche Profeßor Hackemann sey retourniret und draußen beym Könige, alwo der Baron von Gundeling und derselbe sich mit allerhand gelehrten Aufzügen divertiren sollen. Der Entrevuen-Schreiber Vasmann ist auch hinaus beordret, so er aber zu depreciren [verbitten] vermeinet; wie ihm nun darauf ein näherer Befehl zugekommen und zwarn: so fort mit Post Pferden überzukommen; hat er sich nolens volens aufgemacht und wird die Lustigmacherey mit abwarten.«[300]

Bei den nun anhebenden Spektakeln spielte Gundling offenbar nur noch eine Nebenrolle. Vornehmlich waren es der Modeschriftsteller Faßmann und der Universitätsgelehrte Hackemann, die sich zum Gaudium ihrer Zuhörer in den Haaren lagen und dabei über der Gewalt des Arguments nicht das Argument der Gewalt vergaßen. Sie hätten »zu einer Zeit über eine theologische Materie disputiret«, berichtete ein Zeitungskorrespondent an den Braunschweiger Hof, »wes fals der Prof. Hackemann etwas soutoniren [behaupten] wollen, wogegen Fasmann viel solides opponiret und seinen Antagonisten so weit gebracht hätte: daß er ferner nicht fort kommen können sondern ihn Fasmann der Lügen straffen wollen; dieser ihm aber dafür mit der flachen Hand also prompt! und dergestalt! solide respondiret, daß er fast auf den König getummelt; worauf er dann Se. Majestät gefraget: ob es sich schicke und nicht vielmehr höchst straffbahr wäre, sich solcher gestalt in allerhöchster Gegenwart aufzuführen und jemanden zu attaquiren?« Die Antwort, die ihm zuteil wurde, war kurz: Auf einen Poltrian gehöre eine Maulschelle.[301]

Daraufhin mied Faßmmann, auch hier dem Beispiel Gundlings folgend, den Hof für eine Zeit, während dem König die Freude am Tabakskollegium angesichts des erbitterten Tauziehens um die Frage der sogenannten englischen Doppelhochzeit von Prinzessin Wilhelmine und Kronprinz Friedrich offenbar ganz zu vergehen drohte. »Die Disputationes publice, so unter denen Herren, dem Geheimen Rath Baron von Gundeling, dem Prof. Hackemann und dem Autor der Todten-Gespräche Fasman, sonst sehr vehement getrieben seyn, sollen anjetzo in suspenso stehen«, wurde aus Wusterhausen unter der Hand gemeldet.[302] Später wurden sie wiederaufgenommen, ohne daß Gundlings Sorgen um seine Vorrangstellung bei Hofe damit beseitigt gewesen wären. Im Gegenteil. Nicht Gundling, sondern Faßmann hieß in der nächsten Zeit der Favorit des Königs, der zusammen mit seinem Hofgefolge innigen Anteil am Gezänk seiner Hofgelehrten nahm und zunächst dem Geohrfeigten ein linderndes Pflaster auflegte:

»Der König habe dem Entrevüen-Schreiber Fasmann, für die letzthin an den bekanndten Profeß. Hackemann gewiesene Bravour, da Sie à verbis ad verbera geschritten und dieser sich dergestalt! an jenes Hand gelauffen, daß ihm das Blut lange nicht gestillet werden können, [...] ein Hauß auf der Friedrichs-Stadt zu schenken das allergnädigste Versprechen gegeben.«[303] In kurzer Zeit wurde Gundlings wendiger und windiger Konkurrent mit weiteren monarchischen Gunstbeweisen ausgezeichnet, die ihn schon als dessen natürlichen Nachfolger erscheinen ließen, bevor Gundling noch durch seine eigene Erkrankung in Nachteil geriet: »Der bekante Entrevüen-Schreiber Fasmann ist geadelt und als Geheimer-Kriegs-Hof-Rath bestallet worden; wobey ihm dann zugleich ein Hauß auf der Friedrichs-Stadt erbauet werden soll und hat er auch das Versprechen: eine erst vacant werdenden Canonicat zu erhalten. Der Baron von Gundeling soll darüber ganz jaloux [eifersüchtig] seyn und siehet nicht münder der neue Schloß-Hof-Rath Hackemann darüber scheel aus«, meldete der Hofklatsch Ende Oktober 1728 nach Berlin.[304]

Der König tat das Seine, damit die unterhaltsame Fehde weitergehe. Schon lange zuvor hatte er Faßmann – vermutlich bald nach dessen Aufnahme bei Hofe – den Auftrag erteilt, eine gegen Gundling gerichtete Schrift zu verfassen und mit allerhöchster Genehmigung zu publizieren. Faßmann hatte daraufhin mit viel Fleiß einen umständlichen Traktat zu Papier gebracht und konnte dem König im März 1727 Vollzug melden: »Der gelehrte Narr, welchen Ew. Königl. Majestät allerhöchst selbst angegeben und mir zu schreiben allergnädigst befohlen, kommt binnen etlichen Wochen zum Vorschein«.[305] Nach Lektüre der übersandten Probebögen schien dem Landesherrn allerdings sein eigener Spaß offenbar doch etwas zu deftig geraten zu sein, und der vortragende Kabinettsrat vermerkte: »Es haben Königl. Majestät an Faßmann die Ordre gegeben, daß der gelehrte Narr nicht soll gedruckt werden und haben ihm [...] dreißig Thaler zahlen lassen.«[306] Tatsächlich war es ein monströses Machwerk, das der zungenfertige Pamphletist verbrochen hatte, um in der Dedikation »Dem Großgebohrnen, Großgelahrten, und Großweisen [...] Erb-Herrn auf Närrsch- und Tollhausen« einen Zerrspiegel vorzuhalten, der aus rückschauender Perspektive den Schreiber ungleich mehr diskreditierte als sein namentlich gar nicht genanntes Opfer. Auf welchen Klotz die Satire mit diesem groben Keil zielte, war freilich dem Titelkupfer zu entnehmen, das einen nach Kopfschmuck, Haltung und beigegebenen Attributen unschwer als Gundling identifizierbaren Stubengelehrten zeigte und dem Publikum mit einer langatmigen »Erklährung des Kupffers« vorstellte: »Der Gelehrte Narr sitzet in seinem Museo, mit einem Schlaff-Peltz bekleidet, und eine große Perruque aufhabende. Etliche Affen und Haasen geniessen seines Unterrichts, und suchen von seinen gelehrten Discoursen zu profitiren. [...] Unten beim Gelehrten Narren stehet eine Bouteille mit Bier und ein Glaß, weil er immer durstig ist, und sehr gerne zu trincken pfleget.«[307]

Das war starker Tobak, und er wurde dadurch nicht schwächer, daß Faßmann hinter ihm eine moralische Betrachtung verbarg, die sich weit über Gundling hinaus auf nicht weniger als 200 Seiten den ganzen Hochmut der großen Geister dieser Welt vornahm und mit gesträubter Feder gegen die »abgeschmackte[n], von Stoltz, Hochmuth und eitlen Einbildungen stinckende[n], Thiere unter denen Gelehrten« anschrieb, »welche sich vor Hoffart selber nicht kennen«.[308]

Immerhin drängte der Autor energisch darauf, daß seine mit viel Mühe verfertigte Abhandlung nun auch ihren Weg zu den Lesern und zu Gundling selbst finde. Schon im Mai desselben Jahres 1727 wurde er abermals mit einer Demarche beim König vorstellig und verlangte unter Beifügung des »Narren« und eines neuentstandenen »Todtengespächs«, für seine auf königliches Geheiß geschriebenen Stücke von der in Preußen geltenden Zensur befreit zu werden, die den Druck bisher verhindert habe: »Denn diese Dinge kann man einer ordentlichen scharffen und serieusen Censur unmöglich unterwerffen, wenn sie nicht sollen verdorben werden. So wird und darf sich auch niemand unterstehen, deren Censur sich anzumaßen, weil es Sachen sind, die Ew. Königl. Majestät allerhöchst selbst angegeben und befohlen haben.«[309]

So geschickt an der Ehre seiner absoluten Herrschaft gepackt, stimmte der König diesmal zu und setzte durch sein eigenhändiges »Gut« auf der Eingabe eine staatliche Zensur außer Kraft, die in diesem Falle eher Schutz als Bedrückung der Lesewelt durch die Krone bedeutet hatte. Dennoch vergingen anscheinend noch volle zwei Jahre, bis der »Gelehrte Narr« tatsächlich in den Handel gelangte – anonym und nicht ohne seinen Entstehungshintergrund durch fingierte Angaben auf dem Titelblatt zu vertuschen: »Gedruckt zu Freyburg Anno 1729 auf deß Autoris eigene Kosten.«[310] Die Gründe für die lange Verzögerung liegen im dunkeln. Hatte der König sich bei späterem Besinnen durch Faßmann übertölpelt gefühlt? Oder wollte er seinen gelehrten Hofrat und Vorleser Gundling zeitweilig doch nicht zu sehr kränken? Jedenfalls lief die Nachricht, daß Faßmann seine Sottisen gegen Gundling doch noch glücklich zum Druck befördert hatte, erst im Mai 1929 ein – genau an dem Tag, als in Berlin verbreitet wurde, daß den königlichen Vorleser der Schlag getroffen habe.

Anders als der erboste Gundling hatten Zeitgenossen großes Vergnügen an diesem Hofgezänk und sorgten für die Verbreitung der Schrift, die ihren heimlichen Adressaten mit Anreden bedachte wie »Du Narr! du Pavians-Physiognomie! Visage à faire rire, oder du lächerliches Gesichte! Du Affe! du Haase! Du Pedant! Du Ignorant! Du Limmel! Du Tölpel! Du Pantoffel Holtz etc.«[311] Auch dem Autor selbst gefiel das eigene Elaborat so gut, daß er es in seinem Totengespräch mit Gundling wörtlich wiederabdruckte, und womöglich noch besser gefiel es mittlerweile dem preußischen König, der Faßmann zu allem Überfluß erlaubte, seinem verhaßten Opfer Gundling »ein Exemplar davon in Praesenz des Königs und vieler Officier [zu] übergeben«.[312]

Der Stellungskrieg zwischen den beiden Hofgelehrten setzte sich bis zum Tode Gundlings fort und noch darüber hinaus in einer Schmähschrift Friedrich August Hackemanns, die wiederum Faßmann als »Ertz-Calumnianten« und »Ehren-Dieb« vorstellte, »wie er dann an seiner Läster-Zunge allhier in Effigie hanget und in Corpore bald wird gehangen werden«.[313] Faßmann selbst schilderte später das feindselige Verhältnis zwischen Gundling und ihm, das bis zu einem veritablen und offenbar von der Hofgesellschaft arrangierten Pistolenduell eskalierte. Als man in einem abgelegenen Garten zum Vollzug schritt, verlor Gundling allerdings den Mut und weigerte sich standhaft, die ihm aufgenötigte Schußwaffe auch nur anzufassen. Sein anscheinend besser informierter Kombattant dagegen ergriff eine der gar nicht geladenen Pistolen und drückte unmittelbar vor Gundlings Gesicht beherzt ab, um sich an der Todesangst des anderen zu weiden. Diesen hätte übrigens der gespenstische Händel zweier Ehrloser um ihre Ehre dennoch fast das Leben gekostet, als nämlich bei dem Gefuchtel Faßmann mit der Zündpfanne seiner Pistole zu nah an Gundlings Perücke kam und sie in Flammen aufgehen ließ.[314]

Zu den Sorgen bei Hofe traten private Kümmernisse. Am 9. Dezember 1729 starb Gundlings Bruder in Halle, dessen mit ihm in Scheidung lebende Frau sich seit einiger Zeit in Potsdam aufhielt, aber mit ihrem galanten Lebenswandel einen solchen Skandal erregt hatte, daß der König nur wenige Tage zuvor »bewogen worden [war], sie zu einem anderen plaisir [Vergnügen] zu destiniren [bestimmen], und ist sie vor wenigen Tagen nach Spandow ins Zucht-Hauß abgeliefert worden«.[315] Der Verstorbene hinterließ eine Tochter und drei Söhne und dazu ein Testament, das nicht seine Frau, sondern seinen Bruder zum Vormund der Kinder bestellte. Jacob Paul Gundlings eigene Ehe mit Anne de Larray war kinderlos geblieben, aber die plötzliche Vormundschaft über die Nachkommen seines Bruders brachte ihm dennoch vermutlich wenig Freude. Keiner der drei Söhne von Nicolaus Hieronymus reüssierte im Leben, und mit der Tochter seines Bruders mußte Gundling sich im Januar 1731 sogar im Berliner Schloß zu einer förmlichen Audienz beim König einfinden. Der nämlich hatte die Idee gefaßt, sie mit einem »Cammer-Bedienten, so Se. Majt. rasiret, zu heyrathen, worüber die Mademoiselle Gundelingen [sich] noch nicht so gleich habe faßen können, weiln ihre Gedancken wol etwas höher hinaus gehen mögen«.[316]

Gundlings Refugium blieb in diesen letzten Lebensjahren die wissenschaftliche Arbeit als Historiker wie als Geograph und Landeskundler. Seine schriftstellerische Produktivität war bis zum Schluß beachtlich. 1730 kamen ein Abriß des Lebens Albrechts I., die Geographische Beschreibung des Herzogtums Magdeburg sowie ein Hand- und Bataillen-Kalender heraus, der einen Auszug aus der brandenburgischen Geschichte enthielt. In Gundlings Todesjahr 1731 erschien in erweiterter Neuauflage eine lateinisch verfaßte Abhandlung über die Ursprünge der Mark Brandenburg[317], und schon zuvor hatte Gundling sich auch als Landeskartograph ausgezeichnet: Insgesamt drei Karten von seiner Hand sind überliefert, die im Zusammenhang mit seinen wirtschaftsgeographischen Schriften entstanden; anonym erschien daneben noch eine Karte der Niederlausitz, die ebenfalls Gundling zugeschrieben wird.[318] Bemerkenswert unter ihnen ist vor allem eine »Land-Charte des Churfürsten-Thums Brandenburg« im Maßstab 1 : 500.000, die nach den Arbeiten von Gerhard Mercator im 16. und von Olof Svart im 17. Jahrhundert die dritte kartographische Erfassung der Mark überhaupt bildete und die erste, die auf selbständigen topographischen Erhebungen beruhte. Noch bis weit in die Regierungszeit Friedrichs des Großen nachgedruckt, zeichnet sie sich durch eine bemerkenswert hohe Verläßlichkeit ihrer Ortsangaben aus und gilt in der Kartographiehistorie unserer Tage als eine Leistung, die in herausragender Weise auf empirischer statt bloß auf archivischer Vertrautheit mit den geographischen Gegebenheiten beruhte.[319] Gundlings wichtigstes landeshistorisches Werk aber bildete eine großangelegte Geschichte der brandenburgischen Hohenzollernherrscher, die er 1715 mit einer Geschichte von »Leben und Thaten Friedrichs I. Churfürsten zu Brandenburg«

begonnen hatte. Wenn auch ein anderes, ihn über Jahrzehnte hinweg beschäftigendes Vorhaben, nämlich eine umfassende Regierungsgeschichte des ersten preußischen Königs, nie den Weg in die Öffentlichkeit fand, gelangte Gundling auch als Historiker schon zu Lebzeiten zu einer gewissen Berühmtheit. Was er veröffentlichte oder ankündigte, fand auch außerhalb der Fachwelt Aufmerksamkeit und ging selbst in die Nachrichten ein, die die brieflichen Korrespondentenberichte von Berlin aus in die Welt sandten. »Der Geh. Rath Baron v. Gundeling läßet ein großes Historisches Werck in fol. hier und anderwärts drucken, worinnen die Lebensbeschreibungen der alten und neuen Marggrafen von Brandenburg, aus denen ihm in Königl. Archiv mitgeteilten Uhrkunden, weitläuffig beschrieben werden«, stellte der braunschweigische Nachrichtenkorrespondent Stratemann im August 1730 fest und deutete damit die Dimensionen des ehrgeizigen Projekts an, für dessen Bearbeitung Gundling kaum noch länger als ein halbes Jahr bleiben sollte.[320]

Aufmerksam registrierten auch Beobachter außerhalb Preußens, was der Hofhistoriograph und politische Berater des Königs dachte und publizierte. Wie man Gundling den österreichischen Interessen gewogen machen und so den englandfreundlichen Einfluß der Königin auf Friedrich Wilhelm I. weiter eindämmen könnte, wurde beipielsweise in der Korrespondenz erörtert, die der österreichische Gesandte am preußischen Hof, Graf von Seckendorf, mit dem kaiserlichen Hof in Wien unterhielt. Am 15. Januar 1727 avisierte Prinz Eugen seinem Gesandten, daß er ihm zusammen mit der fälligen Bestechungssumme für den königlichen Vertrauten Grumbkow »zugleich das Angedenken für den Gundling« mitschicke, und fügte hinzu: »Es besteht aber solches nicht in einer goldenen Kette, sondern in einer kaiserlichen, mit einem und andern Diamanten besetzten Medaille, und dieses darum, weil es vor eine weit größere Distinction hier gehalten wird, Medaillen, als Ketten zu verteilen, indem die letztern sogar an ordinäre Couriere, die erstern hingegen nur an Personen von einiger Consideration gegeben werden.«[321]

Doch Geld, Ruhm und Macht verloren ihre Bedeutung, als das Ende nahte. Kurz vor Ostern 1731 erkrankte Gundling abermals, und am letzten Märztag meldete die geschriebene Zeitung des Braunschweiger Gesandten: »Der Groß-Ceremonien-Meister und Geh. Raht Baron v. Gundeling ist auch in einem dermahligen schwachen Zustande, daß man glaubt: er werde in wenig Tagen den Weg aller Welt gehen.«[322] Ebenso dachte offenbar auch der Monarch, der eilends nach Berlin schicken ließ, um Faßmann als Ersatz nach Potsdam zu beordern. Während Gundling noch mit seiner Krankheit kämpfte, lief in Berlin schon das Gerücht um, daß sein langjähriger Widersacher »dem v. Gundeling nicht allein in allen seinen Chargen succediren sondern auch ebenmäßig baronisiret werden solte«.[323]

Diesmal stimmte die Vermutung. Nach etwas mehr als zweiwöchiger Krankheit starb Gundling am 11. April 1731. Sein 57 Jahre währendes Leben endete, wie es begonnen hatte: nicht daheim in der eigenen Wohnung, sondern in einem Ausweichquartier, nämlich auf seiner Stube im königlichen Schloß zu Potsdam, das ihm Fluch und Segen zugleich geworden war. Siechtum und Tod seines langjährigen Vorlesers überging der König, als er am selben Tag vom Potsdamer Schloß aus seinem Freund und Vertrauten, dem Fürsten Leopold zu Anhalt-Dessau, mit einem eigenhändigen Schreiben »vor den schönen ElbeLahx« dankte, »den ich auf Euer lieben gesundtheit verspeißet«, und dabei über eigene Unpäßlichkeit klagte: »der Miserable winter ist s[ch]uldt an alles[.] es ist noch so kaldt als andere jahr im fevervarius und mit die wahrheit sagen kan das ich nit so fris[ch] bin wie voriges jahr.« Immerhin blieb ihm ein Trost, den er seinem Historiographen nicht mehr hätte spenden können: »wen erst nur wieder warm wierdt dan wierdts sich alles gehben.«[324]

Gundling hinterließ eine kinderlose Witwe, die ihn um dreizehn Jahre überleben und bis zu ihrem Tod im Oktober 1744 in ärmlichen Verhältnissen leben sollte.[325] Sein Leichnam wurde auf königlichen Befehl seziert, um die genaue Todesursache festzustellen. Faßmann zufolge befanden die beauftragten Wundärzte »die Viscera«, also die Eingeweide, »noch ziemlich gut; biß auff den Magen, welcher ein Loch gehabt; welches man dem vielen Sauffen zugeschrieben, wovon endlich der Magen geplatzet seye«.[326] Schlankweg albern ist natürlich die hinter dieser Schilderung stehende Vorstellung, Gundlings Magen habe die ihm zugeführten Alkoholmengen nicht mehr fassen können und sei deshalb schlicht geborsten. Doch von dieser Verzerrung befreit, kann das von Faßmann überlieferte Obduktionsergebnis in seinen sachlichen Angaben als einigermaßen zuverlässig angesehen werden, und es wird bestätigt durch einen Brief, mit dem Markgräfin Wilhelmine von Bayreuth ihrer Schwester Friederike Luise in Ansbach kurz danach anzeigte, daß Gundling »an einem Geschwür und einem Loch im Magen« gestorben sei.[327]

Weniger eindeutig hingegen ist auszumachen, inwieweit auch die Alkoholismus als Todesursache unterstellende Deutung dieses Befundes medizinisch gesichert oder ob sie Faßmanns eigene Zugabe war. Zwar hat die im Anschluß an Faßmanns Bemerkungen immer wieder ausgemalte Vorstellung den Charme der Pointe für sich, daß Gundling schließlich als gelehrter Säufer den »nächtlichen Arbeiten bei dem Dintenfasse und mehr noch bei dem Weinfasse« erlegen sei und so seinen Lebenswandel noch mit dem eigenen Ende beglaubigt habe. Aber wie so oft verdunkelt auch hier die Anekodote die Tatsachen mehr, als daß sie sie ans Licht hebt.

Daß Gundling eine trinkfrohe Natur war, ist freilich vielfach bezeugt. Damit stand er allerdings bei Hofe keineswegs allein; die so gerne in ihm personalisierte Lust am Pokulieren war in Wirklichkeit Kennzeichen der höfischen Geselligkeit unter Friedrich Wilhelm I. überhaupt. Als der russische Zar Peter 1717 Visite in Berlin machte, verging kein Tag, an dem er nicht sinnlos betrunken war, und bevor der sächsische Kurfürst und polnische König August der Starke 1728 zum Besuch beim preußischen König aufbrach, hielt er es für angebracht, vorher vertraulich ausmachen zu lassen, daß »man durch kein Ceremoniell genirt werde« und »auch nicht zum Trinken forcirt seyn« solle. »Sehr gut, ist mir am liebsten«, kritzelte Friedrich Wilhelm I. an den Rand eines entsprechenden Schreibens[328] – vielleicht in Erinnerung daran, daß er es selbst oft nötig fand, seine im Trunke geäußerte Rede anderntags wieder zurückzunehmen. Und doch hinderte diese Einstellung nicht daran, gleich darauf mit August eine »Société des antisobres« zu gründen, deren oberstes Gebot darin bestand, eine größtmögliche Zahl von Weinflaschen zu köpfen.[329] Überhaupt wurde der königlichen Tafel nach übereinstimmendem Zeugnis vieler Beobachter entweder »sehr lustig« oder »ziemlich scharff herum getruncken«[330] und mehr noch im abendlichen Tabakskollegium, bei dem Ducksteiner Bier aus Königslutter, Moll-Bier aus Köpenick und sogenanntes Schwedisches Bier aus heimischer Herstellung in solchen Mengen konsumiert wurden, daß die bierseligen Zecher sich nicht selten in die Haare gerieten. Wenn Alkohol die abendliche Runde enthemmte, konnte es geschehen, daß ein nicht mehr nüchterner Major, der von seinem ebenso alkoholisierten König als »Blackscheißer« angepöbelt worden war, mit derselben Münze zurückzahlte und seinen obersten Kriegsherrn mit trunkener Stimme zum »Hundsfott« erklärte.[331] Durch nichts überwand der englische General Stanhope die englandfeindliche Haltung Friedrich Wilhelms I. schneller als durch die nachgewiesene Fähigkeit, nach Genuß von acht Flaschen Tokayer, »andern Wein ohngerechnet«, der preußischen Königin noch formvollendete Aufwartung machen zu können.[332] In der Gegenwart eines abstinenten Predigers beteuerte der König bei der Mittagstafel sein Versprechen, sich »keinen Rausch mehr zu trinken«, und mußte doch eingestehen, den löblichen Vorsatz schon so manchesmal gebrochen zu haben.[333] Selbst der immer besonnene Seckendorf, der bei der Welfenpartei um die Königin so verhaßt war, daß er sich bei Hofe wie auf feindlichem Gelände zu bewegen pflegte, mußte zuweilen auf prompte Berichterstattung an den österreichischen Kaiser verzichten, weil er noch mit den Folgen eines vorangegangenen Gelages zu kämpfen hatte: »Da gestern Se. königliche Majestät bei mir soupirt und bis nach Mitternacht sich sehr fröhlich bezeiget, auch ein wenig excessive trunken gemacht worden, so bin heute nicht allerdings Im Stande viel zu schreiben«, meldete er etwa im Februar 1727 entschuldigend nach Wien.[334]

Als Friedrich Wilhelm I. aber 1740 nach langer Krankheit gestorben war, offenbarte die Sektion zwar, daß der Verstorbene einer schweren Herzinsuffizienz und zahlreichen Ödemen erlegen war, die ihm einen qualvollen Erstickungstod bereitet hatten, aber sie ergab keine Anhaltspunkte für eine Organschädigung durch exzessiven Alkoholkonsum. Gleiches gilt für Gundling. Auch die Untersuchung seiner inneren Organe blieb, wie Faßmann mitteilt, ohne klinischen Befund, und offenbar zeigte nicht einmal die Leber jene charakteristischen Veränderungsmerkmale, wie sie bei fortgesetztem Alkoholabusus die Regel sind. Die einzige Ausnahme bildet das bei der Obduktion festgestellte »Loch im Magen« des Toten, das der Hofklatsch umstandslos zur Folge seiner angeblichen Trunksucht erklärte. Nun ist in der Medizin seit langem gesicherte Erkenntnis, daß die Perforation des Magens vornehmlich als Folge eines Magengeschwürs auftritt, das bei fehlender oder falscher Behandlung die verschiedenen Schichten der Magenwand durchdringen kann. Der dadurch drohende Durchbruch des Geschwürs stellt eine lebensgefährliche Komplikation dar und zieht, wenn die Perforationsstelle nicht rasch operativ verschlossen wird und der Mageninhalt sich in die freie Bauchhöhle ergießen kann, mit zwingender Konsequenz eine diffuse Bauchfellentzündung nach sich. Eine nicht lokal begrenzte Entzündung der Bauchhöhle äußert sich durch hohes Fieber, kalten Schweiß und schnellen Puls bei äußerster Berührungsempfindlichkeit; sie läßt den immer schwächer werdenden Patienten nach einigen Tagen in Agonie verfallen, bis schließlich die vitalen körperlichen Grundfunktionen gelähmt werden und der Tod eintritt.

Auf eben diesen klinischen Verlauf deuten die spärlichen Angaben über Gundlings Krankheit zum Tode, die im Frühjahr 1729 zum erstenmal als Ulkusleiden auftrat, zum Sommer hin wieder verschwand und im Frühjahr 1731 in heftigerer Form wiederkehrte, um diesmal schließlich einen Magendurchbruch und in der Folge eine Sepsis, also eine tödliche Gesamtinfektion des Körpers, nach sich zu ziehen. So erklärt sich das mehrwöchige Siechtum Gundlings, der noch am 8. April, drei Tage vor seinem Ende, einen evangelischen Pfarrer rufen lassen konnte, um ihn in ängstlicher Unrast um seinen geistlichen Beistand zu bitten, dann aber zunehmend in einen komatösen Dämmerzustand verfiel und so vom Leben in den Tod hinüberglitt. Keineswegs aber läßt sich diese Krankheitsgeschichte als Indiz einer Trunksucht Gundlings interpretieren. Die Ursachen einer Ulkuserkrankung sind vielfältiger Natur, und unter ihren Bedingungsfaktoren rangieren nach dem heutigen Stand der medizinischen Kenntnis konstitutionelle Disposition, psychische Streßfaktoren und vor allem bakterielle Schädigungen der Magenschleimhaut weit vor einer krankhaften Magenreizung durch Alkoholmißbrauch.

Wenn Gundlings Ausgang aus dieser Welt dennoch allgemein als Schlußpunkt einer fidelen Säuferkarriere erschien, so lag dies zum wenigsten an Gundling selbst, um so mehr aber an denjenigen, die von nun an allein über das Bild des Verstorbenen zu entscheiden vermochten. Wie aber die Hofgesellschaft mit dem König an der Spitze das elende Ende seines weinfrohen Lebens zur Schau zu stellen gedachte, sobald der Dahinsiechende ausgehaucht hätte, war wenig zweifelhaft. Erst kurze Zeit zuvor war Faßmann mit einem gedruckten Brief an Gundling in Erscheinung getreten, der dem Adressaten in bekannt grobschlächtiger Art alle Verdienste bestritt und im Feuerwerk seiner Kränkungen auch das höhnische Gedenken nicht vergaß, das er sich für seinen alten Gegner vorgestellt hatte: »Was das Mausoleum anbetrifft, so war solches überaus wohl ausgearbeitet, vier Affen mit langen trauer Mänteln hielten den Leich-Stein, die Retraits bestunden in lauter Haasen und Meerkatzen, welche durch ihre traurige Minen den Verlust ihres vornehmsten Mit-Glieds anzeigten, ein großer wohlgefutterter Hund saß oben auf dem Leichstein, wo Dero Hochfreyherrl. Haupt ruhen solte, und dressirte daselbst für Ew. Hochwohlgeb. eine magnifique Ehren-Säule, worauf dann folgenden Grabschrifft zu lesen war. Bewundre Leser nicht, was uns die Fabel sagt: Daß bey dem Lucian ein Mensch zum Esel worden, Daß sich ein Jupiter zum Stier und Ochsen macht, Und daß Ulysis Koch tritt in den Schweine Orden, hier muß in dieser Grufft ein theures Haupt verwesen, das Esel, Stier und Schwein zu gleicher Zeit gewesen.«[335]

Schon seit Jahren stand in Gundlings Potsdamer Schloßstube ein mit Eisenbändern armiertes und der Länge nach aufgeschnittenes Weinfaß, dessen obere Hälfte einem Deckel gleich abgenommen werden konnte und das nicht von ungefähr an ein bekanntes Erdmöbel erinnerte: »Es ist auch ordentlich mit fein Welsch ausgeschlagen, und schwarz angestrichen wie ein Sarg, nur daß auf die oberste Helfte ein weises Creutz über das Faß herunter gieng«, berichtete Loen aus dem Abstand einer fast zwanzig Jahre alten Erinnerung und fügte hinzu, daß auf beiden Seiten des Fasses lästerliche Verse aufgemalt worden seien.[336] Deren Inhalt wiederum wird am zuverlässigsten von Faßmann wiedergegeben, der sich allerdings ebenso wie Loen nicht darüber ausläßt, ob sie vor oder nach dem Ableben des Hofgelehrten angebracht wurden:

»Hier liegt in seiner Haut,
Halb Schwein, halb Mensch, ein Wunder-Ding,
In seiner Jugend klug, in seinem Alter toll,
Des Morgens voller Witz, Des Abends toll und voll,
Bereits rufft Bachus laut:
Diß theure Kind, ist Gundeling.«[337]

Die Inschrift auf der anderen Faßseite hingegen lautete:
»Gundling hat nun ausgesoffen,
Und forthin nichts mehr zu hoffen,
Von dem Wein aus diesem Faß.
Auch beym Abschied schmerzt ihn das.
Drum war es sein letzter Wille,

Daß doch ja in aller Stille,
Sein mit Wein gemäster Bauch
Käm in eben diesen Schlauch,
Draus er sich, gantz unverdrossen,
Offt die Nase hat begossen.
Sage Leser! wann dus liest,
Ob das nicht ein Schwein-Peltz ist?«[338]

Einer von vielen Autoren kopfschüttelnd, zuweilen schaudernd ausgemalten Überlieferung nach wurde Gundling in diesem gotteslästerlichen Faßsarg, der ihm schon bei Lebzeiten zur gelegentlichen Ruhestatt gedient haben soll, auch tatsächlich in der Kirche von Bornstedt bestattet. Ebenso berichtete auch die in ihren Erinnerungen aus Haß gegenüber dem Vater nur sehr bedingt vertrauenswürdige Markgräfin Wilhelmine ihrer Schwester Friederike Luise über Gundlings traurigen Weg zur letzten Ruhe, der offenbar nicht nur in preußischen Landen Hofgespräch wurde: »Der König ließ ihn mit seinem schönsten Kleid (?) und seiner großen Perücke in einem Fasse beisetzen. Er gab ihm selbst das Geleit bis Bornstädt, seiner Begräbnisstätte.«[339] Doch daß der fränkische Pfarrerssohn und preußische Freiherr Jacob Paul von Gundling, der einst in England mit führenden anglikanischen Geistlichen über theologische Probleme diskutiert und später in Preußen höchste Staatsämter erreicht hatte, von seinem eigenen Landesherrn, dem Idealbild eines gottesfürchtigen Bete-Fürsten, auf eine solch blasphemische Weise ins Grab gesenkt worden sein sollte, war ein so monströser und bizarrer Vorgang, daß er aus dem Abstand einer späteren Zeit schlicht das Maß des Vorstellbaren überschritt. »Ist Gundling in einem Weinfasse begraben worden?«, lautete die Frage, die der Potsdamer Lokalhistoriker Louis Schneider sich 1867 stellte, um den Kampf um die historische Entsorgung eines anstößigen Geschehens aufzunehmen, in dem er gegen eine vielfach beglaubigte Erinnerung focht. Ihm war bewußt, daß »ein Beweis des Gegentheils nicht mehr möglich« sei, und er argumentierte statt dessen mit dem Kriterium der inneren Wahrscheinlichkeit, um sicherzustellen, daß der König den von ihm mit Recht Verachteten doch darum keinesfalls blasphemisch über den Tod hinaus verhöhnt haben könne: »In der That will die strenge Religiosität und der Ernst, mit welchem König Friedrich Wilhelm I. alle kirchlichen Dinge behandelte, die genaue Befolgung aller kirchlichen Vorschriften und das erhebende Beispiel, welches er selbst seiner Familie und dem ganzen Volke in jeder christlichen Sitte gab, so gar nicht zu diesem narrenhaften Begräbnisse passen, daß der Zweifel daran wohl gerechtfertigt ist.«[340]

Auch aus heutiger Sicht geht keine geringe Irritation von den bizarren Umständen der Beisetzung Gundlings aus, die – wenn sie denn historisch beglaubigt sind –, ein so trübes Licht auf die höfische Gesellschaft des frühen 18. Jahrhunderts in ihrem so eigentümlich selbstwidersprüchlichen Verhalten zwischen Ehrbarkeit und Sittenlosigkeit, zwischen kultureller Tradition und kultureller Barbarei werfen. Es ist daher leicht nachvollziehbar, daß nachwachsende Generationen den Wahrheitsgehalt der grotesken Beerdigungsanekdote mit wachsendem Abstand vom Geschehen immer stärker in Abrede stellten. Wieder und wieder wurde darauf gedrängt, daß es »an der Zeit [sei], diese Legende zu überprüfen«[341], und mit wachsendem Abstand vom Geschehen verdichteten sich die »Zweifel« der Allgemeinen Deutsche Biographie von 1878, »ob die behaupteten Spottinschriften Gundlings Sarg denn wirklich geziert hätten«[342], allmählich zu der sicheren Annahme der Neuen Deutschen Biographie von 1966, »daß insbesondere das berüchtigte Begräbnis G.s in einem Weinfaß in dieser Form kaum stattgefunden hat«.[343] Eine sorgsame Prüfung des Geschehens ist also angezeigt, und sie wird dadurch erleichtert, daß vor wenigen Jahren im Archiv der Franckeschen Stiftungen in Halle ein Brief des Potsdamer Pfarrers Johann Heinrich Schubert entdeckt wurde, der fünf Tage nach Gundlings Tod geschrieben wurde und die sich anschließenden Vorgänge aus der Perspektive eines unmittelbar Beteiligten beleuchtet.[344]

Schuberts ausführliches Schreiben räumt nicht nur jeden Zweifel aus, daß der arme Hofgelehrte tatsächlich in einem Weinfaß unter lästerlichsten Umständen aus der Welt verabschiedet wurde, sondern gibt zudem einen atmosphärisch dichten Eindruck von den Spannungen und Ängsten, unter denen auf königlichen Befehl die ganze Stadt Potsdam an dem unerhörten Ereignis teilzunehmen veranlaßt wurde. Am unruhigsten und bedrücktesten war zunächst Gundling selbst, der wohl wußte, wie es um ihn stand, und nach Faßmanns Angaben in den letzten Tagen noch sein Testament aufsetzte.[345] Doch war es offensichtlich nicht so sehr die Todesfurcht, die ihn quälte. Weniger das Jüngste Gericht im Jenseits ängstigte ihn auf seinem Sterbelager als vielmehr das Scherbengericht im Diesseits, das sein Landesherr mit ihm zu veranstalten gesonnen war, sobald er als Toter jedem Schabernack hilflos ausgeliefert war. »Der arme Gundling«, schrieb Schubert nach Halle, »hat mir mit vielen Jammern und Seufzen erzählet, wie man ihn gemißhandelt habe, und insonderheit erbärml[ich] darüber geklaget, daß er für Unruhe, daß man ihn in einem Fasse mit solcher Aufschrift begraben wolle, nicht recht zu sich selber kommen könne.«[346]

Demnach muß der Faßsarg, der als ein höhnisches memento mori in der Stube des Sterbenden stand, noch zu Gundlings Lebzeiten mit seinen spöttischen Erinnerungsversen an den toten Trinker verziert worden sein, und es wird Gundlings seelische Not nicht gelindert haben, daß sie, wie Schubert weiter berichtete, auf ausdrücklichen Befehl des Königs verfertigt worden waren. Nicht nur das: Der Landesherr nahm, wie wir weiter erfahren, auf seine Weise unmittelbaren Anteil am Krankenschicksal seines Vorlesers und war ängstlich besorgt, daß die Pointe nicht verdorben würde, die er ihm zum Abschied zugedacht hatte. Hilflos mußte Schubert bekennen, daß sein Trost und Beistand Gundling nicht helfen konnten: »Den 8ten dieses [Monats April] besuchte ich ihn, und ging über eben diese Sache recht betrübt von ihm. R[ex Friedrich Wilhelm I.] hat das erfahren, u[nd] läßt mich den

9ten früh befragen: warum ich so betrübt von Gundling weggegangen wär? Resp[ondierte] es hätte mich sehr gebeuget, daß ich, wegen des Mannes Unruhe, an seiner Seele nichts ausrichten könnte, ließe R[ex] alleruntertänigst u. demüthigst bitten, Er möchte sich der armen Seele erbarmen, und ihm [Gundling] die Versicherung geben laßen, daß er, wie andre Menschen begraben werden sollte. Aber leyder! Diese Bitte ist höchst ungnädig aufgenommen worden.«[347]

In Schuberts Brief folgt nach diesem Satz eine kleine Lücke, möglicherweise, weil der vorsichtige Verfasser eine weitere Bemerkung zu dieser Angelegenheit später lieber wieder getilgt sehen wollte. In jedem Fall aber ließ der königliche Unwille über Schuberts Dazwischentreten vermuten, daß das vorgesehene Zeremoniell für Gundlings feierliche Beisetzung zu diesem Zeitpunkt schon feststand. Ein Licht auf die geschäftigen Aktivitäten, mit denen Gundlings Siechtum und Ableben bei Hofe begleitet wurde, wirft auch eine Empfangsbestätigung, mit der David Faßmann am 24. April 1731, knapp zwei Wochen nach Gundlings Tod, der Königlichen Bibliothek bescheinigte, »Siebmachers illuminirtes Wappen-Buch in zweyen Voluminibus« ausgehändigt bekommen zu haben, »weil Ihro Königl. Majestäte allergnädigst befohlen, daß ich solches Buch, zu einem gewißen Gebrauch auf einige Tage mit nach Potsdam nehmen sollen«.[348] Worin dieser gewisse Gebrauch bestehen mochte, konnte nicht zweifelhaft sein. Das von Siebmacher begründete Kompendium stellte nicht nur sämtliche deutschen Adelswappen im Bild vor, sondern erörterte auch die Möglichkeit einer Wappenverleihung an verdiente Gelehrte mit Worten, die wie ein mahnender Zuruf an Friedrich Wilhelm I. zu klingen schienen: »Es ist auch allezeit dafür zu halten, daß die Wappen würdigen Personen [...] möchten gegeben und ertheilet werden [...] und daß solches nicht nur zum Schein und Pracht geschehe. [...] Und gehöret hieher, was Kayser [!] Sigmund gesagt; Ich kan in einem Tag hundert Edelleute machen, aber in tausend Jahren würde ich keinen Doctor machen«.[349] Womöglich noch anregender für eine Unterhaltung mit dem König über Gundlings künftigen Grabstein fand Faßmann ganz offenbar das kolorierte Titelbild des Wappenbuchs, das Pallas Athene und Fama als Schildhalter präsentierte. Der Umstand, daß eine verblüffend ähnliche Anordnung, in der allein die Fama durch den Hasen ersetzt wurde, später auch Gundlings Epitaph zierte, macht anschaulich, aus welchen Quellen man bei Hofe schöpfte, um den Nachruhm des königlichen Vorlesers zu befördern. Dabei liegt die Vermutung nicht fern, daß Faßmann auf königlichen Wunsch bereits erste Anstalten traf, seinem Kollegen ein im höfischen Spottsinne würdiges Grabmal zu entwerfen, als der so Verhöhnte sein Leben noch gar nicht beschlossen hatte.[350]

Tatsächlich löste Gundlings Tod eine Kette von ineinandergreifenden Handlungen aus, die den Eindruck erwecken, als habe hier eine gutgeölte Maschine allein auf den Befehl zur Zündung gewartet. Am 11. April um zehn Uhr tat der Hofgelehrte seinen letzten Atemzug. Unmittelbar danach mußte seine Frau, die sich während der Krankheit ihres Mannes im Schloß aufgehalten hatte, nach Berlin abreisen, um dem Spektaktel nicht im Wege zu stehen, das sich nun vollziehen sollte. Anschließend wurde Gundlings Körper auf ein Brett gelegt »und so öffentlich über den Markt von 2 Kerls« in das dem Schlosse gegenüberliegende Witwenhaus für die Frauen verstorbener Hofbediensteter getragen, wo bereits Chirurgen bereitstanden, um den Leichnam zu öffnen.[351] Sobald die Obduktion abgeschlossen war, wurde der Tote zur öffentlichen Präsentation vorbereitet; »den Nachmittag stehet er schon im Faße zur Schau, hat eine Perücke auf, die biß an die Lenden reichet, eine gräulich großen Huth in der Hand, seinen ordentlichen Rock an, brokadene Beinkleyder, schwartze Strümpfe mit rothen Bändern gezieret«, notierte Schubert in mitleidiger Empörung.[352] Faßmanns Beschreibung hinzugenommen, daß Gundlings »ordentlicher Rock« in rotem Samt mit blauen Aufschlägen erstrahlte, muß der von zwölf auf Gueridons stehenden Kerzen in flackernden Schein getauchte

Zeremonienmeister, Staatsrat und Hofgelehrte in seinem schwarzen Faß einen wahrhaft gespenstischen Eindruck auf diejenigen gemacht haben, die ihm durch ihren Besuch die letzte Ehre erweisen wollten. Und es kamen ihrer viele: »In dieser Parade ward ich jederman gezeiget, wer mich zu sehen verlangte«, legte Faßmann seinem Gundling als Äußerung aus dem Jenseits in den Mund, »und es haben mir auch viele Fremde, welche durch Potsdam auf die Leipziger Messe gereiset, die Ehre gethan, daß sie mir bey meinem Sarge eine Visite gegeben.«[353]

Als erster Besucher machte noch am Nachmittag dieses 11. April der König dem toten Vorleser seine Aufwartung. Er kam mit großem Gefolge und ergötzte sich an der Leichenrede als dem würdigen Höhepunkt der Trauerzeremonie, zu der sich ausgerechnet David Faßmann am grotesk ausstaffierten Sarg seines endlich aus dem Weg geräumten Widersachers inspiriert fand, um unter »gantz entsetzl[ichem] Gelächter derer Gegenwärtigen« das Ableben des teuren Toten zu beklagen.[354] Faßmanns Laune hätte schwerlich besser sein können, hatte er doch nun eine denkbar günstige Verhandlungsposition, um nach Möglichkeit in die Rechte des Verstorbenen einzutreten, ohne gleichzeitig dessen entwürdigende Pflichten tragen zu müssen.

Die königliche Gunst hatte Faßmann sich um so mehr verdient, weil es vor allem seinem Engagement zu verdanken war, daß die Beisetzungsfeierlichkeiten für den verstorbenen Gundling sich trotz mancher Hindernisse in den geplanten Bahnen weiterbewegen konnten. Zunächst freilich noch diktierte Friedrich Wilhelm I. das Weitere ganz nach Gusto. Noch an Gundlings Sterbetag erging Befehl vom König an den Kastellan des königlichen Schlosses, alles Erforderliche zum Begräbnis zu veranlassen, zu dessen Schauplatz Bornstedt bestimmt wurde. Die kleine Kirche des eine Viertelmeile vor den Toren Potsdams gelegenen Ortes war seit der Schließung des Kirchhofes von St. Nikolai, ihrer Potsdamer Mutterkirche, im Jahre 1721 zu einer beliebten Grablege für den Hofadel und auch im gehobenen Bürgertum geworden, da ihr Friedhof Platz für repräsentative Grabkapellen und Erbbegräbnisse bot. Gundling wurde sogar die besondere Ehre zuteil, in einem Grabgewölbe im Inneren der Kirche Aufnahme zu finden, und der Hauptpfarrer von St. Nikolai, Christian Zacharias Schultze, erhielt nach dem Zeugnis seines Amtsbruders Schubert ebenfalls noch am Abend des 11. April »Ordre, uns Predigern anzudeuten, wir sollten den 12ten alle mit zu Grabe folgen, die Glocken sollten geläutet werden (welches sonst hier in Potsdam bey keiner Leiche geschiehet)«.[355]

Doch nachdem die groteske Totenehrung ungeachtet ihres so offen gegen Sitte und Anstand verstoßenden Charakters bisher einen ganz störungsfreien Verlauf genommen hatte, keimte nun Widerstand gegen das gotteslästerliche Vorhaben des Königs auf, und er kam von der Potsdamer Geistlichkeit, die sich zur Ehre ihres Standes ein Herz faßte. Zunächst lehnten die lutherischen Pfarrer ihre Mitwirkung an der für den folgenden Tag vorgesehenen Beisetzung Gundlings rundheraus ab, nachdem Pfarrer Schultze, seit 1730 zugleich Superintendent, sich an den zweiten Prediger in St. Nikolai gewandt hatte, um zusammen mit ihm den Entschluß zu fassen, dem königlichen Befehl »nicht zu folgen, sondern lieber alles zu leyden«.[356] Ihnen schloß sich auch Schubert an, der das Pfarramt an der Heiliggeistkirche versah. Friedrich Wilhelm I. war freilich nicht der Mann, um sich einem solch widerspenstigen Bescheid einfach zu fügen. Am nächsten Morgen, dem vorgesehenen Beisetzungstag, schickte der König seinen Kastellan abermals zu den drei Frondeuren und erneuerte sein Verlangen mit der drohenden Behauptung, daß sich dem Trauerzug für Gundling neben vielen hohen Offizieren weisungsgemäß auch die reformierten Prediger in Potsdam anschließen würden. Aber die drei Widerständler hielten es mit Martin Luther. Sie trotzten der Macht mit dem Glauben und bekräftigten ihre Überzeugung, keinen Christen in einem Weinfaß auszusegnen; »wenn Gundling in einem Sarge begraben würde, wollten wir gerne folgen«.[357] Ihre Standhaftigkeit strafte den König Lügen, der, wie sich später zeigen sollte, seinen Klerus mit einem bloßen Bluff einzuschüchtern versucht hatte. Erleichtert konnte Schubert notieren: »Die »Reform[ierten] Prediger habens auch alle abgeschlagen, und ist kein ein[z]iger mitgegangen.« Da die Zeit bis zum festgesetzten Beerdigungstermin knapp wurde, nahm der König vorerst hin, was er nicht zu ändern vermochte, und ließ den Klerikern durch einen Obersten mitteilen: »Wollen die Priester nicht mitgehen, u[nd] haben Bedenken, so mögen sie zu hause bleiben«.[358]

Auch ohne die protestantische Geistlichkeit war die Trauergemeinde eindrucksvoll genug, die sich daraufhin am Donnerstag, dem 12. April, zur Prozession zusammenfand, um den in ein schwarzes Tuch eingehüllten Sarg des verstorbenen Gundling auf dem Weg aus der Stadt nach Bornstedt zu begleiten. Wer gezwungenermaßen oder freiwillig an dem Zug teilzunehmen hatte, erlebte ein Schauspiel, das er nicht mehr vergaß. Vertreten waren der katholische Klerus und auch der russische Geistliche in Potsdam, vertreten waren die Schloßbedienten von den königlichen Kabinettssekretären bis hin zu den Küchenjungen, vertreten waren preußische Generale, Offiziere und Kriegsräte, vertreten waren Rat, Bürgerschaft und alle Gewerke von Potsdam, vertreten waren schließlich Schüler und Lehrer der Potsdamer Schule – mit Ausnahme allein des Rektors und seines Stellvertreters, die gleich ihren geistlichen Kollegen die Teilnahme mutig verweigerten. Nicht alle reihten sich offenbar unbeschwerten Herzens ein, und das kleine Fähnlein der fünf Aufrechten hatte vielleicht mehr bewirkt, als die zur Verfügung stehenden Zeugnisse zu erkennen geben. Ausgerechnet Faßmann ließ in einer etwas dunklen Stelle seiner Schilderung durchblicken, daß sich mancher ungescheut an der Lästerlichkeit des Behältnisses stieß, das Gundling zur letzten Heimstatt dienen sollte: »Bey der Gelegenheit fielen auch allerhand Discurse vor, und es wäre bey einer Haar geschehen, daß ich aus diesem meinem schönen Sarg [...] in einen andern, und weit schlechtern, wäre geleget worden.«[359] Erst die von Mund zu Mund gehende Erklärung, daß auch der Hamburger Dom einen närrischen Leichenstein aufweise, ohne daß dadurch der christlichen Andacht in irgendeiner Weise Abtrag geschähe, bewog die unschlüssige Trauergemeinde schließlich dazu, über den Protest der Geistlichen hinwegzugehen und Gundling nicht noch in letzter Stunde aus dem für ihn gemachten Weinfaß in ein schlichteren Sarg umzubetten.

Unterdes war auch ein weiteres Hindernis aus dem Weg geräumt worden, das die lutherische Geistlichkeit mit ihrer Weigerung aufgerichtet hatte, der Beisetzung Gundlings den Segen der Kirche zu verleihen: Wer sollte an Pfarrers Stelle die Leichenpredigt halten? Die Entscheidung traf der König selbst, und sie fiel auf David Faßmann. Daß ausgerechnet Gundlings Erzfeind beauftragt wurde, das wechselhafte Leben eines Mannes zu würdigen, den er über Jahre hinweg mit Fleiß gequält hatte, ist oft als Beweis für die despotische Unbarmherzigkeit eines absolutistischen Landesherrn bewertet worden, dem es auch mit seinen lustigsten Scherzen auf fürchterlichste Weise ernst war.

Doch so treffend diese Feststellung im allgemeinen sein mag, so unangebracht ist sie an dieser Stelle. Friedrich Wilhelm I. war anfänglich ganz selbstverständlich davon ausgegangen, daß der zuständige Pfarrer von St. Nikolai in der Bornstedter Tochterkirche seines Amtes walten würde. Erst dessen unerwarteter Widerstand zwang ihn, in Zeitnot einen Ersatz zu finden, und in dieser Zwangslage kam ihm einer in den Sinn, der zwar nicht durch sein Predigeramt, wohl aber durch seine tags zuvor bewiesene Predigergabe legitimiert war – eben Faßmann. Dieser selbst gab in seinem »Totengespräch« ungewollt zu erkennen, wie sorgsam der König zu verhindern versuchte, daß die gegen ihn gerichtete Empörung über die blasphemische Beerdigungsposse noch höhere Wellen schlug. Ausgerechnet ihm, den Gundling für seinen Erzfeind hatte ansehen müssen, sei die Aufgabe zugeteilt worden, die Leichenpredigt statt des vorgesehenen Pfarrers zu halten, schrieb Faßmann und fügte hinzu, daß dadurch »ihm doch, wie es sich nachher gewiesen, sehr unrecht gethan« worden sei. Er habe, heißt es weiter, nur wenige Stunden Zeit gehabt, um seine Grabrede auszuarbeiten. Also »brachte [er] das zu Papier, was er reden wolte«, und »lase es zu Mittag Sr. Majestät dem König bey der Tafel vor«.[360] Seine Zeitangaben stützen die Annahme, daß er erst nach der wiederholten Weigerung beider Pfarrer an der Nikolaikirche Befehl erhielt, als deren ernstgemeinter und gänzlich unsatirischer Vertreter zu fungieren. Um sicherzugehen, überzeugte der König sich höchstpersönlich, daß der Redetext tatsächlich frei von Sottisen und anstößigen Stellen war, die die Groteske zur Gottlosigkeit hätten steigern können.

Doch mit solchen Retuschen war die Situation nicht mehr zu retten. Als es von der Tafel weg zum aufgebahrten Sarg im Witwenhaus gegenüber dem Potsdamer Schloß ging, war bereits eine zahlreiche Menge versammelt, die der für drei Uhr nachmittags angesetzten Trauerzeremonie beizuwohnen gewillt – oder befohlen war. Ihre Erwartungen wurden allerdings einigermaßen enttäuscht, als Faßmann zu einer Würdigung des Verstorbenen anhob, die durchaus nichts Närrisches enthielt, sondern von dem Bemühen durchdrungen war, Gundling Gerechtigkeit widerfahren zu lassen und die abfällige Kritik an ihm auf die »Mißgunst und Boßheit derer Menschen« zurückzuführen. Allerdings hatten Faßmann und sein königlicher Herr wohl zu wenig bedacht, daß unter satirischen Bedingungen der Ernst selbst das Komische ist. Die Treuherzigkeit, mit der hier ein Narr dem anderen Narren die Dignität des von der Welt verkannten Gelehrten bescheinigte, muß die Versammlung außer Rand und Band gebracht und förmliche Lachsalven hervorgerufen haben, so daß Schubert anschließend erschüttert schrieb: »Was dabey vor Versündigungen vorgegangen, ist nicht zu sagen.« Vergeblich hatte der der Zeremonie bedachtsam fernbleibende Monarch sich persönlich die Entscheidung über die Kirchenlieder vorbehalten, die im Anschluß an Faßmanns Leichenpredigt anzustimmen waren, um den gottesfürchtigen Charakter der Veranstaltung zu wahren. Als die Gemeinde befehlsgemäß anhob zu »Nun laßt uns den Leib etc. etc. und man die Worte gesungen: er hat getragen sein Joch etc., haben viele laut gelachet, u[nd] geschrieen: Nein, das ist nicht wahr, er hat getragen R[egis]; [des Königs] Joch etc. etc.«[361]

So ging der groteske Trauermarsch seinen Gang. Nach geendigter Predigt wurde ein schwarzes Leichentuch über den bis dahin offenen Sarg gebreitet, und die Glocken der Stadt läuteten, als acht Schneider den Sarg schulterten und, gefolgt von groß und klein, in feierlichem Zug durch die Stadt bis zum Schlagbaum am Brandenburger Tor trugen. Dort blieb die Prozession zurück und wurde der Sarg auf einen gewöhnlichen Viehwagen umgeladen. Während die Trauergäste sich in verschiedene Richtungen zerstreuten, setzte der tote Gundling seinen weiteren Weg nur noch in der Begleitung weniger Nahestehender fort, bis der kleine Zug Bornstedt erreichte. Noch bevor sich die Grabplatte über der für ihn vorbereiteten Gruft am Altar der Bornstedter Dorfkirche schloß, war der Hofgelehrte Jacob Paul Freiherr von Gundling schon endgültig aus der Gegenwart verabschiedet und in die Welt ihres Gedächtnisses übergewechselt.

Welchen Platz er dort in Zukunft einnehmen würde, hatte weniger Gundling selbst zu bestimmen gehabt als sein König, der ihn vom ersten bis zum letzten Tag zugleich genarrt und geachtet hatte, um noch das Begräbnis seines Vorlesers und Zeremonienmeisters in ein seltsames Zwielicht zwischen Gottesfurcht und Gottlosigkeit zu tauchen. Zwischen Ernst und Komik spielte selbst das Gundling rühmende Grabepitaph, dessen barocker Ausstattungsprunk durch das ungleiche Wappenhalterpaar der Allegorien von Feigheit und Weisheit zugleich erhöht und gebrochen wurde. Auch darin folgte die königliche Spottlust bekannten Vorbildern, hatte doch schon das Siebmachersche Wappenbuch als Beispiele für einen tadelnswerten Mißbrauch unter anderem Wappen wie »drey Schneepallen in einem warmen Wasser« oder die Kombination von Adler, Schwein und Gänseköpfen aufgezählt.[362] Doch derselbe Landesherr, der seinen Hofrat in einem Faß zu Grabe tragen ließ und den Protest der Kirche mit einer Handbewegung abtat, versuchte sich anschließend in der Öffentlichkeit von dem Vorwurf zu reinigen, daß Gundling in lästerlicher Weise beigesetzt worden sei. »Gedruckt auf allergnädigsten Befehl«, erschien noch im selben Jahr Faßmanns Leichenpredigt, wie sie »Bei einer sehr Volkreichen Versammlung gehalten worden«. Der gleich zweimal, nämlich einmal anonym und ein zweites Mal mit Verfasserangabe publizierte Text gaukelte eine Trauerzeremonie vor, in der ein argloser Biedermann auf Wunsch seines frommen Königs die Verdienste des Verblichenen so treuherzig wie gottesfürchtig gepriesen habe, bevor der tote Hofgelehrte von »einer ansehnlichen und höchst-rühmlichen Leich-Procession, hinaus nach Bornstädt« gebracht und bestattet worden sei.[363]

Versuchte der Monarch sich so die Macht über die Erinnerung an seinen verstorbenen Vorleser nicht entwinden zu lassen, so ging er mit gleicher Energie daran, auch die Macht über die Gegenwart zu wahren. Noch an Gundlings Begräbnistag begann die Untersuchung gegen die Frondeure, die sich geweigert hatten, dem König zu Willen zu sein. Was Widersetzlichkeit im absolutistischen Preußen Friedrich Wilhelms I. bedeuten konnte, verstand sich von selbst: Während man sich in Potsdam zu Gundlings Beisetzung rüstete, trauerte weiter östlich in Küstriner Festungshaft der Kronprinz um seinen wegen Fluchtbeihilfe hingerichteten Freund Katte. Ein Offizier, der beim Exerzieren die Hand gegen seinen Vorgesetzten zu heben gewagt hatte, entging seiner Strafe nur, indem er sich selbst richtete, und um Leben und Stellung fürchtete der mutige Pfarrer Schubert, der zusammen mit seinen Amtsbrüdern als Erklärung für seine Haltung abgab: »wir könnten nicht anders, als glauben, es sey nicht R[egis] [des Königs] ernst[icher] Wille, sondern nur eine Prüfung unsrer, ob wir uns, als rechtschaffenen Lehrern gebührt, verhalten würden«.[364] Der Appell an den sorgenden Monarchen im frevelnden Despoten war freilich überaus geschickt. Er verhinderte nicht, daß Schubert zwei Tage später offiziell verhört wurde, »1) was ich vor Ursachen gehabt, nicht mitzugehen?, 2) warum ich die andern aufgewiegelt?«.[365] Aber er gab ihm und seinen mutigen Genossen die Grundlage, um sich zu ersterem frei zu bekennen und das letztere strikt von sich zu weisen. Am Ende verlief die Auseinandersetzung im Sande. Schubert behielt sein Amt als Prediger an der Heiliggeistkirche – und Friedrich Wilhelm I. behielt die Herrschaft über die Erinnerung an einen zum trunkenen Narren herabgewürdigten Vorleser, der sich nach allgemeiner Vorstellung sein groteskes Grab selbst geschaufelt habe. Im tiefsten kompromittierte der dergestalt verwandelte Hofgelehrte mit seinem gespenstischen Begräbnis daher nicht den preußischen Monarchen – sondern sich selbst.

Preußischer Hofhistoriker

Ungeklärte Schicksale beunruhigen. Sie tun es um so mehr, wenn die Fakten zutage liegen und ihr Sinn dunkel bleibt. Auch Gundlings Vita gibt mit der Rekonstruktion ihrer einzelnen Etappen nicht schon den Interpretationsschlüssel mit, der die Spannung zwischen den sie prägenden Polen auf ein erträgliches Maß zurückführt: Noch in der Begleitmusik zu Gundlings Tod übertönen sich getragene Trauer und zwitschernde Lustigkeit zu bloßer Kakophonie. Entsprechend scheinen die zwei archetypischen Deutungsmuster immer wieder auf, die in ihrer Gegensätzlichkeit jedes für sich Ordnung im biographischen Chaos dieses Lebens zwischen Geist und Macht stiften, aber doch gleichzeitig fast unverbunden nebeneinander herlaufen. Mehr noch, sie bestreiten sich wechselseitig ihr Recht: auf der einen Seite der Stammtischprofessor, der lustige Rat, die mißbrauchte Witzfigur, auf der anderen der Universalgelehrte, der Landeshistoriker, der Intellektuelle avant la lettre. Wie läßt sich dieser Widerspruch auflösen?

Kein Deutungsmuster scheint sich zur Klärung des seltsamen Falls stärker aufzudrängen als das des Hofnarren, der die Macht des Herrschers durch seine Ohnmacht repräsentiert und gerade darum im Scherz sagen kann, was im Ernst den Kopf kosten würde. Tatsächlich war der »fou du roi« über fast zwei Jahrtausende hinweg eine politische Institution und nicht selten ein förmliches Hofamt gewesen, das der Macht den Spiegel vorhielt und ihr gerade deshalb als eine Art unbestechliches Gewissen dienen konnte, weil es außerhalb ihrer Herrschaftsordnung stand. Auch ein noch so flüchtiger Überblick über das Narrenwesen verschiedener Länder und Zeiten zeigt deutlich, daß der Begriff des institutionalisierten Lustigmachers im Laufe der geschichtlichen Entwicklung in unterschiedlichster Weise ausgefüllt wurde, und die Spannweite reicht von der bloßen Prügelpuppe bis zum gefürchteten Witzling, vom derben Zotenreißer bis zum kultivierten

Schöngeist, vom plumpen Fürstenschmeichler bis zum weisen Ratgeber. Gleichviel aber, ob Pickelhering, Eulenspiegel oder Hofpoet, immer war der Narr eine Figur, die in gewisser Hinsicht Recht- mit Straflosigkeit vereinte, die eine freie Meinung äußern konnte, weil sie bedeutungslos war, und in ihrer Narrenfreiheit die Wahrheit treffen konnte, gerade weil sie die Vernunft beiseite getan hatte: »Ein Herr, der Narren hält, der thut gar weislich dran, Weil was kein Weiser darf, ein Narr ihm sagen kann!«[366] So wurde der Narr im Mittelalter zum Repräsentanten einer dialektischen Gegenordnung, die den großen Herrn an die Zeitlichkeit und Begrenztheit seiner Macht erinnerte und in gewissem Sinne zu einer machtlosen Gegenmacht aufstieg: Nicht anders als der Fürst das Zepter trug der Narr in der Antike die Pritsche und im Mittelalter den Kolben zum Zeichen seiner Herrschaft.

Diese Zeit ging mit dem Mittelalter zu Ende, und nach 1500 verkam der Narr mehr und mehr zum bloßen Spaßmacher. Zusammen mit dem Hofmohren, dem Hofzwerg und dem Hofriesen gehört er im Barock dem Bereich der Groteske an, wird er als Monstrosität dem Inventar curieuser Kunst- und Wunderkammern einverleibt, und dies zuweilen in wörtlichem Sinne, wie das Beispiel des um 1720 aus Afrika an den Wiener Hof verschleppten Angelo Soliman zeigt, der nach seinem Tod als ausgestopftes Objekt öffentlichen Bestaunens in der Wiener Hofburg zur Schau gestellt wurde. Im Verständnis des 18. Jahrhundert diente der aus der göttlichen Ordnung gefallene Narr dann nur mehr zur bloßen Belustigung seiner Umwelt. Johann Georg Krünitz' »Ökonomische Encyclopaedie« definierte ihn 1781 als einen »Mensch, der ein Geschäfft daraus macht, einem Hofe das Zwerchfell zu erschüttern, und denselben mit seinen Possen und Schwänken zu unterhalten«.[367] Doch noch in der bloßen Erheiterung des Fürsten blieb das markanteste Erkennungszeichen auch des neuzeitlichen Narren, daß er die Welt zeigt, wie sie nicht ist. Der Narr verhält sich zur Realität wie Bild und Spiegelbild; er ist der Esel, der sich für einen Elefanten ausgibt, der mit

Ernst tut, was in Wirklichkeit lächerlich ist, und lächerlich macht, was in Wirklichkeit ernst ist. Der Schalksnarr macht lachen, weil er sich für einen anderen ausgibt, als er ist, weil er die Ständepyramide umkehrt und »allezeit obenan sitzen« muß, wie Tomaso Garzoni im 16. Jahrhundert schrieb: Die Narren »sind nunmehr die vornehmsten Räthe, die erinnern alles, verbessern alles, gebieten und verbieten alles, erklären auch alles nach ihrem Willen und Wohlgefallen, daß also beide Ungelehrte und Gelehrten, deren die Welt nicht wohl werth ist, nach eines kahlen, heillosen und unverschämten Fuchsschwänzers oder Possenreißers Pfeife tanzen müssen.«[368]

Solch ein Narr aber war Gundling eben nicht, oder besser, war er nur in der gezielten Fehlwahrnehmung einer höfischen Welt, die ihn mit Zitaten der klassischen Narrenrolle verfolgte, indem sie ihn mit Hasenohren porträtierte und mit ausgeschnittenen Eselsbildern behängte. Es hat in der späteren Literatur Versuche gegeben, ihn ganz in diese Rolle zu drängen und gleichsam unter die »Hofnarren des höheren Dienstes« zu rubrizieren, die eine politische Strategie verfolgen und »sich bewußt unter der Narrenkappe tarnen«, um ihre Botschaft verkünden, ihre Macht ausüben zu können.[369] Zur Beglaubigung dieser vermeintlichen Rolle Gundlings entstanden fiktive Dialoge mit dem Könige, die ihn mit den Zügen eines klassischen Narren ausstatteten. Zu ihnen zählt etwa eine Anekdote, in der Gundling dem König eine radikale Besoldungskürzung für den Hofstaat auszureden vermochte, indem er ihm listig das Bild seiner Magd zeichnete, die die Treppe von unten nach oben wischte und so ihre eigene Arbeit zunichte machte: »Das kann zu nichts helfen. Von oben muß man anfangen, Eure Majestät, von oben.« – Der König merkte, was Gundling damit sagen wollte, und erwiderte lächelnd: »Ja, darin hat er recht; ich werde mit dem Hofmarschall reden.«[370]

Doch dieser Dialog ist erfunden und das Bild, das er vermitteln soll, unhistorische Zutat ex posteriori. Gundling spielte den Gelehrten nicht, sondern verkörperte ihn; er saß nicht mit augenzwinkerndem Scheinernst im General-Direktorium dem Departement der Seidenwürmer vor, sondern mit gegründeter Überzeugung; er äffte nicht zum Spott nach, sondern lebte mit Stolz vor – und wurde eben dafür zur närrischen Exzellenz erklärt. Mit Fleiß demonstrierte der von der Hofgesellschaft Verachtete seinen Rang und seine Bedeutung, um sie zur besseren Einsicht zu bekehren, und gerade dadurch stachelte er deren mokante Kritik zusätzlich an, wie schon Loen in seiner Charakterisierung des preußischen Hofgelehrten bezeugte: »Gundling wurde also ein vornehmer Mann. Die Einbildung von der Vortrefflichkeit seiner Verdienste übernahm ihn. Die Ehre beständig mit Fürsten und großen Herren umzugehen blähete ihn auf. Ein steiff zurück geschlagener Kopf, eine spreustige Mine, eine lang abhängende Staats-Perücke, große Augen, die keinen Geist hatten, aufgeworffene Lefzen, und Schritte, die nach der Scansion in genere heroico abgemessen waren; alles dieses gab den neuen Staatsmann zu erkennen.«[371]

Im Fall Gundling stellte also nicht der Narr die Weltordnung auf den Kopf, sondern die Gesellschaft, die ihn zum Narren halten wollten. Die Narrenschelle, die ihm gegen seinen erbitterten Widerstand umgehängt werden sollte, bedeutete nicht mehr und nicht weniger als Sieg oder Niederlage in einem verbissenen Streit um Legitimation und Einfluß, an dem drei Parteien in unterschiedlichen Kampfstellungen und Allianzen beteiligt waren: die Hofgesellschaft, die am akademischen Habitus des seltsamen Aufsteigers und Königsvertrauten ihr Mütchen zu kühlen liebte; Gundling selbst, der um die Dignität seiner Stellung und seine Existenz bei Hofe focht; schließlich der König, der seinen Vorleser in einer Art pädagogischem Despotismus benutzte, um seiner Umwelt und sich selbst einen Spiegel vorzuhalten. Die Frontlinien in dieser Auseinandersetzung wechselten je nachdem, ob in dem zum Zeremonienmeister Ausstaffierten die Hofkultur des Spätbarock aufs Korn genommen wurde oder im Geheimen Ober-Apellations- und Kammergerichtsrat die Titelsucht der eigenen Hofwelt – oder auch nur der bürgerliche Parvenu selbst, in dessen Verachtung die höfische Adelsrenaissance des 17. und 18. Jahrhunderts ihren gemeinsamen Ausdruck fand.

So wie in der traditionellen Interpretation der Witz des Narren davon lebte, daß er eigentlich nicht der Weltmann war, der er zu sein vorgab, so lebte das höfische Spiel am preußischen Hof davon, daß der verspottete Gundling eigentlich nicht der Narr war, zu dem er gemacht wurde. Zeit seines Lebens hatte Gundling die Partie offenhalten können und jede höfische Erniedrigung mit einer außerhöfischen Kompensation wettzumachen oder in eine reale Erhöhung zu verkehren versucht – oft gegen den König und manchmal auch mit ihm, so wenn beispielsweise einzelne ihn peinigende Offiziere im Tabakskollegium dazu verurteilt wurden, als gebührende Entschädigung den Druck einer seiner Schriften zu finanzieren. Erst mit Gundlings Tod erlangte das höfische Zerrbild des Lustigen Rats seine Hegemonie und vermochte auch der König nichts mehr gegen die Reduzierung Gundlings zum bloßen Narren auszurichten, als er vergeblich der burlesken Beerdigung in letzter Stunde ihre christliche Würde zurückzugeben versuchte. Im kulturellen Gedächtnis lebte Gundling als ein unter pastoralem Protest in seiner Faßhaut zur letzten Ruhe Gebetteter fort, dessen Grablege nicht von ungefähr an die Beerdigung eines närrischen Vorgängers erinnerte, den Friedrich I. ohne Rücksicht auf den Widerstand des Klerus neben dem Hauptaltar der Cöllner Petrikirche beisetzen ließ, weil er als Narr ein ebenso lauterer Prediger der Wahrheit gewesen sei wie die Geistlichen selbst. Dieser höfische Sieg im Krieg der Bilder hat die populäre und literarische Rezeption des Hofgelehrten Gundling bis heute geprägt, aber gerade darum taugt die archetypische Figur des Hofnarren nicht, um Gundlings zwischen Wirklichkeit und Satire changierende Rolle am preußischen Hof angemessen abzubilden. Sie verfehlt den Kern des Konflikts, indem sie sich auf die Seite einer Partei schlägt und mit ihr Gundling zu dem erklärt, was er weder sein wollte noch alleine war.

Sehr viel mehr spricht hingegen umgekehrt dafür, die teleologische mit einer genetischen Sichtweise zu vertauschen und also Gundlings Schicksal nicht von seinem Ende im Weinfaß her zu deuten, sondern von seinem Anfang aus als hoffnungsvolle Historikerkarriere. Denn es steht außer Zweifel, daß Gundling als Historiker ein Gelehrter von Rang war und einer der produktivsten deutschen Geschichtsschreiber des 18. Jahrhunderts. Sein publizistisches Lebenswerk gliedert sich in zwei voneinander abgehobene, wenn auch miteinander verschränkte Teilgebiete. In seinen ersten Berliner Jahren befaßte Gundling sich vorwiegend mit der sogenannten »Teutschen Reichs-Historie«, die als neue Subdisziplin von Helmstedt ausgegangen war und mittlerweile an der Universität Halle mit Johann Peter von Ludewig, Christian Thomasius und Gundlings Bruder Nicolaus Hieronymus ihre wichtigste Heimstatt gefunden hatte. Ausgehend von seiner Lehrtätigkeit als Professor an der Fürstenakademie, arbeitete er zwischen 1704 und 1712 an einer Gesamtdarstellung des Heiligen Römischen Reiches Deutscher Nation vom 8. bis zum 16. Jahrhundert, die mit König Pippin I. beginnen und mit Kaiser Maximilian I. enden sollte.

Im Rahmen dieses enzyklopädischen Vorhabens galt sein besonderes Interesse dem zwanzigjährigen Interregnum, das sich von der Zeit nach dem Tod Friedrichs II. von Hohenstaufen 1250 bis zur Wahl Rudolfs von Habsburg 1273 erstreckte. Gundling suchte den Beweis zu führen, daß der ursprünglich von ihm als Professor an der Ritter-Akademie selbst noch vertretene Begriff des Interregnums[372] völkerrechtlich gar nicht haltbar sei, und wollte im Widerspruch zur Mehrzahl seiner zeitgenössischen Fachkollegen Friedrichs Sohn Konrad IV., der sich bis zu seinem eigenen Tod 1254 gegen zwei Gegenkönige zu behaupten hatte, als legitimen Römischen Kaiser anerkannt wissen.[373] In weiteren Schriften suchte Gundling darüber hinaus den Beweis zu führen, daß nach Konrad auch der schon 1247 als Gegenkönig gewählte Wilhelm von Holland bis zu seinem eigenen Tod 1256 als legitimer Träger der Reichskrone anzusehen sei und nach ihm ebenso der nur von drei Kurfürsten gewählte Richard von Cornwall, der nach seiner Krönung nur viermal für kurze Zeit nach Deutschland kam.[374]

In Aachen all diesen Arbeiten stand Gundling deutlich in der Tradition der Helmstedter Schule einer erneuerten Geschichtsschreibung, wie sie Hermann Conring und Heinrich Meibom der Jüngere aufgefaßt hatten. Darauf, daß diese beiden Helmstedter Professoren und auch Leibniz »öffters gewünschet (haben), daß in unserer Teutschen Reichs-Historie die Zeiten von Anno 1256. bis 1271. genau untersucht werden möchten«, berief Gundling sich selbst, um seine ausgedehnte Beschäftigung mit der Zeit des Interregnums zu rechtfertigen.[375]

Diese Absicherung war nicht bloß eine gespreizte Phrase. Noch war die Reichshistorie ein junges und keineswegs anerkanntes Fachgebiet in der Geschichtswissenschaft, und ihre juristisch systematisierende Betrachtungsweise mußte sich ihren Platz erst gegen die hagiographische Fürsten- und Hofgeschichte der Barockzeit erkämpfen. Bisher hatte man nach einer polemischen Kampfansage Ludewigs zu Vertretern der historischen Zunft »entweder philosophos überhaupt oder aber theologos genommen, weil die erste aus der Historie moralisieren, die andere aber auf die Kirchen-Sachen mit ihr Absehen richten können«.[376] Die Neuerer, und mit ihnen Gundling, argumentierten hingegen selbstbewußt mit einer juristisch geschulten Historie als Mutter der Humanwissenschaften und verlangten ihre Aufwertung im Kanon der Fächer, »sintemalen das Jus publicum die Historie zum Grunde hat und das Reichs-Herkommen [...] daraus erwiesen wird«.[377]

Die neue Reichshistorie war vor allem verfassungsrechtlich und rechtshistorisch ausgerichtet, und dies gab ihr im ganzen eine problembezogene Konsistenz, die sie von humanistischem Moralismus und barocker Herrschergenealogie gleichermaßen abhebt. Damit half sie der Historie den Weg in die Moderne bahnen und wurde zu einem Ahnen der historischen Methode, die im 19. Jahrhundert ihren Siegeszug in der europäischen und besonders in der deutschen Geschichtswissenschaft antreten sollte. In ihrer Tradition arbeitete auch Jacob Paul Gundling, als er seinen präzise Einwand auf Einwand abarbeitenden Untersuchungen zum Königtum Konrads IV. und Wilhelms von Cornwall explizit das politische Erkenntnisinteresse der Reichshistorie zugrunde legte: »Allerdings ist nöthig auszumachen, wer Kayser gewesen, oder wer unter die Kayser nicht zu zehlen sey. Davon hangen grosse Vorrechte der grösten Fürsten und Stände ab, darauf beziehen sich die Streit-Sachen bey denen höchsten Reichs-Gerichten, welche Land und Leute, Würden, Hoheiten und Privilegien betreffen. Wann Kayser Conrad unter die Kayser nicht gehörte, würden vieler Stände Hoheiten und Würden in Zweiffel gezogen werden, weiln die Verjahrung offt wenig geachtet wird, auch die Zeiten allerdings sich ändern, und Gelegenheit geben, auf alte Dinge wiederum zu gedencken, zumahlen wo die Macht die Sachen unterstützen kann.«[378]

Auf Verlangen des preußischen Königs kehrte er dann aber nach seiner Rückkehr an den Hof Friedrich Wilhelms I. 1718 zu dem Gebiet zurück, auf dem er einst als Landeshistoriker begonnen hatte: zu Brandenburg-Preußen und seiner Dynastengeschichte. Scheinbar kommt diese Rückkehr zur Landesgeschichte einem bloßen Rückfall in die hagiographische Tradition der barocken Geschichtswissenschaft gleich. Doch der Eindruck trügt, oder er ist zumindest nicht vollständig: Gundling wandte sich auch als Landeshistoriker keineswegs von rechtsgeschichtlichen Fragen ab. Er erweiterte sie vielmehr zu einer pragmatischen Geschichtsschreibung, in der sich herrschergeschichtliche mit verfassungsrechtlichen, wirtschaftlichen und landeskundlichen Fragen verknüpften, und trieb gleichsam »territorialstaatliche Reichs-Historie«.[379] Auch hier war er ein Neuerer, der sich ganz im Sinne des frühen 18. Jahrhunderts für eine Zusammenführung von Staatsgeschichtsschreibung und Staatslehre einsetzte und damit jene wissenschaftliche Disziplin beförderte, die damals als »Statistik« bezeichnet wurde und in unserem Verständnis historische Staatenkunde meint. Die Liste seiner Brandenburg-Preußen gewidmeten Veröffentlichungen ist noch länger als die seiner Arbeiten zur Reichshistorie. Sie umfaßt die schon erwähnten geographisch-historischen Abhandlungen und Karten zu Brandenburg, Magdeburg und Pommern sowie eine ganze Reihe Lebensbeschreibungen brandenburgischer Markgrafen und Kurfürsten vom 13. bis zum 18. Jahrhundert. Daneben äußerte sich Gundling auch zu historischen Einzelfragen wie 1721 in einem Traktat über die Geschichte Pommerns, dessen vorpommersche Gebiete mit Stettin, Usedom und Wollin der preußische König im Frieden von Stockholm 1720 von Schweden erworben hatte[380], und 1726 in einer lateinisch verfaßten Abhandlung über den Ursprung der Mark Brandenburg.

Intensiver rezipiert als diese im wesentlichen nur für einen beschränkten Leserkreis gedachten Schriften wurden die stärker gegenwartsbezogenen Arbeiten Gundlings, die sich an ein breiteres Publikum wandten, ohne deswegen für Fachleute uninteressant zu sein. Ein ausnehmend günstiges Urteil fällte vor allem der bedeutendste brandenburgische Landeshistoriker im späten 18. Jahrhundert, Samuel Buchholtz, über die Leistung seines Vorgängers: »Der Freyherr von Gundling hat uns einen Märckischen Atlas geliefert, der [...] doch immer seinen Werth behaupten wird.«[381] Die Zuverlässigkeit der Arbeiten Gundlings zur Geschichte Brandenburg-Preußens wurde hingegen von anderen Historikern des 18. Jahrhunderts bald im einzelnen angezweifelt und dann im 20. Jahrhundert gänzlich bestritten. Auch über die von ihm gezeichneten Landkarten ging die Zeit hinweg: »Zwar ist die Gundlingische Charte von der Marck bekannt, und man hat ihr viel Genauigkeit zugetrauet; allein man kann sich nicht sicher darauf verlassen«, fand schon Buchholtz[382], nachdem sie zwanzig Jahre zuvor noch von Schleuen in einem handlicheren Kalenderformat nachgestochen worden war. Auf der anderen Seite wurde Gundling die Anerkennung zuteil, daß mehrere seiner Bücher noch nach seinem Tode erschienen oder Wiederauflagen erlebten.[383]

Doch kommt es in unserem Zusammenhang auf die Frage, ob Gundling in sachlicher Hinsicht ein guter oder ein mittelmäßiger oder vielleicht sogar nur ein schlechter Historiker gewesen war, nicht entscheidend an. Inhaltlich mochte Gundling rasch überholt sein, methodisch aber betrat er unerschlossenes Gebiet, genauer gesagt: Er wurde auf Neuland getrieben. Als Hörer in Helmstedt hatte er Bekanntschaft mit den neuesten Entwicklungstendenzen seines Faches geschlossen und als Professor an der Fürstenakademie sich sogar zu ihrem publizistischen Sprachrohr gemacht; in seiner abhängigen Stellung als Hofhistoriker aber stand er seit 1717/18 unter dem Zwang, in eine gedanklich überwundene Fürsten- und Kriegsgeschichte zurückzufallen und seine Feder unkritisch in den Dienst des preußischen Herrscherhauses zu stellen. Gundling versuchte das Problem seiner Doppelbindung an Klio und König auf eine Weise zu lösen, die den Fürstenauftrag selbstbewußt anzeigte und zugleich neutralisierte, indem er die Historie als »Geschichten grosser Souverainen Reiche, Könige und Republiquen« definierte, »welche man aus denen Acten und Archiven in ihren deutlichen Umbständen beschreibet, ohne das geringste Urtheil anbey zu setzen.«[384] Aus diesem Wissenschaftsverständnis resultierte die Gundling eigene Wertschätzung der Chronologie als dem eigentlichen Gerüst jeder historischen Darstellung: »Die Ordnung der Sachen begreiffet alle Umstände in sich, und daher hat die Historie die Ordnung zum Grund, ohne welche dieselbe nicht bestehen kan, hierzu dienet die Chronologie, wordurch die Historie ein grosses voraus hat, massen die Folgen der Zeit uns zu einer Ordnung verbindet. Die Art der Jahr-Bücher hat in der Historie den Preiß behalten, und keine Schrifft verdienet, ohne dieselbe eine Historie zu seyn.«[385]

Tatsächlich liegt der eigentliche Rang seiner Arbeiten und ihr methodisches Hauptverdienst in der empirischen Fundierung seiner Untersuchungen und in der Konsequenz, mit der er sich in der Nachfolge Pufendorfs auf die Aktenüberlieferung als Grundlage aller Geschichtsschreibung stützte. Schon als Hofhistoriker am Oberheroldsamt und später als Landesvisitator hatte Gundling sich einen genauen Überblick über die in den einzelnen brandenburgischen Städten erhaltenen Urkundensammlungen und sonstigen Stadtgeschichtsquellen verschafft. Aus dieser Kompetenz leitete Gundling sein wissenschaftliches Credo ab, das methodisch in der Forderung nach besserem Quellenzugang gipfelte: »Nicht minder sind denen Archiven, sowol an Höfen, als auch in den Städten und Klöstern, selbst zu Schaden der Fürsten und Herrn, allzustarcke Schlösser vorgeleget, deßwegen erwünschlich wäre, daß der leidige Irrthum, welcher die Archiven verschliesset, der anwachsenden Jugend benommen werde«, schrieb der 44jährige Hofrat im Februar 1718.[386] Hinter seinem Verlangen stand ein gedankliches Konzept, das in den Worten unserer heutigen Wissenschaftssprache Quellenkritik mit Interdisziplinarität verband: »Diejenige, welche Reichs-Historien geschrieben, oder zu schreiben sich Mühe gegeben, haben gewißlich einer ruhmwürdigen Arbeit sich unternommen; Aber sie werden finden oder angemerckt haben, wie viel tausend wichtige Sachen und Umstände vorhanden, welche unberühret liegend geblieben. Es kommet darauf an, daß die alte Genealogien der alten Häuser in Teutschland, sehr verborgen liegen, und niemand sich gefunden, der alle Genealogien, wie die Frantzösischen Genealogici rühmlichst gethan, mit diplomatibus oder Stellen aus den Historicis und chronicis beleget.«[387]

Der immer weiteren Ergänzung seiner archivalischen Unterlagen galt die von Gundling überlieferte Korrespondenz schon in der Zeit seiner Tätigkeit als Geschichtsprofessor an der Ritterakademie, in der er bereits mit Fachkollegen weit über die Grenzen Brandenburg-Preußens hinweg Verbindung hielt.[388] Er versuchte durchzusetzen, daß sämtliche städtischen Magistrate Brandenburgs Abschriften ihrer Urkunden anzufertigen und an ihn zu senden hatten, die ihm als Grundstock einer umfassenden Geschichte der Kurmark dienen sollten. An diesem ehrgeizigen Ziel hielt er in allen Phasen seines wechselvollen Hoflebens unbeirrt fest, und Widerstand überwand er mit Hilfe der monarchischen Macht. Schon im Dezember 1711 wehrten sich die Plassenburger Archivare Will und Horn beim Markgrafen zu Ansbach-Bayreuth vergeblich dagegen, daß sie »in dem alhiesigen Archiv mit Fleiß machen und sehen (sollten), ob und was etwan sich dienliches finden möchte, womit höchstgedachte Ihre Majt. Historico und Professorie Publici Jacob Paul Gundling zu seinem unterhandend habend [...] Historien weil. Friderici I. und II. dann Alberti Achilli [...] an händen gegangen werden könnte.«[389] Vierzehn Jahre später verlangte er während der Arbeit an der Geschichte des ersten Preußenkönigs, daß ihm »nöthige Nachrichten aus der Krieges-Cantzel und dasige Registratur wohlverwahret« übersandt werden möge, »dieweilen mir die in der Campagne a. 1690 in Brabant vorgegangenen Sachen [...] noch mangeln«.[390] Im selben Jahr sandte auch der Magistrat der Stadt Magdeburg »die von dem Herrn Geh. Rath v. Gundling verlangten Nachrichten von dieser Stadt anbefohlener maßen ein«[391], welche dieser auch für seine 1730 publizierte geographisch-historische Beschreibung des Herzogtums Magdeburg heranzog.

Wie aus den auf uns gekommenen Schriftwechseln hervorgeht, förderte Friedrich Wilhelm I., hier seinem Vater gleich, Gundlings Unternehmungen als Hofhistoriograph, soweit es im Rahmen der vergangenheitspolitischen Interessen des Herrscherhauses lag. Als Gundling 1724 darum ansuchte, daß ihm für seine Abhandlung über Friedrich I. die als Manuskript vorliegenden Vorarbeiten Samuel Pufendorfs zur Verfügung gestellt würden, erging königliche Weisung an Cocceji: »Ihr solet Ihn demnach dasjenige, so dazu nöthig ist, und publiciret werden kann, extrahiren zu lassen und ihm zuzustellen, von andren Sachen aber, so nicht publice werden müßen, soll Ihm nichts communiciret werden.«[392] Auf diese Weise trug Gundling in zwanzig Jahren einen »Codex diplomatarum Marchicum« zusammen, der schließlich nach Gundlings eigener Äußerung mindestens 2000[393], nach anderen Angaben sogar 4000 Urkundenabschriften zählte und Gundlings landesgeschichtliches Hauptwerk hätte werden sollen, wenn ihn der Tod nicht an der Fertigstellung gehindert hätte.

Was danach mit Gundlings Urkundensammlung geschah, ist nicht eindeutig auszumachen. Daß zumindest ein großer Teil zusammen mit anderen im Nachlaß aufgefundenen Manuskripten auf die Societät der Wissenschaften überging, belegt ein undatiertes »Verzeichniß der Urkunden-Abschriften, welche die Königl. Akademie der Wißenschaften von der Wittwe Gundling erkauft hat«.[394] Die darin enthaltene und in drei Abteilungen gegliederte Aufstellung umfaßt allerdings insgesamt nicht mehr als 620 einzelne Stücke, die sich heute in der Staatsbibliothek Preußischer Kulturbesitz befinden. Die Dokumentensammlung bezieht sich vornehmlich auf die Vergangenheit Brandenburg-Preußens, ist in manchen Stücken aber auch für die allgemeine Reichsgeschichte einschlägig und erstreckt sich zeitlich vom 10. bis zum 15. Jahrhundert. In neun Bände von jeweils 300 und mehr Seiten gebunden, stellt allein dieser Quellencorpus eine imposante und bis in in die Siegelbeschreibung durchweg außerordentlich sorgfältig gearbeitete Sammlungsleistung dar, die späteren Historikern als willkommene Grundlage eigener Arbeiten zur Geschichte Brandenburgs diente.

In Gundlings Tradition fühlte sich der Direktor der Historisch-Germanischen Klasse der Wissenschaftssocietät, Johann Leonhard Frisch, als er 1736 in der Sprach- und Geschichtsforschungs-Classe anzeigte, »daß er Vorhabens sey eine Historie der Juden in der Marck Brandenburg zu verfertigen, und sich zu dem Ende derjenigen Diplomatum mit zu bedienen, welche die Societaet von der Verlaßenschaft des seel. Jacob Paul von Gundling erhandelt«.[395] Auch der Stettiner Gymnasialprofessor Johann Karl Konrad Oelrichs, Autor zahlreicher landeshistorischer, literarischer und juristischer Abhandlungen in der zweiten Hälfte des 18. Jahrhunderts, bediente sich bei Gundling und fertigte zu eigenem Gebrauch einen vierhundert Urkunden umfassenden »Index Diplomatum Gundlingianorum qua Societas Scientiarum nun possidet«.³⁹⁶ Andere Teile von Gundlings Quellencorpus hingegen waren nach dem Tode des Hofgelehrten augenscheinlich versprengt worden und einzelne thematische Fragmente in private Hände gelangt. Auf eine solche Teilsammlung konnte sich dreißig Jahre später Samuel Buchholtz in seiner Gesamtdarstellung der Kurmark in ihrer geschichtlichen Entwicklung stützen, nachdem »des Hrn. Geh. Raths von Berg auf Schönfeld, jetzigen würdigsten Landvogts in der Uckermark und Domherren zu Halberstadt, Hochwürd. Gnaden, mir des seel. Barons von Gundling große Sammlung Churmärkischer Urkunden, die in M[anu]sc[ri]pt. acht Bände in Folio anfüllet, herzuleyhen sich gnädig entschlossen« hätten.³⁹⁷ Buchholtz, der die »Abschriften [...] von der strengesten Zuverläßigkeit« fand³⁹⁸, fügte seinem Werk einen ausführlichen Urkundenanhang bei und sorgte so dafür, daß auf diese Weise wenigstens ein kleiner Bruchteil des von Gundling dokumentierten Sammlungsfleißes doch noch den Weg in die Öffentlichkeit fand.

Gemessen an Gundlings tatsächlicher Produktivität als Geschichtsschreiber blieb diese späte Genugtuung freilich armselig. Denn nie wurde bekannt, daß der so gern für einen bloßen Zechbruder an der Fürstentafel Hingestellte in Wahrheit von einem förmlichen »furor historicus« beseelt war, der seinesgleichen sucht und auch über den seines außerordentlich schreibfreudigen Bruders in Halle noch hinausging. Gundlings schier unerschöpflicher Erkenntnisdrang verschonte das Große nicht und nicht das Kleine; die Menge der von ihm hinterlassenen Blätter zählt buchstäblich nach Tausenden. Außer Betracht können hier seine zahlreichen Manuskripte zur Reichshistorie und zur brandenburgisch-preußischen Dynastengeschichte bleiben, die entweder zu Lebzeiten des Autors oder bald danach im Druck erschienen waren und daher bereits in der zeitgenössischen Öffentlichkeit Würdigung fanden. Daneben aber hinterließ Gundling einen ganzen Strauß unpublizierter Schriften, wie er bunter schwerlich denkbar ist. Unter ihnen finden sich zahlreiche weitere Kurfürstenporträts, die unter anderem Ludwig den Römer, Johann Cicero und Joachim I. würdigten[399] und offensichtlich später einmal zu einer mehrbändigen Dynastengeschichte des Kurfürstentums Brandenburg zusammengeführt werden sollten.[400] Daß Gundling dieses Vorhaben denkbar breit angelegt und die dynastischen Linien weit über den Kreis der regierenden Kurfürsten hinaus auszuziehen geplant hatte, verdeutlichen zahlreiche weitere nachgelassene Herrscherbilder aus seiner Feder, die etwa »Leben und Thaten Marggraf Conrads aus dem Geschlecht der Grafen von Plötzkau u[nd] Herren von Domenerleben« beleuchten oder auch »Leben und Thaten Churfürst Waldemars I. und seiner Vaters Brüder Marggraf Heinrich und dessen Vetters von der Ottonischen Linie Marggrafen Johannsen zu Brandenburg«.[401]

Nichts läge angesichts dieser großen Zahl isolierter Dynastenporträts näher als die Vermutung, daß der preußische Hofhistoriograph seine Kräfte schlicht überschätzt hatte und aufgrund seiner ersichtlichen Unfähigkeit zur Selbstbeschränkung niemals in der Lage gewesen wäre, zu der geplanten synthetischen Darstellung der kurmärkischen Historie fortzuschreiten. Den vollen Gegenbeweis hat Gundling tatsächlich nicht mehr führen können, obwohl er schon 1708 davon sprach, »daß ich eine völlige Chur Brandenburgische Historie so Siebenzehen Hundert Jahr in sich begreiffet, bereits verfertiget habe, in welchem alles dasjenige von denen Reichs Landen kan gesaget werden, zu finden ist«.[402] Immerhin aber sprechen starke Indizien dafür, daß er an seinem Ziel unbeirrt festgehalten hatte und auf dem Weg zu einer landesgeschichtlichen Gesamtdarstellung auch bereits weit vorangekommen war, als sein unerwartet früher Tod ihm die Feder aus der Hand nahm. Das von der Societät der Wissenschaften angelegte Verzeichnis über den von der Witwe Gundlings erworbenen Nachlaß erwähnt als erste Position des Textkonvoluts eine gedruckte »Geschichte der Churmarck Brandenburg«, die bis zum Jahre 1238 reiche und den Eindruck erwecke, durch den Tod des Autors unterbrochen worden zu sein.[403] Dem Anschein nach handelt es sich um einen von mehreren Probedrucken, die Gundling 1730/31 hatte vornehmen lassen, um Text und Druckbild zu überprüfen. Ein weiterer Probedruck reicht bis zum Tod der Markgrafen Johann I. und Otto III., die 1266 bzw. 1267 starben. Auf einem dritten Probedruck fußte der Abriß der brandenburgischen Geschichte von der Römerzeit bis zum Tod Albrechts II. im Jahre 1221, der noch zwanzig Jahre nach Gundlings Tod publiziert wurde. In der Vorrede zu dieser 1751 erschienenen Ausgabe teilte der anonyme Herausgeber mit, daß die Original-Handschrift »bis auf die Zeiten Friederichs des Ersten Chur-Fürstens zu Brandenburg, Hohenzollerischen Geschlechts fertig ausgearbeitet« sei und demnächst als zweiter Band von Gundlings Geschichte der Kurmark erscheinen solle.[404]

Nachricht von dieser Arbeit gibt auch das Verzeichnis der von der Akademie erworbenen Manuskripte. Es führt eine handschriftliche Fortsetzung des gedruckten Textes in drei Teilen auf, die die brandenburgische Geschichte zwischen 1238 und 1415 umfaßt, und widerlegt so die Zweifel der Kritiker, die den Gedanken schlicht absurd gefunden hatten, daß der königliche Vorleser sich an einer brandenburgischen Gesamtgeschichte bis zur Belehnung der Hohenzollern mit der Mark versuchen wollte. Zu der geplanten Drucklegung dieses zweiten Bandes kam es allerdings nicht mehr, und die als Probedruck überlieferten Teile lassen deutlich ihren rein kompilatorischen Charakter erkennen.[405] Gleichwohl läßt sich festhalten, daß Gundlings nachgelassene Darstellung noch um die Mitte des 18. Jahrhunderts für hinreichend konsistent gehalten wurde, um Anspruch an die Aufmerksamkeit einer historisch interessierten Lesewelt machen zu können. Und sie festigen den Respekt vor der Leistung eines Historikers, der seiner schwierigen Stellung bei Hofe ein so ehrgeiziges Arbeitsvorhaben abgewinnen konnte.

Um so erstaunlicher mutet an, daß dieser Gelehrte darüber hinaus mit nicht geringerer Hingabe noch weitere Felder der Vergangenheit beackert hatte. Dies gilt namentlich für Gundlings ursprüngliche Domäne, die Reichshistorie. Auch hier ist die Zahl der nur im Manuskript überlieferten Beiträge keineswegs geringer als die der veröffentlichten. Der Reigen der einzelnen Schriften Gundlings reicht hier von einer Untersuchung über den Ursprung der Franken bis hin zu einer Abhandlung »Von dem Leben und Regierung Kaysers Caroli des Vierdten« im 14. Jahrhundert. Wiederum stand hinter den einzelnen Spezialuntersuchungen die Idee eines historischen Gesamttableaus, und wieder war Gundling in diesem Vorhaben weiter gediehen, als man in seiner Umgebung gedacht haben mochte. Als sein Nachlaß im Sommer 1731 offiziell »perlustriert« wurde, um so die ungewollte Preisgabe etwaiger Staatsgeheimnisse zu verhindern, stieß der Revisor unter anderem auch auf das Fragment einer großangelegten deutschen Kaisergeschichte.[406]

Einer dritten Gruppe von Varia lassen sich schließlich eine Fülle genealogischer und rechtshistorischer Einzelbeiträge aus Gundlings Nachlaß zuordnen, die in keinem erkennbaren Zusammenhang zueinander stehen. Erörterungen landesgeschichtlicher Detailfragen in »Churfürst Albrechts Achillis Germanici Disposition zwischen seinen Söhnen Marggraffen Johansen, Friederichen und Sigismunden am Tage Matthiae Anno 1473« oder in dem »Fragment einer Schrifft von der Nation der Friesen« stehen neben thematisch ganz anders gerichteten Untersuchungen, die »Von den beyden hohen Reichs Pfaltzen am Rhein und in Sachsen« handeln oder eine »Vorstellung von des Reichs Hoffraths Ursprung« entwickeln.[407] Doch auch hinter diesen scheinbar ganz disparaten Betrachtungen, die gelegentlich sogar den Charakter wahlloser Auftragsuntersuchungen annahmen – wie etwa in der von ihm besorgten »Historischen Nachricht von der Plothoischen familie« –, steckte noch ein kalkulierter Plan, den Gundling der Öffentlichkeit in einem nahezu maßlosen Vertrauen auf seine Fähigkeiten selbst so vorstellte: »§ I: Es erscheinen nun vor das erste mal unsere Imperialia, worinnen wir allerhand zu den Teutschen Reichs-Sachen, theils nöthige, theils auch nützliche Materien vorstellen. [...] Diese Imperialia könen wir vor kein Journal ausgeben, sondern es sind Observationen, welche in die Teutsche Sachen der alten und mittlern Zeit, in die Historie, Geographie und Genealogie der hohen Häuser im Reich, ingleichen in die Diplomata, Reichs-Acten und Urkunden, vornemlich in das teutsche Jus Publicum, oder Reichs-Rechte, und der zu Teutschland gehörigen Reichen und Landen hinein lauffen. Auf diese Stücke kommt es im Reich an, ohne welchen nichts mit Bestand kan gesaget werden. [...] § IV: Wir haben uns einen grossen Platz ausersehen, allwo wir noch unbekante Sachen vorstellen, oder zweiffelscheinende Dinge desto mehr befestigen wollen. Es ist also der Schluß gefasset, sechs dergleichen Schrifften jährlich zu verfertigen und heraus zu geben. Jedes Stück enthält gewisse Observationen, so wir über die Reichs-Sachen machen werden. In jeder Schrifft sollen die Antiquitaeten, von den Zeiten der Römer in unsern Teutschland untersuchet werden, indem diese mit den Sachen der mittlern Zeit, ihre Zusammen-Fügung haben. Hieher gehören die Medailles, so Teutschland angehen, welche wir aus einem grossen Cabinet erläutern können, als es auch uns an vortrefflichen Bibliothecken nicht fehlen wird. § V: Vornehmlich wollen wir die alte Teutsche Sprach in gebührende Obacht halten, welche hochwichtige Wissenschafft verdienet, daß wir allezeit etliche Observationes darüber beyfügen werden. Die Geographie der mittlern Zeit, werden wir mit möglichsten Fleiß untersuchen, und weil wir zur Ausarbeitung einer gantzen Geographie der mittlern Zeit, einen großen Vorrath besitzen, verhoffen wir, daß wir damit bestehen werden. Auch werden wir viele ungedruckte Diplomata mit einrücken.«[408]

Für diesmal allerdings hatte Gundling sich hoffnungslos überhoben. Das im Stile eines Herkules der Historie angekündigte große Unternehmen ging ein, bevor es noch recht gestartet war. Vom König mit anderen Auftragsarbeiten überhäuft, fehlten seinem Gründer in den folgenden Jahren Zeit und Muße, an eine Fortsetzung zu denken. Keine einzige Ausgabe sollte der Gründungsnummer der »Imperialia« folgen, und nichts von dem, was Gundling für sein interdisziplinäres Journal später noch verfaßte, gelangte mehr in die Öffentlichkeit. Als Vorleser und Zeremonienmeister mochte

Gundling in der Welt eines Fürstenhofs leben, dessen Uhren anders gingen als im übrigen Europa. Doch für Gundling den Gelehrten galten die Maßstäbe einer wissenschaftlichen Welt, in der die Zeit der Polyhistoren mit Gottfried Wilhelm Leibniz endgültig abgelaufen war. Daß auch seine Fähigkeiten als Historiker weniger in der Breite als in der Tiefe gefragt waren, erfuhr Gundling schließlich selbst insbesondere auf jenem Gebiet, auf dem Geschichte zum politischen Argument wurde. Rechtshistorische Gutachten, die territoriale Besitzstände und politische Institutionen geschichtlich untermauerten, verschafften ihm in seinen letzten Lebensjahren materielle und ideelle Anerkennung nicht nur aus Wien und St. Petersburg. Auch der preußischen Krone war er mit historischen Argumenten zu Diensten, die den am politischen Horizont auftauchenden und dann erst mit der Gründung des Deutschen Reichs im späten 19. Jahrhundert zu Ende gehenden Konflikt zwischen Berlin und Wien schüren halfen.

Derselbe Gundling, der für seine Stellungnahmen zugunsten des Heiligen Römischen Reiches Deutscher Nation von habsburgischer Seite belohnt wurde, stellte in der Mitte der zwanziger Jahre des 18. Jahrhunderts »Betrachtung[en] über die Oesterreichische Succession in den Königreichen Hungarn, Böhmen, Neapel, Sicilien und Servien wie auch in den Landen Siebenburgen und Flandern« an[409], um auf diese Weise die weibliche Thronfolge in Zweifel zu ziehen, die Kaiser Karl VI. mangels männlichen Erbens in der Pragmatischen Sanktion von 1713 zu sichern versucht hatte. Erst fünfzehn Jahre später, nach der Thronbesteigung Maria Theresias 1740, sollte diese historische Munition mit dem preußischen Einmarsch in Schlesien unter Friedrich II. tatsächlich politische Verwendung finden. An der Wiege des preußisch-österreichischen Konfliktes und des Aufstiegs Preußens zur ersten Macht in Deutschland aber stand auch der Hofhistoriograph Friedrich Wilhelms I., der schon 1725 einer Einverleibung habsburgischer Länder die Aura der historischen Legitimität hatte geben wollen und damit zugleich seine Autorität als berufener Interpret der Vergangenheit zum Ausdruck brachte: »Geheime Nachricht. Die Succession im Reiche Böhmen, ist eine große und hochwichtige Sache. Diese Schrifft zeiget vornehmlich, wie es gekommen, daß das Chur Hauß Brandenburg, zur böhmischen Succession nicht gelanget, da solches doch das allerbeste und unzweiffelbarste Recht gehabt, dann Churfürst Joachim der Erste, hätte König in Böhmen, wegen seiner Frau Mutter Margareth seyn müßen. [...] Wenn nun der Männliche Stamm des Allerdurchl. Hauses Österreich ausfallen solte, wäre zu fragen, ob auch Königlicher Preußischer Seits, mann zu der Weiblichen Succession stille schweigen solte.«[410]

Der Fall Gundling

Aus wissenschaftsgeschichtlicher Perspektive ist das Urteil eindeutig: Gundlings Produktivität als Geschichtsschreiber verblüffend; er half einen Paradigmenwechsel in der Historiographie seiner Zeit einzuleiten; als Zeithistoriker schließlich betrat er Neuland. Wie aber läßt sich von diesem Deutungsansatz der Bogen vom stillen Gelehrten zur lärmenden Hofcharge schlagen? Haltlos wirkt angesichts seines mit den Jahren immer noch an Breite gewinnenden Œuvres das so gerne zur Überbrückung der Gegensätze gebrauchte, gleichsam verfallsgeschichtliche Argument, der am Anfang seiner Laufbahn vielleicht noch ernstzunehmende Historiograph Gundling habe sich durch seine Trunksucht selbst um jeden Kredit gebracht und so »zwangsläufig zum kläglichen Hanswurst herabsinken« müssen, der jeden Abend »systematisch betrunken gemacht (wird), bis er auf allen Vieren herumkriecht«.[411] Alles, was wir von Gundling wissen, zeigt im Gegenteil, daß seine soziale Anerkennung bis zu seinem Lebensende ungeachtet seiner Hofrolle als Lustiger Rat eher zu- als abnahm. Wohl kaum hätte sich die Societät der Wissenschaften 1729 bereitgefunden, das ehrgeizige Projekt einer Geographie der Erde zu diskutieren, wenn sein Initiator auf das Niveau eines bloßen Spaßmachers gefallen wäre, und ebensowenig hätte der Hallenser Bruder Nicolaus Hieronymus Gundling seine Kinder einem seiner selbst nicht mächtigen Trunkenbold anvertrauen wollen, als er sie vor seinem Tod 1729 seinem Bruder in die Obhut gab. Gerade die Begleitumstände dieser scheinbar ganz beiläufigen Familienangelegenheit geben zu erkennen, welche alltagsweltliche Autorität der angeblich immer tiefer Sinkende in Wahrheit bis zu seinem Tode besaß. Als Nicolaus Hieronymus sich in Halle auf seinen Tod vorbereitete, lebte seine Ehefrau bereits seit Jahr und Tag getrennt von ihm in Potsdam und suchte zusammen mit ihrer Scheidung auch ihren Zugriff auf das in die Ehe eingebrachte Vermögen durchzusetzen. Auch dort setzte sie anscheinend ihren amourösen Lebenswandel einigermaßen unbekümmert um das Schicksal ihres Noch-Ehemanns in Halle fort, »hielte bey sich selber solche Gesellschafft, und frequentirte in andern Häusern dergleichen, daraus man unmöglich etwas anders als alles Böse urtheilen und schliessen konnte«.[412] Daß sie und ihr Schwager am Königshof einander unter diesen Umständen in herzlicher Abneigung verbunden waren, verstand sich fast von selbst. Wohl kaum aber dürfte Augusta Sophia Gundling damit gerechnet haben, daß eine solche Spottfigur, der man bei Hof Schimpfnamen an die Kleider klebte, Gewalt über sie, die Nichte des größten preußischen Finanzmagnaten und Gattin eines berühmten Professors, gewinnen und gar über ihr Leben entscheiden könnte. Welche Machtposition der verlachte Vorleser ungeachtet seiner burlesken Hofauftritte innehatte, mochte ihr erst klargeworden sein, als am 19. November 1729 Soldaten des Stadtkommandanten Caspar Otto von Glasenapp bei ihr eindrangen, die sich auf eine schriftliche Ordre des Königs beriefen.[413]

Hinter dem königlichen Arrestbefehl stand Jacob Paul von Gundling. Er, der das Sorgerecht über die Kinder seines Bruders erhalten hatte, fühlte sich verpflichtet, auch deren Erbanteil am Familienvermögen ungeschmälert zu wahren und zu verhindern, daß mit dem Tod von Nicolaus Hieronymus dessen untreue Ehefrau Zugriff auf das Erbe bekam. Rechtlich aber lag der Fall eindeutig: Da die Scheidung noch nicht ausgesprochen war, würde Augusta Sophia Gundling mit dem unmittelbar zu erwartenden Tode ihres Mannes die alleinige Verfügungsgewalt über ein Vermögen erlangen, das sie zu einem erheblichen Teil, wenn nicht zur Gänze selbst in die Ehe eingebracht hatte und sichtlich nicht mit den in Halle zurückgelassenen Kindern aus einer gescheiterten Verbindung zu teilen bereit war. Um diese Konsequenz abzuwenden, gab es nur eine Möglichkeit: Frau Gundling mußte selbst ihrer rechtlichen Handlungsfähigkeit enthoben werden, damit ein unparteiischer Vermögensverwalter eingesetzt werden könnte. Ihr

Schwager beeilte sich, die ihm zu Gebote stehenden Mittel auszuschöpfen, bevor es zu spät war. Das Schicksal der Kinder eines verstorbenen Universitätsprofessors zu Halle mochte den preußischen König freilich wenig kümmern. Leichter war es, den sittenstrengen Landesherrn wegen angeblicher Verstöße gegen Moral und Anstand aufzubringen, und tatsächlich gelang es dem Vorleser, den Fall in einer Weise vorzutragen, daß Friedrich Wilhelm I. sich zu augenblicklichem Handeln bewegen und Frau Gundling festsetzen ließ.

Auch als Testamentsvollstrecker seines Bruders blieb Jacob Paul von Gundling unbeugsam und demonstrierte so, was sein Wille in der Welt der brandenburgisch-preußischen Gesellschaft galt. Er sorgte dafür, daß sein dreizehnjähriger Neffe Johann Andreas Gundling von Halle nach Schulpforta in dasselbe Internat geschickt wurde, in dem er vierzig Jahre zuvor selbst Schüler gewesen war.[414] Seinem Eingreifen war es auf der anderen Seite zuzuschreiben, daß die in der Kabinettsordre verfügte Verlegung Augusta Sophia Gundlings in das von Friedrich I. erbaute Waisenhaus in der Stralauer Straße unterblieb, in dem der Aufenthalt für weniger schimpflich galt als in dem »für die geringere Klasse der [...] Verurtheilten« gedachte Zuchthaus in der Festung Spandau.[415] Auch später reichte der Arm des Bruders ihres Mannes weit genug, um die gefangengesetzte Professorenwitwe vor jeder Dankbarkeit gegenüber einem Tod zu bewahren, der ihr die Scheidung abgenommen hatte. Als Gundling etwa erfuhr, daß seine Schwägerin im Spandauer Zuchthaus »ein eigen Mädchen zu ihrer Auffwartung bey sich gehabt, welche sie auch eine ziemliche Zeit über behalten«, sorgte er dafür, daß dieses entlassen und der Gefangenen »von einer Gefangen Weibes-Persohn aufgewartet« wurde.[416] Erst nach dem Tod ihres Schwagers wagte Augusta Sophia Gundling es, gegenüber dem König ihre Unschuld zu reklamieren und um Entlassung zu bitten, weil »ich vor 2 Jahren durch bößliches Anbringen meines seel. Mans Bruder des Gundlingen auf das Spandoische Zucht-Haus in Arrest gebracht worden, ohne daß ich die geringste Ursache davon weiß, noch weniger über ein und ander Vorgaben gehöret worden«.[417] Doch ihr half weder der Vorwurf der Verleumdung noch die Berufung auf eigenes Siechtum. Tatsächlich sollte Augusta Sophia Gundling das Zuchthaus nicht mehr verlassen, bis sie 1732 starb – ein Jahr nach ihrem Schwager und Widersacher, der sie über seinen eigenen Tod hinaus zu verfolgen imstande gewesen war.

Einfluß besaß Gundling nicht nur als Nutznießer absolutistischer Macht in der bürgerlichen Gesellschaft. Auch in der höfischen Welt verlor er sein Ansehen keineswegs mit zunehmenden Jahren, wie ihm später nachgesagt wurde. So fand er beim Landesherrn und seiner Verwaltung zwar keineswegs immer Zustimmung, wohl aber gleichbleibend Aufmerksamkeit für seine Anliegen als Societätspräsident wie für seine Vorschläge als Wirtschaftsexperte. Auch das General-Direktorium machte weder sich noch ihn lächerlich, als es Gundling zehn Jahre nach seiner entehrenden Kür zum Zeremonienmeister 1727 mit einer offiziellen Expertise über das Buchgewerbe im Lande beauftragte. Noch zwei Monate vor seinem Tod, im Februar 1731, wurde der angeblich durch Trunk Zerrüttete bei Friedrich Wilhelm I. vorstellig, um Lohn und Anstellung für einen erfindungsreichen Mechaniker zu erwirken, der eine zukunftsweisende Maschine konstruiert hatte. Es war nicht Gundlings Schuld, daß er in diesem letzten Rencontre mit seinem König unterlag, in dem er für die Moderne eintrat und Friedrich Wilhelm I. gegen sie: »[...] nachdem der H. Praeses von Gundling dem Könige die sache vorgetragen, aber zur Antwort erhalten, daß alle solche Künste, welche die Handarbeit verkürzen, dem gemeinen wesen schädlich seien, in dem sie vielen menschen das Brot aus dem munde reißen, und als der H. von Gundling sich auf die Schneidemühlen gezogen, der König geantwortet, er wolle, daß auch diese nicht wären.«[418]

Ebensowenig wie das Klischee des gelehrten Trinkers taugt aber auch das Deutungsmodell des zeitlosen Konfliktes von Geist und Macht, um den Fall Gundling befriedigend zu klären. Der Intellektuelle in seiner freischwebenden Existenz als Anwalt des allgemeinen Interesses, wie ihn Karl Mannheim definiert hat, ist ein moderner Sozialtypus, dessen Existenz an eine freie Öffentlichkeit gebunden ist, für die im frühen 18. Jahrhundert und in der repräsentativen Öffentlichkeit seiner höfischen Kultur noch die entscheidenden Voraussetzungen fehlten.[419] So paßt auch der gern angeführte Topos des »sacrificium intellectus« nicht auf den höfischen Gelehrten Gundling, der im Umbruch von der dynastischen zur aufgeklärten Geschichtsschreibung stand und weder als Reichs- noch als Landeshistoriker intellektuellen Verrat an der Wahrheit begehen konnte, um der Verlockung der Macht zu folgen – oder sich ihrer Gewalt zu beugen. Keineswegs brachte er die wissenschaftliche Forschung seiner Narrenrolle bei Hofe zum Opfer. Vielmehr glaubte er gerade am Hof seine historischen Interessen mit königlichem Auftrag in einer ihm unvergleichliche Arbeitsmöglichkeiten bietenden Umgebung verfolgen zu können. Selbstbescheidung war das Lebensgesetz der von ihm verfochtenen Hofhistoriographie, und ihre kardinale Voraussetzung lautete bündig, daß der Historiker ein Diener an der Vergangenheit bleibe und sich nicht zu ihrem Richter aufspiele.[420]

Dem voraufklärerischen Selbstverständnis einer pragmatischen und zugleich im wörtlichen Sinne dienlichen Wissenschaft verpflichtet, in der Herrschaft und Historie zu wechselseitigem Nutzen verbunden seien, formulierte Gundling sein Glaubensbekenntnis als Gelehrter schon 1708 in seiner ersten eigenständigen Leistung, einer Lebensbeschreibung Friedrich Wilhelms, des Großen Kurfürsten: »Ich wüntsche übrigends, daß das Königliche Hauß ewig solche Könige und Fürsten möge hervor bringen, von deren Heldenthaten, die Historici große Bücher schreiben, und der Posterität den glücklichen Erfolge, so vielen großen Unternehmungen in Kriegs- und Friedens Zeiten erzehlen können, weil ein gewißes Erenzeichen eines Glorwürdigen Fürsten ist, wann Leüthe sich finden, so derselben Unternehmungen beschreiben, und der spathen Nachwelt kundmachen.«[421]

Daß ausgerechnet dieser ersten großen Arbeit Gundlings, die noch unter Friedrich I. entstanden war, die Druckgenehmigung immer versagt blieb, fand daher zumindest verbal die volle Zustimmung des Autors: »Ich kann nicht läugnen, es sind allhier unterschiedliche Geheime Sachen, deswegen diese Schrifft nicht kan gedruckt werden, sonderlich in denjenigen Dingen, so Schweden, Dännemarck, Polen und den Kayser angehen, dannenhero diese Schrifft einstens wol in acht genommen werden muß.«[422] Aus diesen Worten sprach nicht in erster Linie die Schüchternheit des Nachwuchsforschers, der zum erstenmal mit der Lust am historischen Herrschaftswissen auch dessen Last spürt, sondern die verantwortungsvolle Sorge des Zeithistorikers, der Wissenschaft in politischer Absicht trieb und das Wohl des Staates bereitwillig über den Ruhm des Historikers stellte.

An dieser Überzeugung hielt Gundling sein Leben lang fest, wie besonders nachdrücklich das Schicksal seiner ehrgeizigsten Leistung als Historiker seiner Zeit, einer breit angelegten Geschichte der Regierungszeit Friedrichs I., vor Augen führt. Die Zeitgenossen wußten um den entsprechenden Auftrag, den der König seinem Hofhistoriographen erteilt hatte, und schlossen aus dem Umstand, daß eine Publikation ausblieb, auf die Überforderung des Autors. Doch diese Annahme war irrig. Tatsächlich war es lediglich Einsicht in die politische Funktion der Gegenwartshistorie und nicht etwa fachliches Unvermögen, die verhinderte, daß dieses Werk jemals im Druck erschien. In Grundlings Nachlaß befindet sich eine von Schreiberhand gefertigte Abhandlung über »Leben und Thaten [...] Herrn Friderichs des Ersten Königs in Preußen«, die dessen Regierung in fünf Bänden und auf 3700 Seiten von der Thronbesteigung 1688 bis zum Jahre 1693 in chronologischer Form schildert.[423] Die Arbeit an diesem Werk hatte seinen Autor offenbar schon lange beansprucht, als er dessen ersten Teil im Juni 1725 abschloß, und weitere sechs Jahre vergingen, bis Gundling dem König am 10. Februar 1731 die Erledigung des ihm erteilten Auftrags melden konnte und eine

Schlußrechnung für den Schreiber weiterleitete, »welcher den letzten Theil der Historie König Friedrich des ersten, sehr sauber abgeschrieben« habe.[424]

Die von allen Zusätzen und Korrekturen freie Textgestalt des Werkes zeigt an, daß es sich unzweifelhaft um eine publikationsfertige Handschrift handelte. Sie zeichnete die Regierungszeit Friedrichs I. im Stile einer Jahreschronik auf und verfolgte sie bis in alle Verästelungen der dynastischen Beziehungen und politischen Handlungen. Über die Arbeitsbelastung, die sie bedeutete, führte Gundling selbst beredt Klage, als er den dritten der fünf Teile seines Opus Friedrich Wilhelm I. mit der vorausgeschickten Erklärung übergab, daß er seinen Gegenstand »ohne Beyhülffe eines andern Arbeit aus den weitläuffig- und großen Acten des Königlichen Archivs, nicht sonder große Mühe und Zeit beschrieben habe«.[425] Um so verwunderlicher erscheint, daß an eine Drucklegung offenbar weder von seiten des Autors noch seines königlichen Auftraggebers gedacht worden war. Einen Hinweis auf die Lösung des Rätsels liefert ein teils in Französisch, teils in Deutsch gehaltener Auszug aus dem Originalmanuskript, der irgendwann später in den Besitz des Stettiner Gelehrten Oelrichs gelangte und schließlich auf dem Wege des Ankaufs durch die Preußische Staatsbibliothek wieder an den Ort zurückwanderte, von dem er seinen Ausgang genommen hatte.[426] Der unbekannte Autor hatte seinen Auszug aus Gundlings Manuskript, wie er erklärend hinzufügte, ganz aus dem Gedächtnis verfassen müssen, da ihm allein die Lektüre, nicht aber die Anfertigung schriftlicher Notizen gestattet worden war.[427] Noch lange nach dem Tod Gundlings wurde also der Inhalt seiner Geschichte der preußischen Staatswerdung als so brisant empfunden, daß sich ein Druck von selbst verbot. Offenbar hatte der Vorleser und Hofhistoriograph in königlichem Auftrag eine historische Forschung betrieben, deren Resultate geheim zu bleiben hatten. In der Tat erweckt das in Leder gebundene und mit einem Bildnis Friedrichs als Frontispiz ausgestattete Werk, das statt eines Verlages nur den Namen des Schreibers auf dem Titelblatt vermerkt und in Anlehnung an die für Druckschriften gültigen Regeln in jedem Band eine Datierung trägt, den unzweifelhaften Eindruck, daß es allein zur Lektüre des Königs selbst bestimmt war.[428] Weit von einem erst mit der Aufklärung sich durchsetzenden Denken entfernt, das dem gesellschaftlichen Wächteramt des freien Gedankens huldigte, konnte sich Gundling in ihm sogar den Blick des Zensors zu eigen machen und die öffentliche Unterdrückung seiner eigenen Erkenntnisse mit der Erklärung rechtfertigen, daß »dergleichen gedruckte Schrifften nichts dann unsäglichen Haß, ewige und unsterbliche Feindschafft, ja eine beständige Hemmung aller wichtigen Staats-Affaires nach sich ziehen, zumahlen wann die außländische Machten die Haupt Maximes des Hofes darauß erfahren«.[429]

Vollends widersinnig mutet aus heutiger Perspektive an, daß der nur für einen einzigen Leser schreibende Zeithistoriker vehement um eine Verlängerung des ihm erteilten Auftrags kämpfte, dessen Erfüllung ihm weder bei Hofe noch in der Gelehrtenwelt Anerkennung verschaffen konnte: »Es wäre ein großes und Höchst nützliches Vornehmen, wann diese Arbeit weiter fortgesetzet würde.«[430] Offenbar verstand Gundling sein historiographisches Mandat als Verpflichtung zu genauer Aufzeichnung und getreuer Überlieferung der Vergangenheit für die Gegenwart, nicht aber zugleich als Gelegenheit zu persönlicher Auszeichnung auf dem Markt der historischen Deutungen. Weil er seinen Erfolg nach der Menge der von ihm aus dem Dunkel der Vergangenheit befreiten Begebenheiten und nicht nach der Zahl der ihm huldigenden Leser bemaß, konnte er schreiben, ohne zu publizieren – und dies machte ihn auf der anderen Seite als Geschichtsgelehrten unabhängig von seinem persönlichen Ansehen bei Hofe. Der Preis der Einsamkeit, den er für den Verlust an Publikum entrichten mußte, sicherte ihm zugleich den Lohn einer Doppelexistenz, deren nach außen gewandte Lächerlichkeit ihrer inneren Gültigkeit und ihrer in sich ruhenden Seriosität nichts anhaben konnte. Gundlings Antipode als Historiker war daher nicht der König, der ihm den Weg zur Öffentlichkeit versperrte, sondern die Schar der behördlichen Bedenkenträger, die ihm den Weg zu den Quellen verlegten. Von Lieferung zu Lieferung wurden seine Vorreden knapper und seine an den König gerichtete Bitte um Unterstützung dringender. Als er 1730 schließlich den vierten und vorletzten Teil seiner Arbeit ablieferte, tat er es mit der lakonischen Bemerkung, daß er die Geschichte des ersten Preußenkönigs nur dann weiterschreiben könne, wenn man ihm die Quellen nicht länger vorenthalte – die Qualität der verarbeiteten Quellen und nicht die Quantität der erreichten Leser machten in seinem Verständnis den Rang des Historikers aus.[431]

Dem Hofstaat mochte das Lebensgeheimnis eines inneren Emigranten verschlossen bleiben, der auf seine Anerkennung in der Welt verzichtete, um seinen Rang als Historiker zu wahren. Der König aber kannte es und schützte seinen Hofhistoriographen. Als Gundling ihm im Spätwinter 1731 mitteilte, daß nun auch der letzte Teil der befohlenen Geschichte der ersten Regierungsjahre von Friedrich I. abgeschrieben vorläge, erhielt er umgehend Ordre, sie über den ursprünglich vereinbarten Umfang hinaus zu fortzusetzen. Mit dem Rückenwind dieser Anerkennung beeilte Gundling sich, gegen den zähen Widerstand vorzugehen, mit dem er in seiner Forschung über die preußischen arcana imperii immer wieder konfrontiert worden war: »Euer Königliche Majestät haben gnädigst und inständigst befohlen, daß ich die Historie König Friedrich des ersten noch weiter schreiben soll, zu welchem Ende der Geheime Rath von Thulmeyer die mir noch fehlende Nachrichten und Schrifften geben solle. Also gelanget an Euer Königliche Majestät mein unterthäniges Bitten, die Acten, so ich noch gebrauche, mir ferner zu lassen, und dem Geheimten Rath von Thulmeyer deswegen Befehl zu ertheilen. I. Ingleichen daß er mir die A. 1692 mit Dennemarck geschlossene Alliance. [...] Den Ao. 1693 geschlossenen Tractat mit deen Kayser wegen der Türcken-Hülffe bald überschicken möge.«[432] Der Landesherr, der noch 1724 auf eine gleichgelagerte Bitte entschieden hatte, daß Gundling nur beschränkte Einsicht in Pufendorfs Vorarbeit erhalten dürfe, um nicht Kenntnis über politische Staatsgeheimnisse zu erlangen, ordnete nun knapp an, daß »seinem Historiographen alles gegeben werde«, und bewies so demselben Mann, den er bei Hofe als Zeremonienmeister und Lustigen Rat auftreten ließ, in dessen Eigenschaft als Preußens erstem Geschichtsschreiber trotz des Widerstandes in seiner eigenen Verwaltung mehr Vertrauen denn je zuvor.

Auf der anderen Seite gebrach es auch einem Gelehrten Gundling, der im Einklang mit seiner Zeit Geist und Macht noch nicht als kategorialen Gegensatz empfand, keineswegs an persönlichem Mut, für richtig Erkanntes seinem König auch dann unerschrocken vorzutragen, wenn es ihm selbst schädlich werden konnte. Diese Seite des Hofhistorikers blieb den meisten zeitgenössischen Beobachtern zwangsläufig verborgen, die an seinen vertraulichen Unterredungen mit dem Landesherrn nicht teilnahmen und seine Denkschriften nicht kannten. Erst die posthume Publikation seines 1712/13 entstandenen Memorandums über die Wirtschaft in Brandenburg enthüllte, wie mutig sich Gundling gegen feudale Privilegien und monarchische Vorlieben zu wenden wußte, wenn er es für notwendig erachtete.[433]

Wie fügen sich diese so verwirrend unterschiedlichen, teils gänzlich gegenläufigen Befunde zusammen? Läßt sich überhaupt das eigentümliche Schicksal eines Mannes als ein konsistentes Lebensprofil begreifen und darstellen, das uns an ein und demselben Fürstenhof in ein und derselben Zeit und ein und derselben Person als Herr und als Hanswurst, als Hofgelehrter und als Hofnarr entgegentritt? Zu kurz greifen offenkundig die bekannten biographischen Stilisierungen Gundlings zum überzeitlichen Archetypus des klassischen Lustigmachers, der im Schelmengewand die Wahrheit birgt, oder auch des gemarterten Geistes, der aus eigener Schwäche der Macht dient, die ihn füttert und verachtet. Aus diesen Sackgassen können wohl nur Interpretationen herausführen, die das Denken in den anthropologischen Gegensätzen von hoch und niedrig, Ernst und Spiel, Respekt und Verachtung zugunsten komplexerer Deutungsachsen aufgeben und den Fall Gundling in einen konfliktreichen kulturellen Umbruch zur Moderne einordnen, in dessen Verlauf sich traditionelle Zuordnungen allmählich auflösten und neue Grenzziehungen erst tastend und unsicher wieder zu entstehen begannen. Begünstigt durch den cholerischen, von psychopathischen Zügen nicht freien Charakter des Soldatenkönigs, bildete Brandenburg-Preußen im frühen 18. Jahrhundert das Exerzierfeld einer patriarchalischen Protoaufklärung von oben, die staatliche Rationalität mit den Mitteln der Despotie zu erzwingen suchte. Eingriffe in die überlieferte Ständeordnung und in tradierte Besitzstände waren einem König selbstverständlich, der jahrhundertealte Hofämter nicht achtete und sich selbst in die Uniform eines Obersten seiner Armee kleidete, der nicht scheute, sich kurzerhand selbst zum Dekan einer medizinischen Fakultät zu machen, um seinen Leibarzt zu promovieren, der einen pfiffigen Buchbinder vom Fleck weg zum Ratsherrn zu ernennen vermochte und der nicht nur Standesgenossen mit dem Stock zu prügeln liebte, sondern im Zorn fallweise seine eigenen Kinder zu erstechen und zu erwürgen suchte.

In diesem Spannungsfeld von Tradition und Traditionsbruch agierte Gundling, und er nahm Partei für die Moderne. »Eine andere Ursache des Verfalls liegt in der Unwissenheit der Räthe und Commissarien«, führte seine merkantilistische Denkschrift von 1713 aus und verlangte gleichzeitig gegenüber dem Landesadel, »daß der Bauersmann mehr Erleichterung erhielte« und besonders in seinen drückenden Kontributionsverpflichtungen entlastet würde.[434] Dem Hofadel galt Gundling seitdem als Kreatur des Königs, und er zahlte ihm den Grimm heim, den er an seinem Herrn nicht auszulassen vermochte. Dieses Geheimnis von Gundlings Stellung bei Hofe offenbarte sich niemals deutlicher als in jener Schlüsselszene vom Februar 1716, als der von den Höflingen verachtete und verprügelte Vorleser sich von einer Minute auf die andere zur

Flucht und damit zur Aufgabe seiner mühsam aufgebauten Existenz entschloß, nachdem er erkannt hatte, daß der König sich an den demütigenden Attacken seiner Hofgesellschaft ergötzte, statt ihn vor ihnen in Schutz zu nehmen.[435]

Über Gundling entluden sich Spannungen, die letztlich in dem vom Landesherrn erzwungenen Klassenkompromiß zwischen Adel und Bürgertum wurzelten. Aber blind war der Haß des Landadels keineswegs. Tatsächlich war es wohl Gundling mehr als jedem anderen zuzuschreiben gewesen, wenn 1714 ein Edikt in Preußen erging, das in über dreißig Artikeln das adelige Vorrecht zum Bierbrauen zurückzudrängen suchte, um es im Interesse der städtischen Bierverlage endgültig als wirtschaftliche Einnahmequelle auszuschalten. Wer dem Landesherrn die Feder gespitzt hatte, mit der dem heimischen Adel so erbarmungslos in die Parade gefahren wurde, ging aus diesem Erlaß selbst hervor, der wissen ließ, daß aufgrund zahlreicher Klagen in märkischen Städten »Wir dannenhero durch gewisse Commissarien die Verfassung des Brau-Wesens untersuchen, und Uns davon allerunterthänigst referiren lassen«.[436] Vielleicht mit keinem gedruckten Wort wurde Gundling jemals stärkerer Schaden zugefügt und das Feindbild des bürgerlichen Parvenüs kräftiger genährt, der auf Kosten der angestammten Noblesse den Makel seiner inferioren Abkunft durch knechtische Strebsamkeit für den König zu kompensieren hoffte.

Insoweit hat die Außenseiterstellung Gundlings am preußischen Hof nüchterne Ursachen. Im Tabakskollegium, in dem die ständische Ordnung für aufgehoben galt und der König selbst sich als Oberst angeredet wissen wollte, war Gundling den Anfeindungen eines in seinen Privilegien bedrohten Landesadels im Offiziersrock hilflos ausgeliefert, dessen Haß durch die von keinem Stand und keinem Gewerbe gedeckte Vorzugsstellung Gundlings als königlicher Berater noch immer weiter gesteigert wurde. Nicht die mit ihm zankenden und konkurrierenden »Amtskollegen« wie David Faßmann und auch nicht die königlichen Minister und Gesandten waren Gundlings eigentliche Plage, sondern die von ihrem »roi sergent« in der Oberstuniform ermutigten Militärs, die ihren sozialen Bedeutungsverlust mit der Heereskarriere zu kompensieren suchten.

Zu klären bleibt allein, warum der König es nicht nur geschehen ließ, daß ein ihm zuarbeitender Hofbediensteter in solcher Weise zum Gespött gemacht wurde, sondern sich häufig genug nach Kräften an dessen Verhöhnung beteiligte. Die Suche nach einer plausiblen Antwort führt wieder in die kulturellen Tiefenschichten des Aufbruchs in die Moderne und der Durchsetzung der höfischen Welt mit bürgerlichen Leistungsnormen. Der 1713 mit der Visitation brandenburgischer Städte beauftragte Gundling hatte sich schon ein Jahr später als hohler Schwätzer entlarvt, nachdem er den überaus frommen König zunächst durch einen ostentativ vorgetragenen Atheismus provoziert hatte, sich dann aber durch einen plumpen Scherz anwesender Offiziere zum Gespensterglauben bekehren ließ. Der König, der den als Schwachkopf überführten Gundling zur Strafe über Nacht in eine Kammer sperren ließ, solle abschließend gesagt haben, hieß es in einem Hofagentenbericht vom März 1714, »daß diese Leute nicht geschickt wären zu denen Sachen, dazu man sie hätte vorgeschlagen und vor einer kurzen Zeit wären angenommen worden«.[437] Im Handlungshorizont des zornigen Landespatriarchen und seines Hofes straften Hohn und Ehrverlust für Selbstüberschätzung und Versagen.

Der Ort, an dem sich die Macht neuer, an Tüchtigkeit und Durchsetzungskraft orientierter Geltungsmaßstäbe am ungestörtesten zur Geltung bringen ließ, war das Tabakskollegium. Gerade in seiner unkultivierten Roheit wurde es zum Ort eines von Etiketten und Herkommen wenig belasteten Räsonnements über Verhältnisse und Anschauungen, in dem der König bevorzugt die Rolle eines sich unparteiisch gebenden Schiedsrichters einnahm. In dieser despotisch gehegten Keimform einer modernen Öffentlichkeit gestattete der Landesherr das freie Wort nicht nur, sondern verlangte es auch – und dies mitunter gewalttätig: »In der Unterhaltung ward niemanden irgend ein Zwang aufgelegt, nur duldete der König es nicht, daß leise gesprochen wurde; denn nichts konnte Friedrich Wilhelm weniger ertragen, als Verheimlichung irgend einer Art, und selbst in gleichgültigen oder geringfügigen Dingen konnte er durch irgend eine bemerkte Heimlichkeit zu heftigen Aufwallungen des Zorns gereizt werden. Auch war es nicht rathsam, wenn der König fragte, sich lange auf die Antwort zu besinnen, weil [...] der König dadurch leicht zu dem Argwohn gebracht wurde, als ob der Zögernde auf Lügen sinne.«[438]

Zum Opfer eines Konfliktes zwischen Tradition und Moderne wurde Gundling so gleich auf dreifache Weise, nämlich einmal, in dem er den heimischen Adel durch eine kameralistisch argumentierende Kritik an seinen historisch überlebten Vorrechten gegen sich aufbrachte, und zum anderen, indem er selbst zu einer mit Hofwürden und Galakleidern behängten Karikatur überlebter Standeskultur und sinnentleerten Hofzeremoniells degradiert wurde. Drittens schließlich erfuhr er Demütigung, weil ihn im räsonierenden Debattierclub des königlichen Tabakskollegs weder bürgerliches noch aristokratisches Komment davor schützte, von den Versammelten nach Belieben mißhandelt und zum Narren gemacht zu werden. Doch dies war nur die eine Seite. Gundlings Schicksal als Hofgelehrter weist nicht nur vorwärts in die Zukunft einer Moderne, die staatlich-politisches Handeln allein an den Kriterien des rationalen Nutzens messen würde, sondern ebenso zurück in die Vergangenheit einer Vormoderne, in der Klugheit und Narrenweisheit sich nicht ausschlossen, sondern unmittelbar miteinander verknüpft waren.

Keineswegs manifestierte sich diese seltsame Konfiguration einer voraufgeklärten Wertordnung nur in der Person des verlachten Hofgelehrten Gundling: Fünf Jahre nach Gundlings Tod wurde dessen späterer Nachfolger als Zeitungsreferent Salomon Jacob Morgenstern – ebenfalls studierter Philosoph und Historiker – von Friedrich Wilhelm I. zum Vizekanzler der Universität Frankfurt an der Oder ernannt. Die Einführung in das neue Amt behielt der König sich selbst vor und reiste im November zu einer mehrtägigen Visite nach Frankfurt, in deren Universität für den 12. November um acht Uhr in der Frühe eine große Disputation anberaumt wurde. Der zwei Tage zuvor eingetroffene und vom Magistrat mit großem Aufwand empfangene Landesherr wünschte, daß der neue Vizekanzler die Disputation mit einer Vorlesung über die Narrheit einleiten und dann »einen Kampf mit den Professoren der Universität bestehen sollte«.[439]

Die seltsame Veranstaltung geriet zu einem Musterfall der eigentümlichen Einheit von Abwertung und Anerkennung, die die Stellung des Gelehrten im höfischen Denken unter Friedrich Wilhelm I. ausmachte. Auf Befehl des Königs erschien Morgenstern vor der Frankfurter Professorenschaft aufgeputzt wie vordem Gundling, nämlich in einem blausamtnen Kleid mit großen roten Aufschlägen, dessen Stickereien aus lauter silbernen Hasen bestand, und drapiert mit einer bis zur Hüfte reichenden Perücke, gegürtet mit einem Fuchsschwanz statt des Degens und den Kopf bedeckt von einem mit Hasenhaaren geschmückten Hut. Der König hatte ihm aufgegeben, den Satz »Die Gelehrten sind Saalbader und Narren« zu verteidigen, und in Verfolg der üblichen akademischen Regeln mit dem Juristen Johann Lorenz Fleischer und dem Rechtshistoriker Friedrich Wilhelm Roloff zugleich zwei Opponenten bestimmt, deren Namen in der wissenschaftlichen Welt etwas galten.[440] Ihrer drohenden Verhöhnung vollständig bewußt, versuchten die Universitätsprofessoren sich der Veranstaltung zu entziehen, und der so angesehene wie standhafte Staats- und Völkerrechtler Johann Jacob Moser, zu der Zeit Direktor der juristischen Fakultät, erklärte dem Stadtkommandanten von Frankfurt auf dessen Vorhaltung kühl, »ich hätte die Reputation, die ich etwa habe, nicht in Frankfurt gehohlt, ich wollte sie also auch nicht allda verlieren«[441]. Doch der am nächsten Morgen ungeduldig im Hörsaal wartende König wurde durch diesen Widerstand nicht anderen Sinnes. Während sich vor der Universität eine »Menge von etlichen tausend Menschen« zusammenfand[442], ließ er die obstinaten Universitätsmänner durch den Pedell und zwei Offiziere herbeischaffen, und die Disputation wurde aufgeschoben, bis das Professorium vollständig versammelt war, »Morgenstern fing nun nach herkömmlicher Weise an, Definitionen und Deductionen zu machen, worauf zuerst [...] der Professor Roloff das Wort nahm, welcher sich so tapfer hielt, daß ihm der König mehrmals Beifall bezeigte. Der Hofrath Fleischer griff Morgensterns Definition des Narren an und gab dagegen eine andere, welche vollkommen auf den [neuen] Vice-Kanzler [Morgenstern] paßte, woran sich der König ungemein belustigte.«[443]

Den vor der versammelten Studentenschaft öffentlich gedemütigten Professoren mochte die Veranstaltung lediglich als der Ulk eines Despoten erschienen sein. Für den König, der nachher seine Visite mit Befragungen und Weisungen für eine veränderte Studienordnung fortsetzte, war sie weit mehr. Moser selbst, der wie seine Kollegen den empörten Widerstand angesichts eines ausdrücklichen Befehls des Königs aufgegeben hatte, überlieferte später, daß sich in der höfischen Weltordnung des Soldatenkönigs Narrheit und Gelehrsamkeit keineswegs ausschlossen: »Der König gieng hierauf hinweg, und sagte zu einigen Officiers, daß ich es hörte: der Morgenstern sei klüger, als wir alle; kam wieder zu mir, und sagte: Was habt ihr denn gegen den Morgenstern? [...] Gundling war ein gelehrter Mann, aber er ist mit dem Morgenstern nicht zu vergleichen.«[444] Tatsächlich erschien Morgensterns Vorlesung noch im selben Jahr unter dem Titel »Vernünftige Gedanken von der Narrheit, und Narren. Aufgesetzt und in hoher Versammlung behauptet von Salomon Jacob Morgenstern«[445], und seiner Argumentation, daß die weitaus meisten Narren unter den Gelehrten zu finden seien, pflichtete Friedrich Wilhelm I. in der Frankfurter Disputation bei, als er die von ihm selbst aufgeworfene Frage, ob ein preußischer Prinz studieren solle, rundweg verneinte: »Ein Quentgen Mutterwitz ist besser, als ein Zentner Universitätswitz!«[446]

Ebenso wie sich im Denken Friedrich Wilhelms I. und seines Zeitalters hinter jedem Gelehrten ein Narr verbergen konnte, so konnte auch in jedem Narr ein Weiser wohnen. In dieser Hinsicht, und nur in dieser Hinsicht, lassen sich ganz unvermutete Bezüge sogar zwischen den beiden institutionalisierten Formen der höfischen Geselligkeit im Preußen des 18. Jahrhunderts finden, die nach herkömmlichem Verständnis nichts gemein haben können, weil sie eben nach Charakter und Zusammensetzung alles trennte: das ungeschliffene Tabakskollegium des Soldatenkönigs Friedrich Wilhelm I. und die geistvolle Tafelrunde des Philosophenkönigs Friedrich II. Was der verspottete Gundling als Mittelpunkt der Unterhaltung für den Vater war, bedeutete für den Sohn der gefeierte Voltaire, der sich von 1750 bis 1753 am Hof in Potsdam aufhielt, um dort Friedrichs Tafelrunde durch seinen Esprit zu bereichern und den König in seinen philosophischen und literarischen Interessen zu begleiten.

Nach intellektueller Bedeutung und Stellung in der geistigen Kultur seiner Zeit den höfischen Zeitungsreferenten himmelhoch überragend, teilte Voltaire mit Gundling in mancher Hinsicht doch auch das Schicksal eines gelehrten Höflings am preußischen Hof, der als Landesfremder an den Fürstenhof gerufen wurde, damit er die Hofgesellschaft um das Element der Gelehrsamkeit bereichere. Beide empfanden ihren Dienst als Auszeichnung und zugleich als Bürde. Nicht nur Gundling haderte mit seiner Rolle, auch Voltaire trug, wie er in seinen Memoiren bitter bemerkte, an der zynischen Bemerkung Friedrichs, daß man die Orange auspresse und die Schale wegwerfe, wenn der Saft getrunken sei, und rächte sich mit der gezielten Sottise, daß er als Friedrichs Stilkritiker und Grammatiker die Rolle eines Dieners spiele, der seinem Herrn die schmutzige Wäsche zu waschen habe. Beide hingen gleichermaßen von der schwankenden Gunst des Monarchen ab und wurden nach dessen Belieben zur königlichen Tafel zitiert oder auch von ihr verbannt. Die schmähende Titulierung als Narr mußte nicht nur Gundling erdulden. »Das heiße einen Narren teuer bezahlen«, äußerte sich Friedrich II. schon im November 1740, als Voltaire ihm in Rheinsberg seine beträchtliche Reisekostenrechnung präsentiert hatte[447], und wieder nach dem Bruch von 1753, als Friedrich sein Urteil über Voltaire so knapp wie abwertend formuliert: »Was für einen Lärm ein Narr in einer Gesellschaft machen kann!«[448] Selbst der Kammerherrenschlüssel, jenes ironische Symbol der aristokratischen Einordnung in das barocke Hofzeremoniell, wurde nicht nur an Gundlings Staatskleid geheftet. Auch Voltaire empfing ihn und mußte ihn zuletzt gleich zweimal unter entwürdigenden Umständen zurückgeben, als er seinen Dienst am König quittierte. Gleich Gundling entzog sich auch Voltaire schließlich seinem Ehrenamt durch die Flucht, und er wurde in Frankfurt am Main wochenlang unter Umständen festgesetzt, die bis hin zur körperlichen Bedrohung der Lage Gundlings in Potsdam und Wusterhausen durchaus glichen.

Im kulturellen Horizont einer in die Modernisierungskrise geratenen Hofkultur unter Friedrich Wilhelm I. bildeten Narrentum und Gelehrsamkeit nicht die sich wechselseitig ausschließenden Gegensätze, als die sie aus heutiger Perspektive gesehen werden, sondern zwei aufeinander bezogene und ineinander verwobene Daseinsformen eines höfischen Gelehrtenlebens im Umbruchszeitalter. Gundlings Schicksal paßte nicht in die Aufschreibesysteme späterer Zeiten, und deshalb wurde es entweder verdrängt – oder aber so weit verzerrt, bis es dem Geist glich, der es nicht begriff. Von diesen Schlacken einer vornehmlich in der Narren- und Schalkstradition befangenen Erinnerung befreit, präsentiert das Leben des königlichen Referenten und Historikers Gundling sich nicht als Kaleidoskop munterer Schelmenstreiche und höfischer Belustigung an einem verbummelten Studienabbrecher noch auch als bloße Beziehungsgroteske zwischen einem König und seinem Lustigmacher, sondern als der verbissene Kampf eines Hofgelehrten um sein kulturelles Kapital in einer aus den Fugen geratenen Marktwelt. In den endgültigen Bankrott erst durch das lächerliche Begräbnis von Bornstedt getrieben, war

Gundlings sozialer Börsenwert in Hof und Land über Jahrzehnte heftigsten Schwankungen unterworfen, und doch hatte sein fortlaufender Kursverlust als verlachter Vielredner seinen gleichzeitigen Kursgewinn als kenntnisreicher Ratgeber und Geschichtsschreiber bis zu seinem Tode nie vollkommen aufgezehrt.

Als stumme Zeugen dieser uns so unverständlich gewordenen Anschauungswelt aber wachen einträchtig die beiden Allegorien im Dämmerlicht der Kirche zu Bornstedt auf dem Grabepitaph, das mit der Erinnerung an Jacob Paul von Gundling auch das Rätsel seiner wunderlichen Doppelvita an die Nachwelt überliefert: hier Hase und dort Minerva.

Zitatnachweise

Ungedruckte Quellen
Evangelisches Zentralarchiv in Berlin
Archiv der Berlin-Brandenburgischen Akademie der Wissenschaften, Berlin (ABBAW)
Biblioteka Jagiellońska Kraków, Autographensammlung
Geheimes Staatsarchiv Preußischer Kulturbesitz Berlin (GehStA)
Pfarrei Hersbruck, Taufbuch 1673
Pfarrei Kirchensittenbach, Kirchenbuch 1671–1766
Staatsbibliothek Preußischer Kulturbesitz Berlin (StaBi)

Gedruckte Quellen
Adreß-Kalender der Königl. Preußis. Haupt- und Residenzstädte Berlin und des daselbst befindlichen Königl. Hofes [...] Auf das Jahr Christi 1720 ff., Berlin 1720 ff.
Theodore Besterman, Les Œuvres Complètes de Voltaire. The Complete Works of Voltaire, Bd. 85–1355: Correspondence and related documents, Genf u.a. 1968–1977
Die Briefe König Friedrich Wilhelms I. an den Fürsten Leopold zu Anhalt-Dessau 1704–1740, bearb. von Otto Krauske. Einleitung von Gerd Heinrich, (Acta Borussica, Ergänzungsband), Frankfurt/Main 1986/87
[Adolf Friedrich von Buch,] Geschichte des adlichen Geschlechts der von Buch, in der Marck und im Mecklenburgischen, Prenzlau 1784
Denkmäler der Preußischen Staatsverwaltung im 18. Jahrhundert, hg. von der Königlichen Akademie der Wissenschaften (Acta Borussica): Die Behördenorganisation und die allgemeine Staatsverwaltung Preußens im 18. Jahrhundert
1. Bd.: Akten von 7101 bis Ende Juni 1714, bearb. von G. Schmoller/ O. Krauske, Berlin 1894
2. Bd.: Akten vom Juli 1714 bis Ende 1717, bearb. von G. Schmoller/ O. Krauske/ V. Loewe, Berlin 1898
3. Bd.: Akten vom Januar 1718 bis Januar 1723, bearb. von G. Schmoller/ O. Krauske/ V. Loewe, Berlin 1901
3. Bd., 2. Hälfte: Akten vom Anfang Januar 1726 bis Ende Dezember 1729, bearb. von G. Schmoller/ W. Stolze, Berlin 1908
Georg Erler, Die jüngere Matrikel der Universität Leipzig 1559–1809, Bd. I-III, Leipzig 1909
David Faßmann, Der gelehrte Narr, Oder Gantz natürliche Abbildung Solcher Gelehrten, Die da vermeynen, alle Gelehrsamkeit und Wissenschaften verschlucket zu haben, auch in dem Wahn stehen, daß ihres gleichen nicht auf Erden zu finden, wannenhero sie alle andere Menschen gegen sich verachten, einen unerträglichen Stoltz und Hochmuth vor sich spüren lassen [...], Nebst einer lustigen Dedication und sonderbaren Vorrede [...] geschrieben, Freyburg 1729

[David Faßmann], Hochgebohrner Herr! Hochgeehrter Herr geheimter Raht., o.O. und o.D.

D[avid]F[aßmann], Parentation, Wie sie, Auf allergnädigsten Befehl, Bey einer sehr Volckreichen Versammlung gehalten worden [...], Als man den, am 11. Aprilis 1731, zu Potsdam verstorbenen, Freyherrn von Gundling, Sr. Königlichen Majestät von Preußen Geheimten Rath etc. Den Tag nach seinem seeligen Abscheiden von der Welt, mit einer ansehnlichen und höchst-rühmlichen Leich-Procession, hinaus nach Bornstädt, nahe bey Potsdam gelegen, gebracht und alda in der Kirche beerdiget, Potsdam o.D.

Ernst Friedlaender (Hg.), Berliner geschriebene Zeitungen aus den Jahren 1713 bis 1717 und 1735. Ein Beitrag zur Preußischen Geschichte unter König Friedrich Wilhelm I. (Schriften des Vereins für die Geschichte Berlin, H. 38), Berlin 1902

[Friedrich August Hackemann], Der im Wein-Faß begrabene Paul Gundling, Geheimer Staats- Kriegs- und Domainen-Rath, raisonniret mit David Fasman, Ertz-Calumnianten, den Galgen längst meritirten Ehren-Dieb, wie er dann an seiner Läster-Zunge allhier in Effigie hanget und in Corpore bald wird gehangen werden, Freyburg o.J.

Werner Hartkopf/Gert Wangermann (Hg.) Dokumente zur Geschichte der Berliner Akademie der Wissenschaften von 1700 bis 1990, Berlin u.a.1991

Max Hoffmann (Hg.), Pförtner Stammbuch 1543–1893. Zur 350jährigen Stiftungsfeier der Königlichen Landesschule Pforta herausgegeben, Berlin 1893

Reinhold Jauernig, Die Matrikel der Universität Jena, Bd. II 16522–1723, Weimar 1962

Fritz Juntke, Matrikel der Martin-Luther-Universität Halle-Wittenberg, I (1690–1730), Halle 1960

Bogdan Krieger (Hg.), Sieben Tage am Hofe Friedrich Wilhelms I. Tagebuch des Professors J.A. Freylinghausen über seinen Aufenthalt in Wusterhausen vom 4. – 10. September 1727, Berlin 1900

Miscellanea Berolinensia ad incrementum scientiarum, ex scriptis Societati Regiae exhibitis edita, Berolini 1710 ff.

Herbert Mundhenke, Matrikel der Universität Helmstedt, Hildesheim 1979

Johann Jacob Moser, Lebensgeschichte Johann Jacob Mosers, von ihm selbst beschrieben, bearb. v. Siegfried Röder (Schwäbische Lebensläufe, Bd. 8), Heidenheim an der Brenz 1971

Christian Otto Mylius, Corpus Constitutionum Marchicarum, Oder Königl. Preußis. und Churfürstl. Brandenburgische in der Chur- und Marck Brandenburg auch incorporirten Landen publicirte und ergangene Ordnungen, Edicta, Mandata, Rescripta etc. Von Zeiten Friedrichs I. Churfürstens zu Brandenburg etc. biß ietzo unter der Regierung Friderich Wilhelms Königs in Preußen etc. ad annum 1736 inclusive, 6 Teile, Berlin/Halle 1737–51

Novum Corpus Constitutionum Prussico-Brandenburgensium praecipue Marchicarum, Oder Neue Sammlung Königl. Preußl. und Churfürstl. Brandenburgischer, sonderlich in der Chur- und Marck-Brandenburg, Wie auch andern Provintzien, publicirten und ergangenen Ordnungen, Edicten, Mandaten, Rescripten etc. etc., 12 Bde., Berlin 1753–1822

[Johann Siebmacher,] Das erneuerte Teutsche Wappenbuch, in welchem deß H. Römische Reiches Hohe Potentaten, Fürsten, Herren, Edle, Stände und Städte, etc. Wappen, Schilde, Helm, Kleinodien, Wie auch Deroselben Namen, Herrschaften, und Herolds-Farben, etc. außgebildet zuersehen, Nürnberg 1655

Elias von Steinmeyer (Hg.), Die Matrikel der Universität Altdorf, 2 Bde., Würzburg 1912

Otto Veh, Die Briefe der Markgräfin Wilhelmine von Bayreuth an ihre Schwester Friederike Luise von Ansbach aus den Jahren 1730 bis 1735, in: Archiv für Geschichte von Oberfranken 39 (1959), S. 198–228

Georg Andreas Will, Biblioteca Norica Williana oder Kritisches Verzeichniß aller Schriften, welche die Stadt Nürnberg angehen, und die zur Erläuterung deren Geschichte seit vielen Jahren gesammlet hat, nun aber im öffentlichen Drucke beschreibet, 8 Bde., Altdorf und Nürnberg 1772–1793

Richard Wolff, Vom Berliner Hofe zur Zeit Friedrich Wilhelms I.. Berichte des Braunschweiger Gesandten in Berlin 1728–1733 (Schriften des Vereins für die Geschichte Berlin, Heft XLVIII u. XLIX), Berlin 1914

Des Grafen von Seckendorf Korrespondenz, in: Friedrich Förster, Wilhelm I. König von Preußen, Bd. 3, Potsdam 1835, S. 325–421

Schriften und Karten Jacob Paul von Gundlings

Das Alterthum der Stadt Halle, Wird aus den ältesten Schrifften der Zeit vorgestellet; Wobey kürtzlich bewiesen wird Daß Kayser Karl der Grosse Die Stadt Halle Anno 806. nach Christi Geburt erbauet habe, Halle 1715

Auszug Chur-Brandenburgischer Geschichten, Churfürst Joachim des I. Churfürst Joachim des II.und Churfürst Johann Georgen zu Brandenburg, Bey Gelegenheit der Lebens-Beschreibung Hrn. Lampert Distelmeyers, Chur-Brandenburgis. Cantzlars, Gebürtig aus Leipzig, Berlin 1722

Bellica Progymnasmata a Joachimo I. Marchione et Electore Brandenburgensi Rupini celebrata, descripta à Publio Vigilantio Arbilla, Oratore und Poëta, in lucem denuo edi curavit Jacobus Paulus Gundlingius, R.S.M. Borussiae Ceremoniarum Magister, Consiliarus intimus ac Societatis Regiae Scientiarum Praeses, Berolini 1718

Bestand des Rußischen Kayser-Titels, Worbey Der von Kayser Maximilian dem Ersten Anno 1514. den 4. Augusti Zu Brundenach geschlossene Alliantz-Tractat Gegen alle bißher gemachte nichtige Einwürffe vertheidiget wird, Riga 1724

Brandenburgischer Atlas Oder Geographische Beschreibung der Chur-Marck Brandenburg, Und des dasigen Adels Aus den Landes Urkunden Verfertiget, Potsdam 1724

Charte des Herzogth. Magdeburg mit seinen Creisen und Laendern gezeichnet, 1730

Dissertatio de origine marchionatus Brandenburgensis fide diplomatum suffulta, in: Scriptores rerum Brandenburgensium quibus historia marchiae Brandenburgensis eiusque variae mutationes et transitus rerum ab origine gentis ad nostra usqua tempora recensentur et illustrantur, Bd. I, Frankfurt/Oder 1751 (zuerst Berlin 1726; wieder abgedruckt in: Gundling, Geschichte der Chur-Mark-Brandenburg, S. 629–640)

Dissertatio Epistolaris de Nummo Vizonis Obotritorum Regis ad virum Summe Reverendum Dn. Joannem Rau, Praepositum ad Templum S. Nicolai dignissimum, Ex cukius Museo hunc Nummum explicat et exhibet Jabobus Paulus de Gundling, Reg. S. Maj. Boruss. Consularius Intimus et Societatis Scientiarum Praeses, Berolini 1724

Epistola ad Virum Generosum et Magnificum, Dominum Johannem Petrum de Ludwig, Universitatis Fridericianae Hallensis Cancellarium, de Nummo Mistevoji, in: Miscellanea Berolinensia, Continuatio II (= Bd. 3), Berolini 1727, S. 305–307

Epistola ad Virum Generosum et Magnificum, Dominum Johannem Petrum de Ludwig, Universitatis Fridericianae Hallensis Cancellarium, de Nummo Billugi, in: Miscellanea Berolinensia, Continuatio II (= Bd. 3), Berolini 1727, S. 307 f.

Epistola ad Virum Generosum et Magnificum, Dominum Johannem Petrum de Ludwig, Universitatis Fridericianae Hallensis Cancellarium, de Nummo Gotschalci, in: Miscellanea Berolinensia, Continuatio II (= Bd. 3), Berolini 1727, S. 308–310

Erläuterung der unter Seiner Königl. Majestät in Preußen Allergnädigsten Approbation und auf Dero Special-Befehl von dem Geheimten Rathe Freyherrn von Gundling als Praesidenten der Societaet der Wissenschaften Namens desselben am 4ten Juni 1728 angestellten Illumination, o.O. u. o.D.

Friederich Wilhelms des Grossen, Chur-Fürstens zu Brandenburg Leben und Thaten, Berlin und Franckfurt 1710

Geographische Beschreibung des Herzogthums Magdeburg, worinnen das gantze Land überhaupt und seine Verfassung, als auch Dessen Creyse, Länder, Flüsse, Seen, Städte, Aemter und Wälder, wie auch Die gantze Noblesse nach denen Creysen. Aus denen von der Hochpreißlichen Regierung, und denen hochlöbl. Städten ertheilten Nachrichten, auch aus Archivischen Urkunden, nebst einer Land-Charte, deutlich vorgestellet werden, Leipzig und Franckfurt 1730

Geschichte der Chur-Mark-Brandenburg Von den ältesten Zeiten bis zum Absterben Albrechts des Andern, Marggrafen zu Brandenburg, Aus dem Hause Ascharien und Ballenstädt, Aus den Schrifften selbiger Zeit, Diplomatibus und Urkunden beschrieben, Frankfurt und Leipzig 1753

Geschichten u. Thaten Kayser Konrads des Dritten Aus dem Geschlecht der Hertzogen in Schwaben, Wobey zugleich kürtzlich Der Teutsche Reichs-Staat Zu Zeiten dieses Kaysers beygefüget wird, Aus ältestenSchrifften und Diplomatibus beschrieben, Halle 1720

Geschichte und Thaten Kayser Conrads des Vierdten aus dem Geschlecht der Hertzoge zu Schwaben, in: Ders., Geschichte und Thaten Kayser Conrads des Vierdten, aus dem Geschlecht der Hertzoge von Schwaben, Wie auch Kayser

Wilhelms, aus dem Geschlecht der Grafen von Holland, Aus den Schriften selbiger Zeit und andern Documenten ausgefertigt, Berlin 1719

Geschichte und Thaten Kayser Wilhelms, aus dem Geschlecht der Grafen von Holland, in: Ders., Geschichte und Thaten Kayser Conrads des Vierdten, aus dem Geschlecht der Hertzoge von Schwaben, Wie auch Kayser Wilhelms, aus dem Geschlecht der Grafen von Holland, Aus den Schriften selbiger Zeit und andern Documenten ausgefertigt, Berlin 1719

Geschichten und Thaten Kayser Heinrichs Des Siebenden Aus dem Hause der Hertzogen von Limburg und Graffen zu Luxemburg, Aus Den ältesten Schriften seiner Zeit, wie auch M[anu]s[crip]tis, Originalien und Diplomatibus beschrieben, Halle 1718 (Nachdruck Halle 1719)

Geschichten und Thaten Kaiser Richards Aus dem Geschlecht der Könige in Engelland, So insgemein die Historie des Interregni genennet wird. Nach denen Schrifften derselben Zeit ausgefertigt, Berlin 1719

(zugeschrieben) Historische Gedancken, als Seine Königliche Majestät in Preußen, Unser Allergnädigster König und Herr, Die Erb-Huldigung zu Stettin den 10. Augusti, Anno 1721, Allergnädigst eingenommen, Berlin 1721

Historische Nachrichten von dem Lande Tuscien und dem heutigen Groß-Herzogthum Florentz, Wie auch Von der Hoheit des Römischen Teutschen Reichs, Nach Anleitung der Reichs-Rechte ausgefertigt, Breslau o.J.. [1717]

Historische Nachricht von dem Lande Tuscien oder dem Groß-Herzogthum Florentz, Worbey nach denen Reichs-Rechten Die Hoheit des Teutschen Teichs Von den ersten Zeiten biß an gegenwärtige Veränderungen angeführt wird, Auf das Neue durchgesehen und vermehret, Franckfurt 1723

Historische Nachrichten Von denen Herzogthümern Parma und Placenza und derselben Dependenz vom Römischen Teutschen Reich, Nach Anleitung der Teutschen Reichs-Rechten Vorgestellet, Frankfurt 1723

Imperialia Oder Anmerckungen über die Teutsche Reichs-Sachen, Nach Anleitung Der Deutschen Reichs-Rechten, Der Historie, Genealogie, Geographie, Historicorum M[anus]S[crip]torum, alter Diplomatum und Urkunden, der alten und mitlern Zeit, Erster Theil, Franckfurt und Leipzig 1722

Itargus fluvius, in: Miscellanea Berolinensia, Continuatio II (= Bd. 3), Berolini 1727, S. 303 f.

Kurtzer Entwurff, Wormit Bey der Königlichen Preußischen Fürsten- und Ritter-Academie in der Königl. Residentz Berlin, Der Durchl. Hohen und Adelichen Jugend, Mit Antretung seiner Profession sein Vorhaben bekanet machet. Cölln/Spree 1705

Land-Charte des Churfürsten-Thums Brandenburg, o.D. [1724]

Leben und Thaten des Durchlauchtigsten Fürsten und Herrn, Herrn Friderich des Ersten, Marggrafens zu Brandenburg, des Heil. Römischen Reichs Ertz-Cämmerers und Burggrafens zu Nürnberg etc. Welcher zum ersten Die Churu. Marck-Brandenburg Annor 1415, nunmehro vor drey hundert Jahren auf das jetzo Glorwürgide Königliche Hauß gebracht [...]. Aus d. Archiven, Originalien, Archivischen Nachrichten, Diplomatibus, Urkunden, Tractaten, Registern, Brieffschafften und damaligen Authoren auff allerhöchsten Königl. Befehl abgefasset (= Leben und Thaten Friderichs, Ersten Churfürstens zu Brandenburg), Halle 1715

Leben und Thaten, Des Durchlauchtigsten Fürsten und Herr, Herrn Albrechten Des Ersten, Marggrafen zu Brandenburg, Aus dem Hause Ascharien, und Ballenstädt. Aus den Schrifften selbiger Zeit Diplomatibus und Urkunden beschrieben, Berlin o.J. [1730]

Leben und Thaten Friderichs des Andern, Churfürsten zu Brandenburg, des Heil. Römischen Reichs Ertz-Cämmerers etc. etc. Aus denen Archiven, Originalien, Archivischen Nachrichten, Diplomatibus, Urkunden, Tractaten, Registern, Brieffschafften und damaligen Authoren, Auf Hohen Befehl abgefasset, Potsdam 1725 (Nachdruck Berlin 1733)

Moneta Regis Pribislai Sclavorum, in: Miscellanea Berolinensia, Continuatio II (= Bd. 3), Berolini 1727, S. 299–301

J.P. Gundlings Nachricht von den Commerzien und Manufacturen in der Churmark Brandenburg, den Herzogthümern Magdeburg, Pommern, dem Fürstenthum Halberstadt in dem Jahre 1712; nebst einigen Vorschlägen, wie durch die Verbesserung derselben das ganze Land in Aufnahme gebracht werden könnte, hg. v. J. G. Hoche, Halle 1795

Pommerischer Atlas oder Geographische Beschreibung, Des Herzogthums Pommern, Und des dasigen Adels Aus den Landes Urkunden Verfertiget, Potsdam 1724

Register Der in der Land-Charte des Churfürstenthums Brandenburg befindlichen oder angräntzenden Oerter; Nebst einem leichten Weg gleichsam in einem Moment den beliebigen Ort durch Benennung des Buchstabens und der Ziffer zu finden, Berlin 1725

Samuelis L.B. de Pufendorf de statu Imperii Germanici liber unus. In Usum Regiae Berolinensis Academiae cum Praefatione in lucem editus Cura Jacobi Pauli Gundlingi. In Regia Berolinensi Academia Juris Publici ac Historiarum P.P. Editio Posthuma, Colonia ad Spream 1706

Special-Charte der Alt-Mark der Chur Brandenburg Cura J.P. de G., o.O. u. o.D.

Der Staat von Preußen, o.O. u. o.J. [Halle 1704]

Status Politicus S. R. Imperii sub Conrado III. Imperatore ac Duce Suevico, in: Jo. Reinhard Wegelin (Hg.), Thesaurus Rerum Suevicarum seu Dissertationes selectarum volumen secundum de Suevia sub ducibus, Lindau 1757, S. 268–302 (= Teutsches Staats-Recht zu den mittlern und absonderlich Kaysers Conrads des III. Zeiten)

Teutsches Staats-Recht zu den mittlern und absonderlich Kaysers Conrads des III. Zeiten, Frankfurt/Leipzig 1740 (zuerst 1719 erschienen; ²Jena 1746)

Tropaea Drusi, in: Miscellanea Berolinensia, Continuatio II (= Bd. 3), Berolini 1727, S. 301–303

Literatur

Allgemeine Deutsche Biographie, 10. Bd., Leipzig 1879

Karl F. Benckendorf, Karakterzüge aus dem Leben König Friedrich Willhelm I. nebst verschiedenen Anecdoten von wichtigen unter seiner Regierung vorgefallenen Begebenheiten, und zu der damaligen Zeit sowohl im Militär- als Civil-Stande angestellt gewesenen merkwürdigen Personen, Berlin 1787–1793, (Neudruck Wiesbaden 1982)

Biographie Universelle Ancienne et Moderne, Bd. XVIII u. XXIII, Edition Nouvelle, Paris 1857

Biographisches Wörterbuch zur deutschen Geschichte, bearb. v. Karl Bols, Günther Franz u. Hanns Hubert Hofmann, 3 Bde., München 1973

Clemens Amelunxen, Zur Rechtsgeschichte der Hofnarren, Berlin/New York 1991

Clemens Alois Bader, Lexikon verstorbener baierischer Schriftsteller, des 18. und 19. Jahrhunderts, 2 Bde., Augsburg/Leipzig 1824–25

Christian Bartholmèss, Histoire Philosophique de l'Académie de Prusse depuis Leibniz jusqu'à Schelling, particulièrement sous Frédéric-Le-Grand, Paris 1850

Samuel Buchholtz, Versuch einer Geschichte der Churmarck Brandenburg von der ersten Erscheinung der deutschen Sennonen an bis auf jezige Zeiten. Mit einer Vorrede Sr. Hochwürden des Herrn Oberconsistorialraths Süßmilch, Sechs Bände, Berlin 1765–75

Edward Carpenter, Thomas Tenison Archbishop of Canterbury. His Life and Times, London 1948

Karl-G. Eickenjäger, Der königliche Narr, in: Spektrum I (1970), H. 7, S. 36 f.

Johann Samuel Ersch/Johann Gottfried Gruber (Hg.) Allgemeine Enzyklopädie der Wissenschaften und Künste in Alphabetischer Reihenfolge von genannten Schriftstellern bearbeitet, Leipzig 1818–1889

David Faßmann, Die neu-entdeckten Elisäischen Felder, und was sich in denenselben wonderbares zugetragen etc., 5 Teile, Franckfurt/Leipzig 1735–40

[David Faßmann], Leben und Thaten des Allerdurchlauchtigsten und Großmächtigsten Königs von Preußen Friederici Wilhelmi, Hamburg und Breßlau 1735

Karl Friedrich Flögel, Geschichte der Hofnarren, Hildesheim, New York 1977 (Nachdruck der Ausgabe Liegnitz/Leibzig 1789

Friedrich Förster, Friedrich Wilhelm I. König von Preußen, 3 Bde., Potsdam 1834–35

[Johann Heinrich Samuel Formey], Histoire de L'Académie Royale des Sciences et Belles Lettres, depuis son origine jusqu'à présent, Berlin 1750

Ludwig Geiger, Berlin 1648–1840. Geschichte des geistigen Lebens der preußischen Hauptstadt, 2 Bde., Berlin 1893

C. G. Geppert, Chronik von Berlin von Entstehung der Stadt an bis heute, 3 Bde., Berlin 1839–41

Conrad Grau, Professor in Halle, Präsident in Berlin. Annäherungen an die Brüder Nikolaus Hieronymus Gundling und Jakob Paul Gundling, in: Erich Donnert (Hg.), Europa in der Frühen Neuzeit. Festschrift für Günter Mühlpfordt, Bd. 5: Aufklärung in Europa, Kön/Weimar/Wien 1999, S. 241–254

Neue Deutsche Biographie, hg. von der Historischen Kommission bei der Bayerischen Akademie der Wissenschaften, 7. Bd., Berlin (W) 1966, u. 15. Bd., Berlin (W) 1987

Nicolai Hieronymi Gundlings Weiland Königl. Preussl. Geheimten- Consistorial-Raths auch Professoris Publici, zu Halle etc. Umständliches Leben und Schriften [...], Frankfurt a.M./Leipzig o.D. [1736]

Jürgen Habermas, Strukturwandel der Öffentlichkeit, Neuwied und Berlin ^{7}1975

Notker Hammerstein, Reichs-Historie, in: Hans Erich Bödeker u.a. (Hg.), Aufklärung und Geschichte. Studien zur deutschen Geschichtswissenschaft, Göttingen, 1986, S. 82–104

Adolf Harnack, Geschichte der königlich preußischen Akademie der Wissenschaften zu Berlin, Berlin 1901

Otto Hintze, Die Preußische Seidenindustrie des 18. Jahrhunderts, in: Jahrbuch für Gesetzgebung, Verwaltung und Volkswirtschaft im Deutschen Reich 17, 1893, S. 23–60

Otto Hintze, Die Preußische Seidenindustrie im 18. Jahrhundert und ihre Begründung durch Friedrich den Großen, 3. Bd., Darstellung (Acta Borussica), Berlin 1892

Carl Christian Hirsch/Andreas Würfel, Lebensbeschreibungen aller Herren Geistlichen, welche in der Reichs-Stadt Nürnberg, seit der Reformation Lutheri, benebst einer Beschreibung aller Kirchen und Capellen daselbst, Nürnberg 1756

Jaumann

Christian Gottlieb Jöcher (Hg.), Allgemeines Gelehrten-Lexicon, Darinne die Gelehrten aller Stände sowohl männ- als weiblichen Geschlechts, welche vom Anfange der Welt bis auf ietzige Zeit gelebt, und sich der gelehrten Welt bekannt gemacht, nach ihrer Geburt, Leben merckwürdigen Geschichte, Absterben und Schrifften aus den glaubwürdigsten Scribenten in alphabetischer Form beschrieben werden, 4 Bde., Leipzig 1750–51

Heinz Kathe, Der »Soldatenkönig«. Friedrich Wilhelm I. (1688–1740). König in Preußen – Eine Biographie, Berlin (O) 1976

Karl Heinrich Kaufhold, Die Organisation und die innere Struktur des Seidengewerbes in Berlin um 1800, in: Wilfried Feldenkirchen u.a. (Hg.), Wirtschaft, Gesellschaft, Unternehmen. Festschrift für Hans Pohl zum 60. Geburtstag, 1. Teilband: Wirtschaft, Stuttgart 1995, S. 181–202

Walther Killy (Hg.), Literaturlexikon. Autoren und Werke deutscher Sprache, 15 Bde., Gütersloh 1988–1992

Walther Killy/Rudolf Vierhaus (Hg.), Deutsche Biographische Enzyklopädie, 11 Bde., München u.a. 1996

Herbert Kisch, Preußischer Merkantilismus und der Aufstieg des Krefelder Seidengewerbes: Variationen über in Thema des 18. Jahrhunderts, in: Ders., Die hausindustriellen Textilgewerbe am Niederrhein vor der industriellen Revolution. Von der ursprünglichen zur kapitalistischen Akkumulation, Göttingen 1981, S. 66–161

Jochen Klepper, Der Vater. Roman eines Königs, Stuttgart 1937

[Anton Balthasar König,] Leben und Thaten Jakob Paul Freiherrn von Gundling Königl. Preußischen Geheimen Krieges- Kammer-Ober-Apellations- und Kammergerichts-Raths, wie auch Zeremonienmeisters und Präsidenten bei der königl. Societät der Wissenschaften etc. eines höchst seltsamen und abenteuerlichen Mannes. Aus bisher unbekannten Nachrichten, und seltenen gedruckten Schriften gezogen und anschaulich gemacht, Berlin 1795 (Gekürzte Neuausgabe, bearb. und hg. v. Uwe Otto, Berlin (W) 1980)

Otto Krauske, Vom Hofe Friedrich Wilhelms I., in: Hohenzollern-Jahrbuch auf das Jahr 1901, S. 173–210

Johann Georg Krünitz, Oekonomische Enzyklopädie, oder allgemeines System der Staats- Stadt- Haus- u. Landwirtschaft, in alphabetischer Ordnung, 242 Teile, Berlin 1773–1858

Georg Gottfried Küster, Des Alten und Neuen Berlin Dritte Abtheilung, Berlin 1756

Hannelore Lehmann, Wurde Jakob Paul Freiherr von Gundling (1673–1731) in einem Sarg begraben, der die Gestalt eines Weinfasses hatte? Der Brief eines Potdamer Pfarrers bestätigt es, in: Jahrbuch für Berlin-Brandenburgische Kirchengeschichte 58 (1991), S. 199–217

Richard Leineweber, Salomon Jakob Morgenstern, ein Biograph Friedrich Wilhelms I., phil.Diss. Göttingen o.J

Ludwig Lindenberg, Leben und Schriften David Faßmanns (1683–1744) mit besonderer Berücksichtigung seiner Totengespräche, Berlin 1937

[Johann Michael von Loen], Der unglückliche Gelehrte am Hof. Oder: Einige Nachrichten von dem geheimen Rath und Ober-Ceremonienmeister, Freyherrn von Gundling, in: Des Herrn von Loen gesammelte Kleine Schrifften: Besorgt und heraus gegeben von J.C. Schneider, Frankfurt/Leipzig 1750, 1. T., S. 198–218

[Johann Michael von Loen], Abbildung des Professor G[undling], in: Des Herrn von Loen gesammelte Kleine Schrifften: Besorgt und heraus gegeben von J.C. Schneider, Frankfurt/Leipzig 1750, 1. T., S. 218–221

[Johann Michael von Loen], Der königlich Preußische Hof in Berlin 1718, in: Des Herrn von Loen gesammelte Kleine Schrifften: Besorgt und heraus gegeben von J.C. Schneider, Frankfurt/Leipzig 1750, 2. T., S. 22–39

Heiner Müller, Krieg ohne Schlacht. Leben in zwei Diktaturen, Köln 1992

Heiner Müller, Leben Gundlings Friedrich von Preußen Lessings Traum Schlaf Schrei, Frankfurt/Main 1982

Salomon Jakob Morgenstern, Über Friedrich Wilhelm I., Osnabrück 1978 (Neudruck der Ausgabe 1793)

Walter Mönch, Voltaire und Friedrich der Grroße. Das Drama einer merkwürdigen Freundschaft. Eine Studie zur Literatur, Politik und Philosophie des XVIII. Jahrhunderts, Stuttgart/Berlin 1943

Hans-Joachim Neumann, Friedrich Wilhelm I. Leben und Leiden des Soldatenkönigs. Mit einem Geleitwort von Seiner Kaiserlichen Hoheit Dr. Louis Ferdinand Prinz von Preußen, Berlin 1993

Ivan Nagel, Der Intellektuelle als Lump und Märtyrer, in: Akzente I (1981), S. 3–22

Hans-Joachim Neumann, Friedrich Wilhelm I. Leben und Leiden des Soldatenkönigs. Mit einem Geleitwort von Seiner Kaiserlichen Hoheit Dr. Louis Ferdinand Prinz von Preußen, Berlin 1993

Fr. Nick, Die Hofnarren, Lustigmacher. Possenreißer und Volksnarren älterer und neuerer Zeiten; ihre Späße, komischen Einfälle, lustigen Streiche und Schwänke, 2 Bde., Stuttgart 1861

Friedrich Nicolai, Beschreibung der königlichen Residenzstädte Berlin und Potsdam, aller daselbst befindlichen Merkwürdigkeiten und der umliegenden Gegend, 3 Bde., Berlin 1786

Gerhard Oestreich, Friedrich Wilhelm I. Preußischer Absolutismus, Merkantilismus, Militarismus, Göttingen/Frankfurt a.M./Zürich 1977

Roman Freiherr von Procházka, Nochmals Gundling, in: Archiv für Sippenforschung, 1964, H. 16, S. 542 f.

Rainer Rückert, Der Hofnarr Joseph Fröhlich 1694–1757. Taschenspieler und Spaßmacher aum Hofe Augusts des Starken, Offenbach 1998

A. v. S., Jakob Paul Freiherr v. Gundling, Hof- Kammer- Krieges- Geheimer Oberappellations- und Kamergerichts-Rath, Oberzeremonienmeister, Präsident der Akademie der Wissenschaften, Kammerherr, Mitglied des Tabackskollegiums und lustiger Rath Friedrich Wilhelms I., Vater Friedrichs II., Eine höchst komische biographische Skitze als Karnevalsgeschenk, Berlin 1817

Wolfgang Scharfe, President, King's Jester and Cartographer. Jakob Paul v. Gundling and the First Domestic Map of Brandenburg, Berlin 1993 (Ms. FU Berlin)

Louis Schneider, Ist Gundling in einem Weinfasse begraben worden?, in: Mitteilungen des Vereins für die Geschichte Potsdams, III. Theil, 1867, Nr. CXXIV, S. 428–435

Gustav Schmoller/Otto Hintze (Hg.), Die Preußische Seidenindustrie im 18. Jahrhundert und ihre Begründung durch Friedrich den Großen, 2 Bde. (Acta Borussica), Berlin 1892

Helmut Schnitter, Der Geist und die Macht – aus dem Leben des Gelehrten Jacob Paul Freiherr von Gundling, in: Ders. (Hg.), Gestalten um den Soldatenkönig. Biographische Skizzen, Bd. 1, Reutlingen 1994, S. 186–195

Paul Schulze-Berghof, König und Narr im Spiel , o.O. u. o. J. [Berlin 1941]

Martin Stade, Der König und sein Narr, Stuttgart 1975

Fr[iedrich] Wilken, Zur Geschichte von Berlin und seinen Bewohnern unter der Regierung des Königs Friedrich Wilhelm I., in: Historisch-Genealogischer Kalender auf das Gemein-Jahr 1823, hg. von der Kön. Preuß. Kalender Deputation, Berlin o.J., S. 1–264

Georg Andreas Will, Nürnbergisches Gelehrten-Lexicon oder Beschreibung aller Nürnbergischen Gelehrten beyderley Geschlechtes nach Ihrem Leben, Verdiensten und Schrifften zur Erweiterung der gelehrten Geschichtskunde und Verbesserung vieler darinnen vorgefallenen Fehler aus den besten Quellen in alphabetischer Ordnung verfasset, fortgesetzt von Christian Conrad Nopitsch, 8 Teile, Nürnberg/Altdorf 1755–1808

Andreas Würfel, Dypticha Ecclesiarum in Oppidis et Pagis Norimbergensibus das ist: Verzeichnus und Lebensbeschreibungen der Herren Geistlichen, welche seit der gesegneten Reformation biß hieher, so wohl in den Städtlein als auf denen Dorfpfarren, Nürnbergischen Gebiets gedienet [...], Nürnberg 1759

Johann Heinrich Zedler, Großes vollständiges Universal-Lexikon Aller Wissenschafften und Künste, Welche bißhero durch menschlichen Verstand und Witz erfunden und verbessert worden, 64 Bde., Halle/Leipzig 1732–50

Anmerkungen

1. Pfarrei Kirchensittenbach, Kirchenbuch 1671–1766, A.D. 1673, Marginalien zum Eintrag vom 19.8.1673, o.D. [1731].
2. [Faßmann], Leben und Thaten, S. 1044.
3. Loen, Der unglückliche Gelehrte, S. 206.
4. Jacob Paul Gundlings Teutsches Staats-Recht, Vorrede, S. A 2. Daß Gundling sich »durch viele gelehrte, sonderlich aber Historische Schriften, bey der gelehrten Welt, fast durchgehends, Applausum und einen unsterblichen Ruhm erworben« habe, hatte ein Biograph seines in Halle lehrenden Bruders Nicolaus Hieronymus schon Jahre zuvor gefunden. Nicolai Hieronymi Gundlings Umständliches Leben, S. 7076 f.
5. Jöcher (Hg.), Allgemeines Gelehrten-Lexicon, 2. Teil, Sp. 1281 f.
6. Ebd.
7. Will, Nürnbergisches Gelehrten-Lexicon, T. I., S. 591 f. Ebenso verhalten zwischen zwei Polen vermittelnd, urteilte 1756 auch Georg Gottfried Küster: »Geschadet hat er niemand, und vielmehr andern zu nuzen gesucht.« Küster, Des Alten und Neuen Berlin, Sp. 575.
8. [Formey,] Histoire de L'Académie Royale, S. 42. In derselben Tradition noch 1850 Bartholmèss, Histoire Philosophique, S. 84 ff.
9. Der vollständige Titel des Werkes lautet: »Leben und Thaten Jakob Paul Freiherrn von Gundling Königl.-Preußischen Geheimen Krieges-Kammer-Ober-Appellations- und Kammergerichts-Raths, wie auch Zeremonienmeisters und Präsidenten bei der königl. Societät der Wissenschaften etc. eines höchst seltsamen und abenteuerlichen Mannes. Aus bisher unbekannten Nachrichten, und seltenen gedruckten Schriften gezogen und anschaulich gemacht«.
10. Ebd., S. V f. und 15 ff.
11. Ebd., S. IV.
12. Ebd., S. III.
13. Faßmann, Die neu-entdeckten Elisäischen Felder, S. 242.
14. [König], Leben und Thaten, S. VI.
15. Ebd., S. 119.
16. Ebd., S. 27.
17. S., Jakob Paul Freiherr v. Gundling, S. 9 f.
18. Geiger, Berlin 1618–1840, S. 226.
19. Krauske, Vom Hofe Friedrich Wilhelms I., S. 203 ff.
20. »[...] était-ce la bassesse de ses sentiments, ou bien quelques projets secrets qui le portèrent a jouer un rôle si avilissant à sa cour? Nous n'osons pas décider cette question«. Biographie Universelle, S. 244.
21. Neumann, Friedrich Wilhelm I., S. 89.
22. Eickenjäger, Der königliche Narr, S. 36 f.
23. Biographisches Wörterbuch, I. Bd., S. 969.
24. Killy/Vierhaus, Deutsche Biographische Enzyklopädie, Bd. 4, S. 259.

25 Klepper, Der Vater, S. 641 f.
26 Stade, Der König und sein Narr, S. 329.
27 Müller, Krieg ohne Schlacht, S. 270.
28 Killy (Hg.), Literaturlexikon, Bd. 4, S. 427 f., unter Bezug auf Nagel, Der Intellektuelle, und Müller, Leben Gundlings.
29 So Uwe Otto in: [König], Leben und Thaten, Neuausgabe 1980, S. 5 .
30 Ebd.
31 Faßmann nahm die Arbeit an seinem Gundling-Opus unmittelbar nach Gundlings Tod auf, wie aus einem Berliner Korrespondentenbericht hervorgeht, der bereits für den 28. April 1731 vermerkte, daß Faßmann emsig an einem Totengespräch zwischen Gundling und einem anderen Narren arbeite. Wolff, Vom Berliner Hofe, S. 225 (Bericht vom 28.4.1731).
32 Pfarrei Kirchensittenbach, Kirchenbuch 1671–1766, A.D. 1673.
33 Pfarrei Hersbruck, Taufbuch 1673, Aug.
34 Würfel, Dypticha Ecclesiarum, S. 291.
35 Eine kurze Lebensbeschreibung von Paulus Barth enthält: Hirsch/Würfel, Lebensbeschreibung aller Herren Geistlichen, S. 130 ff.
36 Will, Nürnbergisches Gelehrten-Lexikon, Teil 1, S. 583 f.; Hirsch/Würfel, Lebensbeschreibungen, S. 125 ff.
37 Der älteste Sohn Johann Paul wurde 1669 geboren und war später als Kunstmaler im fränkischen Raum tätig. Ebd., S. 126; Prohaska, Nochmals Gundling, S. 542. Das Kirchenbuch der Sebastianskirche von Kirchensittenbach führt des weiteren auf: Anna Sophia, geb. 14.7.1675 und gest. 18.7.1675, sowie als jüngste Tochter Maria Magdalena, geb. 26.7.1676. Pfarrei Kirchensittenbach, Kirchenbuch 1671–1766, A.D. 1675 u. 1676.
38 Will, Nürnbergisches Gelehrten-Lexikon, T. 1, S. 585 ff., u. T. 5, S. 445 ff.; Zedler, Universal-Lexikon, Bd. 11, S. 1399 ff.
39 v. Steinmeier, Die Matrikel der Universität Altdorf, Bd. 1, S. 425 f.
40 Erler, Die jüngere Matrikel der Universität Leipzig, Bd. III, S. XI.
41 Zedlers Großes Universal-Lexikon, 11. Bd., S. 1399.
42 v. Steinmeier, Die Matrikel der Universität Altdorf, Bd. 1, S. 432.
43 Jauernig, Die Matrikel der Universität Jena, Bd. 2, S. 339.
44 Juntke, Matrikel der Martin-Luther-Universität Halle-Wittenberg, S. 192.
45 Zit. n. Grau, Professor in Halle, S. 244.
46 Den Unterlagen zufolge wurde Gundling am 11.12.1690 in Schulpforta aufgenommen und verließ die Schule am 21.4.1693 mit der sogenannten »valedictio« wieder, also der regulären Verabschiedung nach Erreichung des schulischen Ausbildungsziels. Hoffmann (Hg.), Pförtner Stammbuch, S. 158.
47 v. Steinmeier, Die Matrikel der Universität Altdorf, Bd. 1, S. 442.
48 Mundhenke, Die Matrikel der Universität Helmstedt, Bd. 3, S. 36.
49 Juntke, Matrikel der Martin-Luther-Universität Halle-Wittenberg, S. 192; Matrikel der Universität Helmstedt, Bd. III, S. 36.
50 Will, Nürnbergisches Gelehrten-Lexikon, T. 5, S. 445; Bader, Lexikon verstorbener baierischer Schriftsteller, Teil 1; ADB, X, S. 126 f. Auf seinen Holland-Aufenthalt nahm Gundling später in einem erhalten gebliebenen

Brief Bezug: Biblioteka Jagiellonski, Autographensammlung, Jacob Paul Gundling, Brief vom 23.11.1715.
51 Lindenberg, Leben und Schriften David Faßmanns, S. 10 f.
52 Faßmann, Die neu-entdeckten Elisäischen Felder, S. 226 f.
53 So bei König: »Faßmann [...] bezweifelt diese Unterredungen in lateinischer Sprache, und zwar aus dem Grunde, weil die Engländer bekanntlich das Latein auf eine besondere Art, und wie das Engländische aussprechen; daher weder sie von Jemanden verstanden würden, noch sie die Deutschen, welche mit ihnen in dieser Sprache sich unterredeten, verstünden. Der Hofrath Moritz hat solches, auf seiner Reise in England bestätigt gefunden.« Leben und Thaten, S. 22, Anm.
54 Carpenter, Tenison, S. 322 ff. u. 335 ff.
55 Diese Annahme wird durch Gundlings eigene Angabe in einer späteren Arbeit bestätigt, wonach er die völkerrechtliche Bedeutung von Turnierrüstungen anhand von alten Turnier-Büchern untersucht habe, »dergleichen ich auf der Königl. Preußischen und Hoch-Fürstl. Braunschw. Wolffenbüttelischen Bibliothec gesehen«. Gundling, Geschichte und Thaten Kayser Wilhelms, aus dem Geschlecht der Grafen von Holland, Vorrede, § 8.
56 Die Datierung der ohne Autorenangabe, Ort und Jahr gedruckten Schrift ergibt sich aus dem Hinweis auf »die an der Donau bey Hochstädt am 13 Aug. dieses Jahres befochtene Victorie«. (Die Schlacht von Höchstädt fand 1704 statt.) [Gundling], Der Staat von Preußen, S. 13. Zu Gundlings vermutlicher Verfasserschaft: Will, Biblioteca Norica, I, 1, S. 241 f.
57 GStA, I. HA, Rep. 9, K, lit. N., Fasz. 1, Professoren-Bestallungen bey der Fürsten-Akademie zu Berlin, 30.3.1705. In seinem 1705 gedruckten Vorbericht über seine geplante Lehrtätigkeit bezeichnete Gundling sich noch als lediglich für »das Jus publicum und die Historie« zuständig. Gundling, Kurtzer Entwurff, S. 3.
58 GStA, I. HA, Rep. 9, K, lit. N., Fasz. 1, Professoren-Bestallungen bey der Fürsten-Akademie zu Berlin, 30.3.1705, Anlage.
59 Adreßkalender der Königl. Haupt- und Residenzstädte, 1706, S. 58
60 Zit. n. [König], Leben und Thaten, S. 25.
61 GStA, I. HA, Rep. 9, K, lit. N, Fasz. 5, Benjamin Neukirch, Unvorgreiffliche Gedanken über den Zustand und die Veränderung der Königlichen Fürsten- und Ritter-Akademie, März 1711.
62 [Buch], Geschichte des adlichen Geschlechts, S. 6.
63 GStA, Rep. 9, K, lit. N., Fasz. 1, Jacob Paul Gundling, Academia in Flore oder Gründliche und ordentliche Vorstellung, auf was weise die Königl. Academie in den größten Aufnahme gebracht werden könne, im März 1711.
64 Gundling, Kurtzer Entwurff.
65 Gundling, Friederich Wilhelms des Grossen, Chur-Fürstens zu Brandenburg Leben und Thaten. In der Vorrede führt Gundling aus, daß »man schon längst darauf gedacht (hat), wie man Friederich Wilhe[l]ms des Grossen Leben und Thaten möchte teutsch heraus gehen lassen. Und ist endlich diese höchst angenehme Arbeit meiner Wenigkeit aufgetragen worden, welch ich

auch willig über mich genommen. [...] Ich habe mich durchgehends auf des Herrn Barons von Pufendorf Buch gegründet, und nur bey gantz wenigen Begebenheiten einige Umstände hinzu gethan, welche von andern Historicis aufgezeichnet worden.« Ebd., Vorrede.

66 So etwa bei Förster: »[...] fast unbegreiflich scheint es, wie er bei der Lebensweise, zu der er gezwungen wurde, eine solche Menge Schriften für den Druck ausarbeiten konnte.« Förster, Friedrich Wilhelm I., S. 255.

67 Adreß-Kalender der Königl. Haupt- und Residentz-Städte 1707, S. 67, u. 1710, S. 72.

68 StaBi, Ms boruss. fol. 524, Christian Ernst, Markgraf zu Brandenburg-Bayreuth, an Friedrich I., König von Preußen, 13.1.1712.

69 Zit. n. Oestreich, Friedrich Wilhelm I., S. 44.

70 Friedlaender [Hg.], Berliner geschriebene Zeitungen, S. 10 (Bericht vom 20.5.1713).

71 Cirkular-Erlaß an sämtliche Regierungen, Cöln a.S., 14.3.1713, in: Behördenorganisation und allgemeine Staatsverwaltung, Bd. I, S. 353.

72 Zu Ludewig siehe Neue Deutsche Biographie, Bd. 15, S. 293 ff.

73 Ebd., S. 11, 16 u. 21.

74 Förster, Friedrich Wilhelm I., S. 256. Ebenso die ansonsten wohltuend abwägende und Faßmann-kritische Darstellung bei Ersch/Gruber: »Er privatisierte nun, eine schwere Sache, ohne Gehalt und Vermögen. Von da ab beginnt er zu sinken; er benutzte seine Gelehrsamkeit, um damit sein Leben in den Kneipen zu fristen.« Ersch/Gruber (Hg.), Enzyklopädie, 97. Teil, S. 253.

75 Faßmann, Die neu-entdeckten Elisäischen Felder, S. 229.

76 Ebd., S. 235.

77 GStA, I. HA, Rep. 9, K, lit. N, Fasz. 5, Benjamin Neukirch, Unvorgreiffliche Gdanken über den Zustand und die Veränderung der Königlichen Fürsten- und Ritter-Akademie, März 1711.

78 Ebd., Jacob Paul Gundling, Academia in Flore.

79 Ebd., Neukirch, Unvorgreiffliche Gdanken.

80 Als Beispiel unter vielen: Oestreich, Friedrich Wilhelm I., S.44 ff., 56 ff.

81 Friedlaender (Hg.), Berliner geschriebene Zeitungen, S. 33 (Bericht vom 5.8.1713).

82 Ebd., S. 106 (Bericht vom 24.3.1714).

83 Förster, Friedrich Wilhelm I., S. 256. Ebenso schon wenige Jahre zuvor Wilken, Zur Geschichte von Berlin, S. 258.

84 Die neu-entdeckten Elisäischen Felder, S. 235 f.

85 Leben und Thaten, S. 28.

86 »Der General von Krumkau [Grumbkow] brachte ihn nach Hof.« Loen, Der unglückliche Gelehrte, S. 199.

87 So bei König:»[...] da fügte sich's dann, daß Gundling, ich weiß nicht durch wessen Empfehlung, vorgeschlagen [...] wurde«. Leben und Thaten, S. 29.

88 Adreß-Kalender der Königl. Haupt- und Residentz-Städte, 1720, S. 132. Denselben Eintrag enthält die Rubrik »Wirths-Häuser« auch in den folgen-

den Jahren. Erst für 1732 nennt der Kalender weder den Namen von Blesset noch auch ein Wirtshaus in der Poststraße mehr.
[89] Friedlaender (Hg.), Berliner geschriebene Zeitung, S. 23 (Bericht vom 1.7.1713).
[90] Ebd., S. 22.
[91] StaBi, Ms. Boruss. fol. 95, Nachricht von denen Commercien und Manufacturen in der Chur Marck Brandenburg, Ingleichen denen Herzogthümern Magdeburg und Pommern, wie auch dem Fürstenthumb Halberstadt, Nebst Einigen Unmaßgeblichen Vorschlägen wie auch derselben Verbeßerung das gantze Landt in Flor und sonderlich der Kriegs- und Steuer-Etaat in Aufnahm Gebracht werden könte, verfasset von Jacob Paul Gundlingen Historiographo Bor. et P.P. der Ritter Academie zu Berlin.
[92] Gundlings Nachricht von den Commercien und Manufacturen, S. 21.
[93] Ebd., S. 37 u. 47 f.
[94] Ebd., S. 66.
[95] StaBi, Ms. Boruss. fol. 95, Nachricht von denen Commercien. In der Druckfassung fehlt dieser Titelzusatz.
[96] Gundling, Pommerischer Atlas, Zueignung.
[97] Gundlings Nachricht von den Commercien und Manufacturen, S. 22.
[98] Kathe, Der »Soldatenkönig«, S. 112.
[99] Gundling, Brandenburgischer Atlas, Vorrede, § 4.
[100] Gundling, Pommerischer Atlas, Vorrede.
[101] Faßmann, Die neu-entdeckten Elisäischen Felder, S. 236 f.
[102] Adreß-Kalender der Königl. Haupt- und Residentz-Städte 1710, S. 72.
[103] Ebd., 1715, S. 82.
[104] Mit einem Gutachten über den Wert der Plarreschen Bibliothek beauftragt, fand Samuel von Cocceji: »Ew. Königl. Maj. muß ich aber zugleich melden, daß unter sothanen büchern sich solche rare und kostbahre stücke finden, welche entweder gar nicht, oder doch nicht complet in dero bibliothec vorhanden sind«. Daß Gundling hinter dem Kauf stand, läßt die Anfrage Coccejis vermuten, »ob ich allergnädigst anbefohlenenermaßen die bücher, wann sie gekaufft sein, annoch nach Potsdam liefern solle«, wo der Vorleser sich zu der Zeit aufhielt. GStA, I. HA, Rep. 9, J 16, Fasz.11, Samuel von Cocceji an Friedrich Wilhelm I., 24.12.1717.
[105] Zumindest wird in der Gundling-Literatur des 18. Jahrhunderts gelegentlich auf eine »Lebens-Beschreibung des seel. Herrn Ernesti Martini Plarre, Königl. Preuß. Geh. Kriegs-Hof und Cammer-Gerichts-Raths, so den 5. Maji 1717 gestorben« aus der Feder Gundlings hingewiesen, deren Druckort und Erscheinungsdatum aber nirgends belegt sind. [König], Leben und Thaten, S. 149; Will, Nürnbergisches Gelehrten-Lexicon, T. 1., S. 592.
[106] Kathe, Der »Soldatenkönig«, S. 92 ff.
[107] Friedlaender (Hg.), Berliner geschriebene Zeitungen, S. 46 (Bericht vom 30.9.1713).
[108] Ebd.

[109] GStA, I. HA, Rep. 9, J 16, Fasz. 11, Hoff Rahts Patent von den Rahte Gundeling, 3.11.1713.
[110] »Se. Königliche Majestät haben allergnädigst befohlen, daß vor Herr Gundling ein Hoffraths-Patent soll ausgefertiget werden, wobey Ihm die sonst gewöhnliche Marinen gelder, so wohl als auch die Cantzelley-Jura gschencket sen sollen.« Ebd., Friedrich Wilhelm von Grumbkow, Ordre vom 2.11.1713.
[111] Gundling, Brandenburgischer Atlas, Vorrede, §§ 3 u. 4.
[112] Biblioteka Jagiellonski Krakau, Autographensammlung, Jacob Paul Gundling, Brief vom 23.11.1715.
[113] [König], Leben und Thaten, S. 152.
[114] Gundling, Pommerischer Atlas, Zueignung.
[115] Das Wort »Haselant« übersetzt Sanders' Fremdwörterbuch von 1891 mit »possierlicher, spaßhafter Mensch, Geck, Laffe, Großsprecher«.
[116] Zu Fröhlichs Eulenattribut Rückert, Der Hofnarr Joseph Fröhlich, S. 256 ff.
[117] Morgenstern, Über Friedrich Wilhelm I., S. 188 f.
[118] Geppert, Chronik von Berlin, Bd. 2, S. 98. Zum Tabakskollegium auch Morgenstern, Über Friedrich Wilhelm I., S. 69 186 ff., u. Förster, Friedrich Wilhelm I., S. 245 ff.
[119] [Faßmann], Leben und Thaten, S. 881; Graf von Seckendorf an den Prinzen Eugen, 22.1.1727, in: Förster, Des Grafen von Seckendorf Correspondenz, S. 333.
[120] Dies geht aus den Berliner geschriebenen Zeitungen vom 10.,17. u. 24.2. sowie vom 3.3.1714 hervor. Friedlaender (Hg.), Berliner geschriebene Zeitungen, S. 89 ff.
[121] Ebd., S. 99 (Bericht vom 13.3.1714).
[122] Ebd., S. 99 (Bericht vom 3.3.1714).
[123] Ebd., S. 99 f. Zum folgenden auch Stade, Der König und sein Narr, S. 98 ff.
[124] Friedlaender (Hg.), Berliner geschriebene Zeitungen, S. 100 (Bericht vom 3.3.1714).
[125] Ebd., S. 471 (Bericht vom 18.2.1716).
[126] Ebd., S. 468 (Bericht vom 11.2.1716).
[127] Ebd. Als Spanischer Mantel wurde ein schwerer Holzbottich mit offenem Boden bezeichnet, den zu Ehrenstrafen verurteilte Delinquenten öffentlich auf ihren Schultern tragen mußten.
[128] Ebd., S. 469.
[129] Ebd., S. 470 (Bericht vom 18.2.1716).
[130] Ebd., S. 471.
[131] Ebd.
[132] Ebd.
[133] Loen, Der königlich Preußische Hof, S. 23.
[134] Friedlaender (Hg.), Berliner geschriebene Zeitung, S. 468 (Bericht vom 11.2.1717).
[135] Ebd., S. 476 (Bericht vom 25.2.1717).
[136] Ebd.
[137] Ebd., S. 482 f. (Bericht vom 14.3.1717)

[138] So erging es dem Hofgelehrten Bartholdi, der sich ebenfalls ohne Erlaubnis vom Hof entfernt hatte: »Ihre Majestät schickten ihm nach, da er schon etliche Stunden weg gewesen, und wie er wieder zurücke nach Wusterhausen gebracht wurde, musten die, so sich damals bey Hofe befanden, Generals, Obristen und andere, gleichsam Stand-Recht über ihn halten, und sagen, was er verdienet habe; da es dann endlich auf ein Wasser-Bad ankam.« [Faßmann], Leben und Thaten, S. 1024.

[139] Loen, Abbildung des Professor G[undling], S. 220.

[140] Loen, Der unglückliche Gelehrte, S. 200.

[141] [König], Leben und Thaten, S. 80 ff.

[142] Friedlaender (Hg.), Berliner geschriebene Zeitungen, S. 489 (Bericht vom 4.4.1716).

[143] Ebd., S. 656 (Bericht vom 3.8.1717). (Hervorhebung durch den Vf.)

[144] Ebd., S. 507 (Bericht vom 12.5.1716).

[145] Ebd., S. 515 (Bericht vom 23.5.1716).

[146] Der Terminus geht auf Friedrich Wilhelm I. selbst zurück, der Gundling als Exzellenz betitelt hatte und dadurch seine wirklichen Exzellenzen im Tabakskollegium verwirrte: »Bey einem [...] Gastmahle trank der König seine [Gundlings] Gesundheit, und nannte ihn, Ihro Excellenz. Herr von Ilgen, der an diesen Titel gewohnt war, und nicht beobachtet hatte, daß der König mit dem Gundling scherzte, stund auf und wolte sehen, wer ihm die Gesundheit zubrächte. Allein der König erklärte sich also bald, indem er sagte: Ich meyne da die närrische Exzellenz.« Loen, Der königlich Preußische Hof, S. 36.

[147] StaBi, Ms Boruss fol 524.

[148] Friedlaender (Hg.), Berliner geschriebene Zeitungen, S. 537 (Bericht vom 15.8.1716).

[149] Ebd.

[150] Ebd., S. 507 (Bericht vom 12.5.1716).

[151] Bestallung Gundlings zum Geheimen Rath, Berlin 17.8.1716, in: Behördenorganisation und allgemeine Staatsverwaltung, Bd. 2, S. 427.

[152] Friedlaender (Hg.), Berliner geschriebene Zeitungen, S. 541 (Bericht vom 5.9.1716).

[153] Ebd., S. 549 (Bericht vom 3.10.1716).

[154] Ebd., S. 549 f.

[155] Ebd., S. 550.

[156] Ebd., S. 555 (Bericht vom 10.10.1716). Eine farbige Schilderung des Faustduells zwischen Gompertz und seinem Kontrahenten de Boy bei Stade, Der König und sein Narr, S. 169 ff.

[157] Friedlaender (Hg.), Berliner geschriebene Zeitung, S. 555 (Bericht vom 10.10.1716).

[158] Ebd., S. 558 (Bericht vom 17.10.1716).

[159] Ebd., S. 614 (Bericht vom 20.2.1717).

[160] Ebd.

[161] Ebd., S. 617 (Bericht vom 27.2.1717).

[162] Ebd., S. 656 (Bericht vom 3.8.1717).

163 Ebd., S. 669 (Bericht vom 4.12.1717).
164 Ebd., S. 670 (Bericht vom 4.12.1717).
165 Ebd., S. 656 (Bericht vom 3.8.1717).
166 Faßmann, Die neu-entdeckten Elisäischen Felder, S. 239.
167 Friedlaender (Hg.), Berliner geschriebene Zeitungen, S. 476 (Bericht vom 25.2.1716).
168 Faßmann, Die neu-entdeckten Elisäischen Felder, S. 238.
169 Förster, Friedrich Wilhelm I., Bd. 2, S. 201 f.
170 Friedlaender (Hg.), Berliner geschriebene Zeitungen, S. 507 (Bericht vom 12.5.1716).
171 Ebd.
172 Loen, Der unglückliche Gelehrte, Bd. 1, S. 206.
173 Morgenstern, Über Friedrich Wilhelm I., S. 189.
174 [Faßmann], Leben und Thaten, S. 392
175 Faßmann, Die neu-entdeckten Elisäischen Felder, S. 236.
176 Ebd.
177 [Faßmann], Leben und Thaten, S. 960.
178 Ebd.
179 Benckendorf, Karakterzüge, 12. Sammlung, S. 41 f.
180 [König], Leben und Thaten, S. 31, Anm.
181 Ebd.
182 Förster, Friedrich Wilhelm I., Bd. 3, S. 336.
183 Krieger (Hg.), Sieben Tage am Hofe, S. 54.
184 Ebd., S. 81 ff., und 92. Es handelte sich um die Krönung Georgs II. im Jahre 1727.
185 Faßmann, Die neu-entdeckten Elisäischen Felder, S. 251 f.
186 Friedlaender (Hg.), Berliner geschriebene Zeitungen, S. 541 (Bericht vom 5.9.1716).
187 »Gundling der Geheime Rath,/ Seine Brüder lauffen über die Saat./ Sein Vorfahr der hieß Jäckel;/ Und der Herr Geheime Rath ist ein grober Räckel.« Nach Faßmann, Die neu-entdeckten Elisäischen Felder, S. 252.
188 Zit. b. S., Jakob Paul Freiherr v. Gundling, S. 16 f.
189 Morgenstern, Über Friedrich Wilhelm I., S. 83, Anm.
190 Wolff, Berichte vom Berliner Hof, S. 264 (Bericht vom 6.10.1731).
191 Ebd.
192 Friedlaender (Hg.), Berliner geschriebene Zeitungen, S. 670 (Bericht vom 4.12.1717).
193 Faßmann, Die neu-entdeckten Elisäischen Felder, S. 244.
194 Ebd.
195 Wolff, Vom Hofe Friedrich Wilhelms I., S. 41 (Bericht vom 15.1.1729).
196 Friedlaender (Hg.), Berliner geschriebene Zeitungen, S. 670 (Bericht vom 4.12.1717).
197 GStA, II. HA, Generaldepartement, Tit. 2, Nr. 27, Friedrich Wilhelm I. an Ernst Bogislav von Kameke, 19.2.1718. Kameke war Präsident des General-Finanz-Direktoriums.

[198] Acta Borussica, Bd. 3, S. 17.
[199] GStA, I. HA, Rep. 96, 6, V, 1, Kabinettsordre Friedrich Wilhelms I., 4.3.1718.
[200] J.P. Gundling's [sic!] Bestallung zum Präsidenten der Societät vom 5. März 1718, in: Hartkopf/Wangermann (Hg.), Dokumente, S. 232 f.
[201] Adreß-Kalender der Königl. Haupt- und Residentz-Städte 1720, S. 46 f.
[202] GStA, I. HA, Rep. 7, Nr. 13–1, lit. G, Nr. 59, Diploma Baronatus vor den Baron v. Gundeling, 25.9.1724. S. a. [König], Leben und Thaten, S. 39 ff.
[203] Loen, Der unglückliche Gelehrte, S. 204.
[204] Bestallung Gundlings zum Kanzler der Halberstädtischen Regierung, Berlin, 2.11.1726, in: Behördenorganisation und allgemeine Staatsverwaltung, Bd. 4/2, S. 89.
[205] Faßmann, Die neu-entdeckten Elisäischen Felder, S. 245.
[206] Ebd., S. 247.
[207] Förster, Friedrich Wilhelm I., S. 251 f.
[208] Faßmann, Die neu-entdeckten Elisäischen Felder, S. 248 f.; Rückert, Der Hofnarr Joseph Fröhlich, S. 182 f.
[209] Abbildungen beider Gefäße bei Krauske, Vom Hofe Friedrich Wilhelms I., nach S. 204.
[210] Faßmann, Die neu-entdeckten Elisäischen Felder, S. 245.
[211] Wolff, Vom Berliner Hofe, S. 116 (Bericht vom 1.4.1730).
[212] Faßmann, Die neu-entdeckten Elisäischen Felder, S. 238.
[213] Loen, Der unglückliche Gelehrte, S. 204.
[214] Schulze-Berghof, König und Narr im Spiel, S. 15 f.
[215] Zu de Larray: Biographie Universelle, Bd. XXIII, S. 276 f.
[216] StaBi, Ms. Boruss. fol. 149
[217] Loen, Der unglückliche Gelehrte, S. 205 f.
[217a] Faßmann, Die neu-entdeckten Elisäischen Felder, S. 257.
[218] Evangelisches Zentralarchiv in Berlin, Traubuch der Französisch-Reformierten Gemeinde Friedrichstadt Jg. 1720, S. 139, Eintrag vom 3.1.1720.
[219] Adreß-Kalender der Königl. Haupt- und Residentz-Städte 1720, S. 6. Später zog Gundling noch ein letztes Mal um und wohnte von 1721 bis zu seinem Tode »auf der Neustadt hinter der Kirchen in Hr. Philippi Hause«, also nahe der Stadtgrenze am Brandenburger Tor.
[220] Faßmann, Die neu-entdeckten Elisäischen Felder, S. 237 u. 277.
[221] Adreß-Kalender der Königl. Haupt- und Residentz-Städte 1718, S. 6.
[222] Loen, Der unglückliche Gelehrte, S. 204.
[223] Ebd., S. 202.
[224] Veh. Die Briefe der Markgräfin Wilhelmine, Nr. 20, 28.4.1731, S. 208.
[225] GStA, I. HA., Rep 9, J 5 a, b, Fasz. 6, Pardon für den Geh.Raht Gundeling, 29.12.1716.
[226] Ebd., Rep 9, C 7 b, Fasz. 3, Jacob Paul von Gundling an Friedrich Wilhelm I., o.D. [1.4.1718]; ebd., Rüdiger von Ilgen, Dekret über die Befreiung Gundlings von den Marinen-Geldern, 5.4.1718.
[227] Wilken, Zur Geschichte von Berlin, S. 259; Wolff, Vom Berliner Hofe, S. 225 (Bericht vom 28.4.1731).

228 Faßmann, Die neu-entdeckten Elisäischen Felder, S. 238.
229 Loen, Der unglückliche Gelehrte, S. 202; [König], Leben und Thaten, S. 33 f.
230 Ebd., S. 201.
231 Eine solche Ausnahme bildete für lange Zeit Krauske: »Bei den Ämtern, die ihm verliehen wurden, war Ernst und Scherz gemischt; Gundling war wirkliches Mitglied des Generalfinanzdirektoriums«. Krauske, Vom Hofe Friedrich Wilhelms I., S. 204.
232 Behördenorganisation und allgemeine Staatsverwaltung, Bd. 2., S. 217; Faßmann, Leben und Thaten, S. 1022; Nick, Die Hofnarren, S. 216.
233 StaBi, Ms. Boruss. fol. 524, Das General-Ober-Finanz-Kriegs- und Domänen-Direktorium an Jacob Paul von Gundling, 2.6.1727.
234 Gundling, Geschichte Kayser Heinrichs des Siebenden, Vorrede, § VII.
235 Ebd., Zuschrift.
236 Gundling, Auszug Chur-Brandenburgischer Geschichten, § 10.
237 Ebd., § II f.
238 Ersch/Gruber (Hg.) Allgemeine Enzyklopädie der Wissenschaften, 97. Teil, S. 255.
239 Bestallung des Graben von Stein zum Vicepräsidenten der Societät vom 19. Januar 1731, in: Hartkopf/Wangermann (Hg.), Dokumente, S. 232 ff.
240 So etwa in folgendem Vers: »Ich war ein Würmgen schon in meiner Mutter Leib, Und als ein Wurm bin ich auf diese Welt gebohren. Vor diesem war ich nur der Grafen Zeitvertreib: Jetzunder werd ich auch von Königen geschoren, Ich bleibe wohl ein Wurm im Leben und Sterben, Und dieser Wurm soll noch auf meine Jungen erben.« [Faßmann], Hochgebohrner Herr, S. 9. – Weitere Beispiele bei Krauske, Vom Hofe Friedrich Wilhelm I., S. 203.
241 Förster, Friedrich Wilhelm I., Bd. 1, S. 259 f.
242 Grau, Die Preußische Akademie der Wissenschaften, S. 74.
243 Ebd., S. 74 f.; Neumann, Friedrich Wilhelm I., S. 75 ff.
244 Förster, Friedrich Wilhelm I., S. 252.
245 Zit. n. Grau, Die Preußische Akademie, S. 74.
246 Die Angaben nach der gegen Gundling gerichteten Hochzeitssatire. StaBi, Ms. Boruss. fol. 149, Wahrhaffte und nie gesehene noch erhörte Beschreibung Von dem bißherigen hochstlöblichen Lebens Lauffe, Groß Thaten[,] angebrachter Heyraths Werbung und Ehe Versprechung, o.D. [1720].
247 GstA, I. HA, Rep. 96, 6, V, 1.
248 Hintze, Die Seidenindustrie des 18. Jahrhunderts, S. 26.
249 Hintze, Die Seidenindustrie, Bd. 1, S. 13 f., u. Bd. 3, S. 91.
250 Ebd., Bd. 1, S. 14.
251 So berichtet der Nachrichtenagent Ortgies am 4.12.1717. Friedlaender, Aus Berliner geschriebenen Zeitungen, S. 670 (Bericht vom 4.12.1717).
252 GStA, I. HA, Rep. 96, 6. V. 1., Jacob Paul Gundling, Ansuchung wegen Anpflanzung der Maulbeerbäume auf denen Kirchhöfen, o.D.
253 Gundlings Nachricht von den Commerzien und Manufacturen, S. 66.

254 GStA, I. HA, Rep. 96, 6, V 1, Jacob Paul Gundling, Ansuchung wegen Anpflanzung der Maulbeerbäume auf denen Kirchhöfen, o.D.
255 Ebd., Kgl. Ordre über die Maulbeerbäume, 26.2.1718.
256 Hintze, Die Preußische Seidenindustrie, Bd. I, S. 20 f.
257 Mylius, Corpus Constitutionum, I. T., I. Abt., Nr. 101, Sp. 531–534, Verordnung an alle Inspectores, daß auf denen Kirchhöffen Maulbeer-Bäume gepflantzet werden sollen, 9.1.1718.
258 Ebd.
259 Novum Corpus Constitutionum, Bd. 3, Sp. 1235–1238, Circulare, daß die Kirchhöfe auf denen Dörfern mit Mauren und tüchtigen Gehegen umgeben werden sollen, auch wegen Bepflantzung der Kirchhöfe mit Maulbeer-Bäumen, 26.12.1719.
260 Wolff, Vom Berliner Hof, S. 84 f. (Bericht vom 22.10.1729).
261 GStA, I. HA, Rep. 96, 6, V 1, Jacob Paul Gundling, Allerunterthänigste Anfrage wegen der Praesidenten Stelle bei der Societät der Wissenschafften, o.D.
262 Faßmann, Die neu-entdeckten Elisäischen Felder, S. 239 f. u. 252.
263 ABBAW, I: I, 1, Besondere Verfaßungs-Ordnung der Seciet der Wissenschaften, März 1704. Siehe auch Harnack, Geschichte, S. 123.
264 Ebd.
265 ABBAW, I: IV, 6, Protocollum concilii Societatis Scientiarum 1700–1720, 15.3.1718.
266 Ebd.
267 Ebd., I: IV,6, 18.3.1711.
268 »Secretarius [Johann Theodor Jablonski] trägt vor, wie er zwar eine geraume Zeit abwesend gewesen, und also denen hie verbliebenen Mitgliedern beßer als ihm bewust sein könne, in waß für einem harten stand die Societaet sich eine Zeitlang befunden, da man mehr denn einmal zweifeln müßen, ob sie sich daraus reißen, und bestehen bleiben werde. Endlich aber durch Gottes Hülfe und angewandten fleiß der HH. Directoren sei es dahin gediehen, daß S.K.M. sich ein und ander mal so gnädig heraus gelaßen, daß man ursache zu hoffen habe, Sie werde ihr die aufrechterhaltung der Societaet numehr gnädigst gefallen laßen, indem Sie derselben einen neuen Praesidem, wie bekannt, aus eigener Bewegung vorgestellet«. Ebd., 11.7.1718.
269 Harnack, Geschichte, S. 170 f.
270 J.P. Gundling's Bestallung zum Präsidenten der Societät vom 5. März 1718, in: Hartkopf/Wangermann (Hg.), Dokumente, S. 233.
271 Grau, Professor in Halle, S. 251.
272 Statut der Königlichen Societät der Wissenschaften vom 3. Juni 1710, in: Hartkopf/Wangermann (Hg.) Dokumente, S. 77–80, hier S. 77.
273 J.P. Gundling's Bestallung zum Präsidenten der Societät vom 5. März 1718, in: Ebd., S. 232 f.
274 ABBAW, I: IV, 6, Protocollum concilii Societatis Scientiarum 1700–1720, 21.3.1718.
275 Ebd., 6.7.1718 u. 7.9.1718.
276 Ebd., 6.10.1718.

[277] Ebd., I: X, 4, Jacob Paul von Gundling, Notiz, o.D. [Oktober 1719]
[278] ABBAW , I: IV, 38, Protocollum concilii societatis scientiarum 1700–1720, 2.2.1719.
[279] Ebd., 26.4.1719.
[280] Harnack, Geschichte, Bd. 1, S. 170 f. u. 179.
[281] ABBAW , I: IV, 8, Protocollum concilii Societatis Scientiarum 1728–1735, 16.8.1730.
[282] So vermerkt das Konzilprotokoll etwa am 17.7.1726 unter dem Punkt »Receptiones«: »H. Praeses Gedenkt zweier Candidaten, so in die Societaet aufgenommen zu werden verlangen, der eine sei ein Franzose [...], so sich selbst durch ein Schreiben und eingesandter Dissertation recommendirt, der ander sei ein Rußisch. Kaiserl. Medicus [...], so die Fürsprache des H. B. v. Huyssen habe. Nachdem die deshalb eingelaufene Briefe verlesen, und in erwegung genommen worden, daß sie beide wolverdiente und in andren gelehrten Gesellschaften schon aufgenommene Männer seien, von denen die Societaet Ehre und nach ihren eigenen arbeiten auch vorteil haben könne, wurde Concl[usio,] Sie beide aufzunehmen, und darüber des H. Protectoris Befall einzuholen.« Ebd., 7, Protocollum concilii Societatis Scientiarum 1721–1727, 17.7.1726.
[283] Ebd., 30.5.1725. Gundlings nicht nachlassenden Gestaltungswillen selbst in beiläufigsten Kleinigkeiten belegt folgender Vorgang: »Secretarius [...] Wiederholt waß wegen eines Geschenks vor den H. Holtzendorf, von des H. Praesidis Frhr. von Gundling Exc. vielfältig, und sonderlich in seinen zwei lezten Schreiben vom 23 und 28 Octob. angedrungen wird; und weil dieselben hiezu 6. silberne Teller nebst einer Medaille benennet, die HH. Directores aber dabei einigen anstand finden, zugleich der Herr Vice-praeses vermeldet, daß er noch diese woche nach Potsdamm zu reisen denke, und so dann gelegenheit nehmen könne, mit dem H. Praeside sich darüber genauer zu bereden; Concl. Es bis dahin anstehen zu laßen.« Ebd., 1.11.11724.
[284] Ebd., I: IV, 6, Protocollum concilii Societatis Scientiarum 1700–1720, 6.7.1718. Am 11. Juli 1718 wurde Schlüter zum Nachfolger von Jägwitz gewählt.
[285] Ebd., 7, Protocollum concilii Societatis Scientiarum 1721–1727, 3.4.1726.
[286] Ebd., 6, Protocollum concilii Societatis Scientiarum 1700–1720, 19.10.1718.
[287] Ebd., I: I, 4, Jacob Paul von Gundling an David Ernst Jablonski, 8.12.1723.
[288] Ebd., I: IV, 7, Protocollum concilii Societatis Scientiarum 1721–1727, 27.7.1725.
[289] So etwa bei folgender Gelegenheit: »H. Praesident [...] Trägt vor, wie die sorge für die fremde gewächse im Hopfengarten der Societaet aufgetragen, und sie hiemit ein onus auf den Hals bekommen, daß sie nicht loß werden kan: was aber für ein commodum sie daraus ziehen möge, sei noch nicht abzusehen, weil weder die Gewächse inventirt, noch derselben ordentlich übergeben, noch deutlich ausgemacht, waß die Apothek aus demselben haben solle, da inmittelst der Gärtner, und der Apotheker, und wer weiß noch mehr, das

Land mit Kraut und Rüben beschmieren: ob nicht nötig deshalb beßere Ordnung zu treffen?« Ebd., 6, Protocollum concilii societatis scientiarum 1700–1720, 8.12.1718. Wie witzig Gundling zuweilen die Akademieinteressen zu verteidigen wußte, belegt auch Harnack, Geschichte, S. 178, Anm. 1.

290 ABBAW, I: I, 4, Jacob Paul von Gundling an David Ernst Jablonski, 8.12.1723.
291 Grau, Akademie, S. 75; Harnack, Geschichte, S. 178.
292 ABBAW, I: IV, 6, Protocollum concilii Societatis Scientiarum 1700–1720, 6.7.1718 u. 14.12.1718.
293 Ebd., I: III, 1, Jacob Paul von Gundling an Bogislav von Creutz, 11.5.1727.
294 Gundling, Brandenburgischer Atlas, Vorrede, § 5.
295 Vgl. Grau, Professor in Halle, S. 245.
296 Wolff, Vom Berliner Hofe, S. 20 (Bericht vom 2.10.1728).
297 Ebd., S. 51 f. (Bericht vom 21.5.1729).
298 Ebd., S. 85 (Bericht vom 29.10.1729).
299 Ebd., S. 17 (Bericht vom 18.9.1728).
300 Ebd., S. 19 (Bericht vom 25.9.1728).
301 Ebd., S. 20 f. (Bericht vom 2.10.1728).
302 Ebd., S. 21.
303 Ebd., S. 24 (Bericht vom 16.10.1728)
304 Ebd., S. 27 (Bericht vom 30.10.1728).
305 David Faßmann an Friedrich Wilhelm I., zit. b.: Förster, Friedrich Wilhelm I., Teil 2, S. 272.
306 Zit. b. ebd., S. 273.
307 Faßmann, Der gelehrte Narr, Erklährung des Kupffers.
308 Ebd., S. 1.
309 David Faßmann an Friedrich Wilhelm I., 8.5.1727, zit. b. Förster, Friedrich Wilhelm I., Teil 2, S. 274.
310 Faßmann, Der gelehrte Narr, Titelblatt.
311 Ebd., Dedication. Zur Rezeption des Textes: [König], Leben und Thaten, S. 85 f.
312 Faßmann, Die neu-entdeckten Elisäischen Felder, S. 263.
313 [Hackemann], Der im Wein-Faß begrabene Paul Gundling.
314 Ebd., S. 272 f.
315 Wolff, Vom Berliner Hofe, S. 90 (Bericht vom 26.11.1729).
316 Ebd., S. 207 (Bericht vom 27.1.1731).
317 Dissertatio de originibus Marchionatus Brandenburgensis.
318 Gundling, Land-Charte des Churfürstenthums Brandenburg; ders., Special-Charte der Altmark der Chur Brandenburg; ders., Charte des Herzogth. Magdeburg.
319 Scharfe, President, King's Jester and Cartographer, S. 5 f.
320 Wolff, Vom Berliner Hofe, S. 153 (Bericht vom 12.8.1730).
321 Prinz Eugen an den Grafen von Seckendorf, in: Des Grafen von Seckendorf Korrespondenz, S. 325 f.

322 Wolff, Vom Berliner Hofe, S. 221 (Bericht vom 31.3.1731).
323 Ebd.
324 Friedrich Wilhelm I. an Leopold zu Anhalt-Dessau, 11.4.1731, in: Die Briefe König Friedrich Wilhelms I., S. 471.
325 Evangelisches Zentralarchiv in Berlin, Bestattungsbuch der Französisch-Reformierten Gemeinde Friedrichstadt in Berlin, Jg. 1744, S. 285, Eintrag vom 2.10.1744.
326 Faßmann, Die neu-entdeckten Elisäischen Felder, S. 273.
327 Veh. Die Briefe der Markgräfin Wilhelmine, Nr. 20, 28.4.1731, S. 208.
328 Ebd., S. 217.
329 Morgenstern, Über Friedrich Wilhelm I., S. 11 f.; Krauske, Vom Hofe Friedrich Wilhelms I., S. 177.
330 [Faßmann], Leben und Thaten, S. 866 f.
331 Morgenstern, Über Friedrich Wilhelm I., S. 107 f. Der ausgebrochene Streit wurde übrigens standesgemäß durch ein Duell beigelegt, bei dem der König sich durch einen anderen Offizier vertreten ließ.
332 Krauske, Vom Hofe Friedrich Wilhelms I., S. 177.
333 Krieger (Hg.), Sieben Tage am Hofe, S. 77.
334 Graf von Seckendorf an Prinz Eugen, 18.2.1727, in: Des Grafen von Seckendorf Correspondenz, S. 378.
335 [Faßmann], Hochgebohrner Herr, S. 9 f.
336 Loen, Der unglückliche Gelehrte, S. 207 f.
337 Faßmann, Die neu-entdeckten Elisäischen Felder, S. 273 f. Loen überliefert dieses Zeugnis heimischer Dichtkunst nur in seinem ersten Teil und in folgender Form:

> Hier lieget ohne Haut,
> Halb Mensch, halb Schwein, ein Wunderding:
> In seiner Jugend klug,
> In seinem Alter toll,
> Des Morgens wenig Witz,
> Des Abends allzeit voll,
> Beweint, ruft Bachus laut!
> Diß theure Kind, ist Gundeling.«

Loen, Der unglückliche Gelehrte, S. 208.
Die geringere Authentizität seiner Textvariante geht aus dem Sinn- und Reimverlust in einzelnen Versen gegenüber Faßmanns Wiedergabe hervor.

338 Faßmann, Die neu-entdeckten Elisäischen Felder, S. 274.
339 Veh, Die Briefe der Markgräfin Wilhelmine, Nr. 20, 28.4.1731, S. 208.
340 Schneider, Gundling, S. 428.
341 Killy (Hg.), Literaturlexikon, Bd. 4, S. 427.
342 Ersch/Gruber, Allgemeine Enzyklopädie, 97. Teil, S. 263.
343 Neue Deutsche Biographie, Bd. 7, S. 317 f.
344 Lehmann, Wurde Gundling in einem Sarg begraben?

345 Faßmann, Die neu-entdeckten Elisäischen Felder, S. 276.
346 Johann Heinrich Schubert an Gotthilf August Francke, 16.4.1731, zit. b. Lehmann, Wurde Gundling in einem Sarg begraben?, S. 213.
347 Ebd., S. 215.
348 Biblioteka Jagiellonski, Autographensammlung, David Faßmann, Empfangsbestätigung an die Königliche Bibliothek Berlin, 24.4.1731. Johann Siebmachers »Teutsches Wappenbuch«, zuerst 1609 erschienen, erfuhr im 17. und 18. Jahrhundert mehrere erweiterte Neuauflagen. Im folgenden wird nach der fünfbändigen Ausgabe von 1655 zitiert, die Faßmann vermutlich benutzt hat.
349 [Siebmacher], Wappenbuch, Vorrede, § 34.
350 Beigefügt findet sich auf dem Vorsatzblatt eine »Erklärung des vorgefügten Kupfer Tituls.

>Pallas.
>Der freye Helden-Muth erhält mir Guth und Leben/
>er hat mir Spieß und Buch in meine Hand gegeben:
>die Waffen und die Kunst sind meines Herzens Lust/
>daher die Tugend Sonn' erhellt auf meiner Brust.
>Der Stand kommt von Verstand: den Degen recht zuführen/
>das Land mit klugen Sinn glückselig zu regieren/
>zu Fried- und Kriegeszeit/ mit Beyhülff/ Rath und That/
>ertheilt deß Sieges Palm und hohe Fürsten Gnad!
>
>Fama.
>Ich holde Heroldin/ der Tugend Preiß und Ehre/
>deß Namens Kron und Lohn verewig' alle Lehre:
>Es klinget durch die Welt die Stimme der Trompet/
>und dringet Wolcken-an mein heller Feld-Claret.
>Was die begraute Zeit gedencket zuvernichten/
>das pfleg' ich in dem Schild des Adels auffzurichten/
>daß Kindes-Kindes-Kind den Ahnen ahme nach:
>diß ist deß Wappenbuchs gesuchte Trugendsprach!«

Ebd., Vorsatzblatt.
351 Wolff, Vom Berliner Hofe, S. 226 (Bericht vom 28.4.1731).
352 Johann Heinrich Schubert an Gotthilf August Francke, 16.4.1731, zit. b. Lehmann, Wurde Gundling in einem Sarg begraben?, S. 213.
353 Faßmann, Die neu-entdeckten Elisäischen Felder, S. 274.
354 Johann Heinrich Schubert an Gotthilf August Francke, 16.4.1731, zit. b. Lehmann, Wurde Gundling in einem Sarg begraben?, S. 213.
355 Ebd., S. 213 f.
356 Ebd., S. 214.
357 Ebd.
358 Ebd.
359 Faßmann, Die neu-entdeckten Elisäischen Felder, S. 275.
360 Ebd.

361 Johann Heinrich Schubert an Gotthilf August Francke, 16.4.1731, zit. b. Lehmann, Wurde Gundling in einem Sarg begraben?, S. 213 f.
362 [Siebmachers], Wappenbuch, Vorrede, § 35.
363 F[aßmann], Parentation.
364 Johann Heinrich Schubert an Gotthilf August Francke, 16.4.1731, zit. b. Lehmann, Wurde Gundling in einem Sarg begraben?, S. 214.
365 Ebd.
366 Nick, Die Hofnarren, Bd. I, S. 52.
367 Krünitz, Oekonomische Enzyklopädie, Bd. XXIV (1781), S. 208.
368 Zit. b. Flögel, Geschichte der Hofnarren, S. 17.
369 So die Beschreibung dieser Narrenkategorie bei Amelunxen (Zur Rechtsgeschichte der Hofnarren, S. 8), der allerdings Gundling selbst als für diese Rolle ungeeignet erachtet.
370 Rick, Die Hofnarren, Bd. I, S. 213.
371 Loen, Der unglückliche Gelehrte, Bd. I, S. 199.
372 Gundling, Kurtzer Entwurff, S. 34 f.
373 »Viele zehlen Conraden den vierdten nicht unter die Kayser, sondern sagen, wiewohl ungegründet, es wäre nach den Zeiten und Ableben Kayser Friderichs des andern das grosse und erbärmliche Interregnum angegangen, welcher irrigen Meinung der gröste Theil der Teutschen Historicorum beyfället.« Gundling, Geschichte und Thaten Kayser Konrads des Vierdten, Vorrede, § 1.
374 Gundling, Geschichte und Thaten Kayser Wilhelms; ders., Geschichten und Thaten Kaiser Richards.
375 Ebd., Vorrede, § 1.
376 Zit. n. Hammerstein, Reichs-Historie, S. 84.
377 Gundling, Teutsches Staats-Recht, S. 33. Schon in seinem gedruckten Vorlesungsüberblick von 1705 hatte Gundling programmatisch erklärt: »Solten wir auf die alten Zeiten und geschehene Veränderungen biß [...] auf unser heutiges Jus Publicum ein wenig achtung geben, so glaube ich, daß ich alle und jede Capitel und materien, so im Jure Publico vorkommen, aus der Historie darthun und beweisen wolte.« Gundling, Kurtzer Entwurff, S. 35.
378 Gundling, Geschichte und Thaten Kayser Conrads des Vierdten, Vorrede, § 2.
379 Hammerstein, Reichs-Historie, S. 92.
380 Die Zuschreibung dieser Schrift mit dem Titel »Historische Gedancken, als Seine Königliche Majestät in Preußen, Unser Allergnädigster König und Herr, Die Erb-Huldigung zu Stettin [...] eingenommen« ist nicht zweifelsfrei, da sie nur mit den Initialen »G.R. .v. G.« bezeichnet ist und auch nirgendwo in der Literatur zu Gundling erwähnt wird. Für dessen Autorenschaft spricht aber neben dem seinen sonstigen Texten entsprechenden Stil die Aufnahme der Arbeit in das Schriftenverzeichnis, das dem Wiederabdruck seiner Untersuchung über den Ursprung der Kurmark 1753 vorangestellt wurde. Gundling, Dissertatio de Origine Marchionatus, [Vorbemerkung des Herausgebers], S. 362.

[381] Buchholtz, Versuch einer Geschichte der Churmarck Brandenburg, Bd. 1, S. 5.
[382] Ebd., S. 4.
[383] Neben der erst 1795 publizierten »Nachricht von den Commerzien« erschienen posthum die von Gundling besorgte Ausgabe von Pufendorfs »Liber unus de statu Imperii Germanici« (1736) und die »Geschichte der Chur-Mark-Brandenburg (1753). Gleich mehrfach wiederaufgelegt wurden Gundlings zuerst 1717 erschienenes »Teutsches Staats-Recht« (1740 und 1757), die im selben Jahr veröffentlichte »Historische Nachricht von dem Lande Tuscien« (Neuauflagen 1713 und 1728) sowie die zuerst 1722 publizierte Schrift »Leben und Thaten Friedrichs des Andern«, die 1725 und 1733 nachgedruckt wurde.
[384] Gundling, Auszug Chur-Brandenburgischer Geschichten, Vorrede, § XI.
[385] Gundling, Leben und Thaten des Durchlauchtigsten Fürsten und Herrn, Herrn Friderich des Ersten, Vorrede, § 9.
[386] Gundling, Geschichte Kayser Heinrichs des Siebenden, Vorrede, § III.
[387] Ebd.
[388] So etwa 1709 in einem Schreiben an einen namentlich nicht bekannten Fachkollegen. StaBi, NL 141, Slg. Adam, Kp. 4, Jacob Paul von Gundling an einen Hamburger Historiker und Staatsmann, 1.4.1709.
[389] Ebd., Ms. boruss. fol. 524, Johann Albrecht Will/Johann Georg Horn an Christian Ernst, Markgraf zu Brandenburg-Bayreuth, 19.12.1711.
[390] Jacob Paul von Gundling an Friedrich Wilhelm I., 5.9.1725, zit. b. [König], Leben und Thaten, S. 159.
[391] StaBi, Ms. boruss. fol. 524, Der Magistrat der Stadt Magdeburg an Jacob Paul von Gundling, 31.3.1725.
[392] GStA, I. HA, Rep. 9, K, Lit. F Fasz. 7, Friedrich Wilhelm I. an Heinrich Rüdiger von Ilgen, 21.2.1724.
[393] Gundling, Imperialia, Vorrede, § 5.
[394] StaBi, Ms. Boruss. fol. 86.
[395] ABBAW, I:IV, 38., Protocollum concilii Societatis Scientiarum 1728–1735, 15.3.1736
[396] StaBi, NL Oelrichs, 645.
[397] Buchholtz, Versuch einer Geschichte der Churmarck, Bd. 1, Vorrede.
[398] Ebd.
[399] StaBi, Ms. Boruss., fol. 692, Leben und Thaten Churfürst Ludwigs des Römers Marggrafen zu Brandenburg aus dem Geschlecht der Herzogen zu Baiern und Pfalzgrafen beim Rhein des Heil. Römischen Reiches Erzkämmerer u. Churfürsten, u. ebd., NL Oelrichs 446, Leben und Thaten Churfürst Johann [I] zu Brandenburg [Cicero zugenannt]. Die eingeklammerten Zusätze stammen von der Hand Oelrichs. Ein Konzept dieser Biographie von anderer Schreiberhand in: Ebd., Ms. Boruss fol. 693, Gundlings Geschichte der Kurfürsten von Brandenburg.
[400] Ebd., Ms. Boruss. 692–696, Geschichte der Churfürsten von Brandenburg, I– IV.

⁴⁰¹ Ebd., Ms. Boruss. fol. 527.
⁴⁰² Ebd., Ms. Boruss. fol. 167, Leben und Thaten des Kurfürsten Friedrich Wilhelm v. Brandenburg, Vorrede.
⁴⁰³ Der Vermerk lautet in deutscher Übersetzung: »Die letzte Seite ist unvollständig und lasse eine folgende erwarten.« Ebd. fol. 86, Verzeichniß der Urkunden-Abschriften, welche die Königl. Akademie der Wissenschaften von der Wittwe Gundling erkauft hat.
⁴⁰⁴ Gundling, Geschichte der Chur-Mark-Brandenburg, Vorrede
⁴⁰⁵ So scheute Gundling sich beispielsweise nicht, in sein 5. Buch unvermittelt eine lateinische »Dissertatio de Origine Marchionatus Brandenburgensis« einzurücken, die zuerst 1726 publiziert worden war.
⁴⁰⁶ StaBi, Ms. Germ. fol. 404 u. 409.
⁴⁰⁷ Ebd.
⁴⁰⁸ Gundling, Imperialia, Vorrede.
⁴⁰⁹ StaBi, Ms. Germ. fol. 528.
⁴¹⁰ Ebd., Historische Außführung und Nachricht der Succession im Reich Böhmen.
⁴¹¹ Amelunxen, Zur Rechtsgeschichte der Hofnarren, S. 25.
⁴¹² [Faßmann], Leben und Thaten, S. 950.
⁴¹³ »Da ist eine Professorfrau die Gundlinge, die hält sich in der Vorstadt ohnweit der Jerusalemsche Kirche, Ihr müßtet sie aufsuchen laßen, und sie laßen nach Spandoische Spinn Hauß bringen [...]. Ihr müßtet ale pracaution gebrauchen, daß sie nicht Wind von krieget. Pottsdam d. 19. Nov. 1729. F.Wilhelm.« GStA, I. HA, Rep. 9, C 6, c 2, Fasz. 10, Friedrich Wilhelm I., Ordre an von Glasenap[p], 19.11.1729.
⁴¹⁴ Johann Andreas Gundling wurde am 15.6.1730 in Schulpforta aufgenommen, verließ die Fürstenschule aber bereits ein knappes Jahr später wieder am 26.3.1731 ohne Abschluß. Hoffmann (Hg.), Pförtner Stammbuch, S. 215.
⁴¹⁵ Nicolai, Beschreibung der Königlichen Residenzstädte, S. 1025.
⁴¹⁶ GStA, I. HA, Rep. 9, C 6, c 2, Fasz. 10, P.F. Zützell/W.J. Pertschm, Gehorsambster Bericht, Spandau, 21.9.1731.
⁴¹⁷ Ebd., Fasz. 11, Augusta Sophia Gundlingen, gebohren Krauten, Supplik an Friedrich Wilhelm I., 11.3.1732.
⁴¹⁸ ABBAW, I: IV, 37, Protokolle der Mathematischen Classe, 15.2.1731
⁴¹⁹ Zum Begriff der repräsentativen Öffentlichkeit: Habermas, Strukturwandel der Öffentlichkeit, S. 17 ff.
⁴²⁰ »In der Beschreibung dieser Geschichte habe ich mich mehr beflissen, den Verlauff der Sachen, wahrhafftig und umständlich, und in der Schreib-Art deutlich vorzustellen, als mit einem geschminckten Wesen, oder gewaltsamer Zusammenfügung der Worte, den Sachen einen Glantz zu geben. [...] Den Richter Stab über die Sache habe ich nirgend gehen, sondern dieselbe in ihren Umständen beruhen lassen.« Gundling, Leben und Thaten des Durchlauchtigsten Fürsten und Herrn, Herrn Friderich des Ersten, Vorrede, § 8.
⁴²¹ StaBi, Ms. Boruss. fol. 149, Das Leben und große Thaten des Durchlauchtigsten Großmächtigsten Fürsten und Herrn, Herren Friderich Wilhelms Marg-

graffen zu Brandenburg, des Heiligen Römischen Reichs Ertzkämmerer und Churfürst [...], Höchstseel. und Glorwürdigen Andenckens dargestellet von Jacob Paul Gundling, Königl. Preüsischen Historiographo. Ausgefertigt Im Jahr 1708, Vorrede.

[422] Ebd.

[423] Ebd., Ms. Boruss. fol. 87–91.

[424] Zit. n. [König], Leben und Thaten, S. 159.

[425] StaBi, Ms. Boruss. fol. 89, Leben und Thaten [...] Herrn Friderich des Ersten Königs in Preußen etc., III. Theil, Vorrede, 1.5.1728.

[426] Johann Karl Konrad Oelrichs (1722–1799) wurde in Berlin als Sohn eines Predigers der reformierten Gemeinde geboren, promovierte zum Doktor beider Rechte und publizierte zahlreiche historische, juristische und literarische Arbeiten.

[427] »Etrait de la vie de Frédérick, Roi de Prusse écrite en allemand par Jacques Paul Baron de Gundling, [...] dont l'original est asservé dans la Bibliotheque Royale à Berlin autant que j'en ai pu imprimer à la memoire, n'aiant que la liberté de le lire.« StaBi, NL Oelrichs, 450, Leben und Thaten Friedrichs des ersten, Königs in Preußen, beschrieben von J.P. von Gundling, Vorsatz.

[428] Diese Vermutung wird durch die Dedikation bestätigt, mit der der Autor 1725 den ersten Teil seines Werkes abschloß: »Ew. Königl.n Majestät überreiche ich allerunterthänigst den Anfang der Historie Dero glorwürdigstem Herrn Vatters Majestät, alß ich solche aus Archivischen Nachrichten und des Freyherrn von Puffendorffs Entwurff nehmen können.« Ebd., Ms. Boruss. fol. 87, Vorrede, 1.6.1725.

[429] Ebd., fol. 88, Leben und Thaten [...] Herrn Friderich des Ersten Königs in Preußen etc., Anderer Theil, Vorrede, 18.10.1725. Eine ähnliche Warnung stellte der Autor auch dem 3. Teil seines Werkes voran: »Vor der Zeit kan diese Schrifft nicht gedruckt werden, maßen viele Sachen darinnen enthalten, so den meisten Europäischen Höfen nicht gefallen können, wie dann auch viele geheime Sachen darinnen zu finden sindt, welche wenig Menschen erfahren haben noch erfahren können.« Ebd., fol. 89, Leben und Thaten [...] Herrn Friderich des Ersten Königs in Preußen etc., III. Theil, Vorrede, 1.5.1728.

[430] Ebd.

[431] »Solange ich Archivische Acten habe, solange kan ich diese Historische Arbeit verfertigen; mangeln die Archivische Nachrichten, so wird dieser Vierte Theil der Beschluß dieses Wercks seyn.« Ebd., Gundling, Geschichte Friderichs, I. Königs in Preußen, IV. Theil, 28.6.1730, Vorrede.

[432] Jacob Paul von Gundling an Friedrich Wilhelm I., 22.2.1731, zit. b. [König], Leben und Thaten, S. 160.

[433] Vgl. etwa: »Die Einquartierung, Standquartiere, Reichung des harten Futters, Werb- und Montirungsgelder, Wolfsjagd, die Werbung selbst, Executionsgebühren und Processe, sind Dinge, die den Bauern sehr drücken, und man müßte ihnen durch heilsame Verordnungen billig aufhelfen; denn der Wohlstand der Unterthanen ist der Reichthum der Landesherren.« Gundling, Nachricht von den Commerzien, S. 72.

[434] Ebd., S. 20, 70 u. 72.
[435] Ebenso dachte auch der geheime Zeitungsschreiber, der den unerhörten Vorfall seinem Hof in Aurich mitteilte: Gundling »hat sonderlich [...] sich dadurch verhaßet gemacht, daß er die einige Zeit in deliberation [Erwägung] gekommene quaestion vor dem Könige elucidiret [erläutert], alß dem interesse gar sehr zuträglich zu seyn, daß die Braugerechtigkeit nur allen bey den Städten seyn, hingegen auf den Ämbtern bey denen von Adel und andern, so auf dem Lande damit berechtiget, gäntzlich abzustellen wäre. Weil die zugegen gewesenen Generals solche Gerechtigkeit stark exerciren laßen, haben sie viel zu deßen prostitution beygetragen.« Friedlaender, (Hg.) Berliner geschriebene Zeitungen, S. 476 (Bericht vom 25.2.1716).
[436] Mylius, Corpus Constitutionum, 4. T., 4. Abt., Nr. 54, Sp. 159–168, Brau-Constitution in der Chur-Marck-Brandenburg, disseit der Oder, und jenseit der Elbe, 27.6.1714.
[437] Friedlaender (Hg.), Aus Berlin geschriebenen Zeitungen, S. 100 (Bericht vom 3.3.1714).
[438] Wilken, Zur Geschichte von Berlin, S. 50.
[439] Förster, Friedrich Wilhelm I., Teil 2, S. 296.
[440] Zur wissenschaftlichen Vita Fleischers vgl. Jöcher, Allgemeines Gelehrten-Lexikon, 2. Teil, Sp. 536 f. Roloff, ein Sohn des Berliner Hofpredigers Michael Roloff, wirkte in Frankfurt/Oder als Rektor der Schule und später Professor für die Geschichte des Natur- und Völkerrechts sowie des Altertums. Ebd., 3. Teil, Sp.2195 f.
[441] Zit. b. Flögel, Geschichte der Hofnarren, S. 247.
[442] Moser, Lebens-Geschichte, S. 61.
[443] Förster, Friedrich Wilhelm I., Teil 2, S. 298.
[444] Flögel, Geschichte der Hofnarren, S. 248. Morgenstern, der 1739 sogar als außerordentlicher Gesandter nach England geschickt wurde, dankte die ihm erwiesene Gnade übrigens nach dem Tod Friedrich Wilhelms I. mit einer Biographie des Herrschers, die die Rolle der Hofnarren ganz herunterspielte und dem König bescheinigte, »daß ihm mehr an nüzlichen Gesprächen und deren Unterhaltung, als an groben Scherzen gelegen war«. Morgenstern, Über Friedrich Wilhelm I., S. 174.
[445] Die bibliographischen Angaben nach Flögel, Geschichte der Hofnarren, S. 249. Dort auch eine kurze Zusammenfassung des Inhalts.
[446] So überlieferte Moser seinen Dialog mit Friedrich Wilhelm I. Zit. b. ebd., S. 248.
[447] Friedrich II. an Jordan, 28.11.1740, zit n.: Mönch, Voltaire und Friedrich, S. 110.
[448] Der Ausdruck fällt in einer Bemerkung gegenüber Maupertius über Voltaires Arbeit an den »Annales de l'Empire«: »Qu'un fol peut faire de tapage dans une société! Je regrette l'esprit du mien; mais son caractère me console de sa perte.« Besterman, Les Œuvres Complètes de Voltaire, Bd. 85–135, D 5527.

Die Geschichte Preußens und seiner Könige

Christian Graf von Krockow
Die preußischen Brüder
Prinz Heinrich und Friedrich der Große
Der berühmte König und der – zu Unrecht – vergessene Prinz: Mit seinem Doppelportrait der ungleichen Brüder Friedrich und Heinrich führt uns Christian Graf von Krockow in die große Zeit des klassischen Preußens, in den Siebenjährigen Krieg – aber auch nach Sanssouci und in das idyllische Rheinsberg.
224 Seiten mit Abbildungen. ISBN 3-421-05026-0

Christian Graf von Krockow
Preußen
Eine Bilanz
Vor dreihundert Jahren wurde der brandenburgische Kurfürst Friedrich III. in Königsberg als Friedrich I. zum König in Preußen gekrönt. Der Autor erzählt von den großen Königen, die einen modernen Staat schufen, aber auch von der verhängnisvollen Rolle Kaiser Wilhlems II.
144 Seiten. ISBN 3-421-06549-7

Jochen Klepper
Der Vater
Roman des Soldatenkönigs
»Das Bild des Preußentums, verklärt von einem Dichter, der es erfuhr, was es heißt, in die Hände Gottes des Lebendigen zu fallen; spätestens, großartiges Aufleuchten einer Form und Abschied von ihr.« *Reinhold Schneider*
928 Seiten. ISBN 3-421-01820-0